U0032653

Intellectual History

專號：五四新文化運動

6

2016 年 3 月

目錄

【論著】

怎樣歡迎「賽先生」：胡適與巴斯德[*]

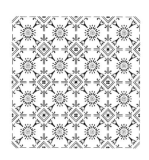

潘光哲

筆名彭廣澤、勞棟，臺灣大學歷史系博士。現任中央研究院
近代史研究所研究員，兼任胡適紀念館主任。專業研究領域
爲近現代中國史與當代臺灣史。著有《晚清士人的西學閱讀
史（1833～1898）》、《華盛頓在中國：製作「國父」》、
《「天方夜譚」中研院：現代學術社群史話》等專書及學術論
文七十餘篇，並主編《（新版）殷海光全集》、《容忍與自
由：胡適思想精選》、《傅正《自由中國》時期日記選編》
等史料彙編；並另主編《胡適與現代中國的理想追尋——紀念
胡適先生一二○歲誕辰國際學術研討會論文集》、《近代中
國的政治與外交：第四屆國際漢學會議論文集》等書。

怎樣歡迎「賽先生」：胡適與巴斯德[*]

摘要

「德先生」（民主）與「賽先生」（科學）向爲吾人詮解《新青年》和「五四新文化運動」的兩大主題。只是，科學在中國得以生根發芽，乃至花開滿園，實非朝夕之功。中國對於「賽先生」的認識，如欲「堂堂溪水出前村」，往往有賴於大量的論說宣傳。本文以胡適對法國科學家巴斯德（Louis Pasteur, 1822-1895）的闡釋爲中心，疏理胡適彰顯表揚巴斯德的思想脈絡，並論説闡釋胡適藉巴斯德以鼓動科學的用心，固然寄託國族前景能夠別展新局的理想期盼，卻也與他執著於如何在中國涵育落實「健全的個人主義」的信念，密不可分。藉胡適對巴斯德的闡釋爲例，當可見及，「賽先生」在中國的歷史命運，從來就不是以科學自身的運作邏輯爲動力，總是難逃於具體的社會文化環境之網羅。

關鍵詞：胡適、巴斯德、科學

* 本文爲科技部補助專題研究計畫：《蔣介石與現代中國知識人群體》（計畫編號：MOST-103-2410-H-001-040-MY2）補助成果之一；本文初稿發表於：臺北：國立臺灣大學哲學系等主辦，「新文化運動百年反思學術研討會」，2015年5月30日；陸續承蒙丘成桐、王汎森、黃克武、沙培德、蕭高彥、雷祥麟、苑舉正、張谷銘、朱瑪瓏、鄒新明、金富軍、岑丞丕與鄭鳳凰諸方學界前輩友朋，糾謬攻錯，提供資料；本刊審查人提出之意見，尤其惠我良多，謹此特致謝悃。一切文責，仍由作者自負。

一、

　　1925年5月，胡適（1891-1962）與江冬秀（1890-1975）的第二個愛情結晶女兒素菲，不幸夭折。[1] 失去了6歲稚齡的掌上明珠，對胡適的打擊實在不小，他卻好似竭力隱藏一番傷心。壓抑強忍，實非易易。在那年年底，當胡適讀到述說法國科學家巴斯德（Louis Pasteur, 1822-1895）生命史的《巴斯德傳》（*The Life of Pasteur*），[2] 感情終於被挑動起來，他寫信告訴夫人，讀這部書的時候，「忽然掉了不少的淚，手絹都濕了」。[3] 近30年後，胡適得悉友人陳之邁（1909-1978）夫人身罹惡疾，致函慰問，又回想起當年的激動，說自己當年讀這部書「曾幾次掉淚」，連帶評價正因為有巴斯德的「奮鬥成功」，因此可以「有效的控制傳染病」。[4] 顯然，這部書描述巴斯德如何救助生命，增加

---

[1]　曹伯言、季維龍編著，《胡適年譜》（合肥：安徽教育出版社，1986），頁304。

[2]　René Vallery-Radot, *The Life of Pasteur*, translated by Mrs. R. L. Devonshire, with an introduction by Sir William Osler（Garden City, NY: Doubleday, Page & Company, 1923）；原著執筆者華里－藍道（René Vallery-Rado, 1853-1933）是巴斯德的女婿，美國化學史家 Aaron J. Ihde（1909-2000）嘗稱譽曰，在各種篇幅不一的巴斯德傳記裡，是書為最佳著作之一，見：Aaron J. Ihde, *The Development of Modern Chemistry*（New York: Harper & Row, 1964）, p. 791.

[3]　胡適，〈致江冬秀〉（1927年3月5日），收入陸發春編，《胡適家書》（合肥：安徽人民出版社，2011），頁119-121；胡適講，毛坤、李競何記，〈學術救國〉（1926年7月於北大學術研究會演講），收入季羨林主編，《胡適全集》，冊20（合肥：安徽教育出版社，2003），頁142（原件見：中央研究院近代史研究所胡適紀念館，胡適檔案檢索系統《北京檔》，館藏號：HS-JDSHSC-0220-005）。

[4]　胡適，〈致陳之邁〉（1953年8月8日），收入胡頌平編著，《胡適之先生年譜長編初稿》（臺北：聯經出版事業公司，1984），冊6，頁2345-2346、《胡適全集》，冊25，頁534-535；原稿稱：「我在這二十年前讀英譯本 Valery-Radot 的 Pasteur 傳記」一語，應為胡適誤記。

人類福祉的貢獻，在在讓胡適傷情感懷不已。

可是，自稱「無可救藥的樂觀主義者」（the incurable optimist）[5] 的胡適，從來不會陷溺在「兒女情長，英雄氣短」的心緒裡而不可自拔。大哭一場之後，胡適「願把金針度與人」，要將自己閱讀這部書得著的啓發，昭告世眾。追尋科學，頂禮崇拜科學，乃至形構爲「科學主義」的教條，本來就是廿世紀華人知識群體基於打造鍛鍊民族國家的情懷而願共同謳歌吟詠的永恆旋律之一，[6] 在這闋雄偉的合唱曲裡，巴斯德是從來不會缺漏的音符，胡適則好似唱頌巴斯德的合唱隊伍裡最受人矚目的明星級歌手。就胡適個人想望科學的思想歷程著眼，他對巴斯德的吟唱闡述，猶如持續不斷的「固定樂思」（the idée fixe），[7] 縱然稍有變調，卻是前後貫穿，總要將來自異域他邦的巴斯

5　胡適回憶，丁文江（1887-1936）便是如此稱呼他的；蔣碩傑亦謂一些外
　　國記者也這樣稱呼他，參見：胡頌平編著，《胡適之先生年譜長編初
　　稿》，冊10，頁3427；冊6，頁2053-2054。胡適也自稱是「不可救藥的樂
　　觀主義者」，胡適，〈東亞的命運〉，《自由中國》，8：1（臺北，1953年1
　　月1日），頁4。

6　相關研究，不可勝數，如：D. W. Y. Kwok（郭穎頤），*Scientism in Chinese
　　Thought, 1900-1950*（New Heaven & London: Yale University Press, 1965）；
　　楊國榮，《科學的形上之維：中國近代科學主義的形成與衍化》（上海：
　　上海人民出版社，1999）；朱華，《近代中國科學救國思潮研究》（北京：
　　人民出版社，2010）；餘例不詳舉。

7　"the idée fixe" 一辭，借用自法國作曲家Hector Berlioz（1803-1869）表現在
　　《幻想交響曲》（*Symphonie fantastique*, op. 14）裡的譜曲創見，意指貫穿全
　　曲的每一樂章的基本曲調（melody），雖然，「固定樂思」在各個樂章裡是
　　以不同樂器演奏的，曲式也各不相同，甚至也有變奏樣式，它卻總是不斷
　　地重現，產生了統一全曲的作用，在西洋音樂史上影響深遠，如Richard
　　Wagner的歌劇裡廣泛採用的「動機」（leitmotifs），便是師法其意的結果，
　　參見：邵義強，《交響曲淺釋》（臺北：全音樂譜出版社，1988），頁141-
　　146、Hector Berlioz, "Programme", in *idem., Symphonie fantastique*,
　　conducted by Varujian Kojian（San Francisco, CA: Reference Recordings, RR-

德，營構形塑爲「科學英雄」（the hero of science），進而轉化利用，
強調如何假巴斯德爲典範，使得科學可以成爲「公民認識論」（civic
epistemology）不可或缺的一部分，[8] 好讓科學在中國得以生根發芽，
乃至花開滿園。不過，胡適彰顯表揚巴斯德，鼓動科學的用心，固然
寄託國族前景能夠別展新局的理想期盼，既與他自己的思想立場，密
切相關；更也與他引徵易卜生（Henrik Johan Ibsen, 1828-1906）的
話：「把你自己這塊材料鑄造成器」，[9] 並始終「津津樂道」，期可涵育
落實「健全的個人主義」[10] 的執著信念，密不可分。那麼，爲了挽救

8　Sheila Jasanoff 指出，她以「公民認識論」這個辭彙來表達那些在特定文
　　化裡，基於政治和歷史而產生的公眾知識方式，並透過一套制度化的實
　　踐，用以測試與布導那些將成爲集體選擇的知識訴求（knowledge
　　claims），見：Sheila Jasanoff, *Designs on Nature: Science and Democracy in
　　Europe and the United States*（Princeton, NJ: Princeton University Press,
　　2005）, pp. 249, 255。

9　胡適，〈易卜生主義〉（1918 年 5 月 16 日作，1921 年 4 月 26 日改定），原
　　刊：《新青年》，6：4（北京，1918 年 6 月 15 日），《胡適文存》（上海：亞
　　東圖書館，1921），卷 4，頁 33。

10　胡適述說「健全的個人主義」的場景，與其思想前後變遷，密切相關，具
　　體言之，他的〈易卜生主義〉已顯此意；爾後，胡適回顧 1910 年代末期
　　引介「易卜生主義」之原因，在於「易卜生的思想最可以代表那種健全的
　　個人主義」，其內容一是「充分發展個人的才能，就是易卜生說的：『你
　　要想有益於社會，最好的法子莫如把你自己這塊材料鑄造成器』」，二是
　　「造成自由獨立的人格」（胡適，〈個人自由與社會進步——再談「五四」
　　運動〉，《獨立評論》，150〔北平，1935 年 5 月 12 日〕，頁 1-4）；考究其
　　實，正如江勇振指陳，胡適〈易卜生主義〉引徵易卜生之論說本源，實有
　　依傍蕭伯納（George Bernard Shaw, 1856-1950）者，可視爲胡適留學美國
　　時期懷持不爭主義、世界主義的觀念，彰顯個人主義思想巔峰之作；爾後
　　胡適 1920 年 1 月上旬在唐山學術演講會發表〈非個人主義的新生活〉

（前一頁腳註 11 接續）11CD）、Annette and Jeffrey Chesky, "Liner Notes", in Hector Berlioz,
Symphonie fantastique, conducted by Massimo Freccia（New York: Chesky
Records, CD88）。

國族危亡，在華人的文化世界裡，科學固然佔有不證自明並且儼若至
尊霸權的地位，世所公認。只是，科學的意義與價值，不該只侷限於
為國族命運而服務的範疇。述說胡適和巴斯德的這段因緣，[11] 應該可
以對解釋華人知識群體為什麼熱情歡迎「賽先生」，提供另一面向的
例證。

（《胡適文存》，卷4，頁173-189），則已超越〈易卜生主義〉之藩籬，揭
櫫點滴的改造，進行切實的調查等等深受杜威（John Dewey, 1859-1952）
影響之綱領；而終胡適一生，則始終願宣講「把你自己這塊材料鑄造成
器」而不輟（江勇振，《舍我其誰：胡適，第二部，日正當中（1917-
1927）》〔臺北：聯經出版事業股份有限公司，2013〕，頁345-406）；至於
其他相關研究大多未注意胡適「健全的個人主義」論說之變化與其依據，
不足為取，如：張寶明，〈胡適「健全的個人主義」與「自由」的分
野〉，收入鄭大華、鄒小站主編，《中國近代史上的自由主義》（北京：社
會科學文獻出版社，2008），頁403-414（餘例不詳舉）。
11 關於科學（「賽先生」）在現代中國思想界的意義與價值，研究成果，繁
多難盡，不一一詳舉，將隨文脈所涉，隨時指陳檢討；至如胡適對於巴斯
德之詮釋，前行研究者，僅只江勇振指出，胡適將巴斯德視為足可闡釋讀
書與救國的聯結人物，並簡單地表示，胡適讀過René Vallery-Radot的 The
Life of Pasteur（江勇振，《舍我其誰：胡適，第二部，日正當中（1917-
1927）》，頁422-427）；本文就中國思想界與胡適詮釋巴斯德之整體脈
絡，進行研析；況且，胡適（與其他中國知識人）對巴斯德的詮釋，可視
為「巴斯德式的神話」（the Pastorian myth）在舉世環宇之建構工程的組成
部分，即如Gerald L. Geison指陳，巴斯德之名何以聲揚國際，自有待系
統性的比較研究；只是，這闋「巴斯德式的神話」之傳唱，其實是錯綜複
雜的歷史結果，實宜開展還諸歷史本身的探究工作，參考：Gerald L.
Geison, The Private Science of Louis Pasteur（Princeton, NJ: Princeton
University Press, 1995）, pp. 264-267、pp. 272-273、pp. 277-278；本文師法
其意，從歷史脈絡考察巴斯德在中國的接受史，指陳胡適對於巴斯德象徵
意義的詮釋，多重繁富，復較為細密地比對胡適依據 The Life of Pasteur 開
展立論之所在，應皆有所超越，自可補其不足；再，筆者嘗刊發一稿：潘
光哲，〈胡適與巴斯德〉，《數理人文》，4（臺北，2015年4月），頁92-
101；是文以一般讀者為對象，為通俗普及之作，非學術專業論著。

二、

　　對中國知識人群體而言，巴斯德並不是絕對陌生的名字。[12]至少早在1890年，由美國傳教士林樂知（Young John Allen, 1836-1907）負責主要編務的《萬國公報》，就登出過由蘇格蘭傳教士韋廉臣（Alexander Williamson, 1829-1890）撰寫的巴斯德小傳。韋廉臣本來就是向中國讀書界介紹科學（當時稱為「格致」之學）而不輟的傳教士，過去他編寫的《格物探原》（1876年初刊，三卷本），就頗引發大清帝國知識人的注意，銷行不輟，乃至流傳於日本；[13]此刻他則以巴斯德的科學發現為例，闡明「格致家」為什麼「大有裨于國家」的道理。在韋廉臣筆下的巴斯德，更是位「一生自幼恭敬上帝，以救主耶穌為依歸」的人物，他還說自己曾親聞巴以「以耶穌為坊表，善與人同，一以增人之學問，一以免人之苦楚也」的教誨。[14]說到底，韋廉臣介紹巴斯德的用心，還是藉之為例來宣揚天主福音的。

　　對比之下，晚清時代介紹巴斯德的其他論者，用心所在，根本與宗教無關。如目前生平情況還莫知其詳的酈鳳鈞，於1909年在《紹

---

12 朱瑪瓏指出，自1880年起，上海與香港等地的英文報紙，即時常報導巴斯德的相關事蹟，巴斯德並因此成為科學家一詞的代表，見Marlon Zhu, "Microbes, Newspaper Media, and the Pasteurization of East Asian Ports," The 2015 AAS-in-Asia Conference, Taipei（2015.06.23）；筆者著眼所至，則是華人知識社群的情況。

13 《格物探原》另有日本出版的五卷本（1878年）與六卷本（1880年出版於中國），見：劉廣定，〈《格物探原》與韋廉臣的中文著作〉，收入劉廣定，《中國科學史論集》（臺北：國立臺灣大學出版中心，2002），頁131-160。

14 韋廉臣，〈格致有益于國・一章・巴士德（上）〉、〈格致有益于國・二章・巴士德（下）〉，《萬國公報》，冊14、15（上海，1890年3月、4月），頁11a、6a-6b。

興醫藥學報》發表的〈巴斯德傳〉，就絕無宣教意懷，他強調「黴菌
學爲現今醫界之大問題，而巴斯德爲發明黴菌之鼻祖」，因此特別介
紹他的生平與貢獻，還說法國人「投票公定十九世紀之偉大人物，巴
氏首選，拿破崙次之」，闡釋了他的歷史定位。[15]1908年6月面世的
《紹興醫藥學報》，係由何廉臣（1861-1929）、裘吉生（1873-1947）
等組織之紹興醫藥學報研究社創辦，被認爲是近代最早的中醫期刊，
是刊以「研究醫藥精理，發達神州，闡發神農聖學，保存天產利權」
爲宗旨，[16]它的讀者則評價這分刊物確可「發明舊學，闡揚國光」，[17]
可以說實在是一分帶有文化民族主義的色彩刊物。出現在《紹興醫藥
學報》的這篇〈巴斯德傳〉，引介其人其事，要旨雖與「聖學」、「國
光」無關，正可顯示，借鑒「他山之石」，始終爲建構近代中國的民
族主義，提供了無窮的動力。

　　正是透過不同的渠道，巴斯德的名諱與貢獻，在民國初期已展現
共同基本認知。當時中國規模最大的出版社：上海商務印書館發行的
《東方雜誌》，在中國讀書界首屈一指，廣受歡迎；[18]出現在其間的巴
斯德，即如好似不證自明，讀者共知的人物。或是如孫祖烈（1854-

---

15 酈鳳鈞，〈巴斯德傳〉，《紹興醫藥學報》，14（紹興，1909），頁17a-17b；
　　按，酈鳳鈞亦自言，「黴菌學」即「微生物學」；當即"microbiology"（現
　　行譯法亦爲「微生物學」）。
16 劉德榮，《劉德榮醫學文集》（北京：現代教育出版社，2008），頁225；
　　葦祝考，〈裘吉生的中醫編輯工作經驗研究〉，《中醫藥學報》，1988：3
　　（哈爾濱，1988），頁38；傅維康，〈何廉臣生平述略〉，《上海中醫藥雜
　　誌》，2008：6（上海，2008年6月），頁69-70。
17 引自：裘詩煌，〈我國早期中醫藥雜誌《紹興醫藥學報》簡介〉，《山東中
　　醫藥大學學報》，1986：3（濟南，1986年6月），頁59。
18 相關研究，如：陶海洋，《現代文化的生長點：《東方雜誌》（1904-1948）
　　研究》（合肥：合肥工業大學出版社，2014）；餘不詳引。

1899）述說巴斯德乃是「防疫之事，獨標新諦」的人物之一；[19]或是如吳敬恆（吳稚暉，1865-1953）述說科學發現，往往是學者「樂此不疲」的結果，巴斯德「好窺顯微鏡，以成黴菌學」，就是論證的依據之一；[20]乃至於不詳人氏從整體脈絡裡說巴斯德「發明微生物後，醫學乃大改良」，只是，不該高估他的貢獻，因為他的「新發明，亦僅如令吾人於昏夜之中，有天曉之希望，使吾人今日有滅害毒物之希望耳」。[21]爾後在中國共產黨黨史上佔有一席之地的惲代英（1895-1931），青年時期起就是《東方雜誌》的愛讀者，並自1914年起開始投稿，數量繁多，[22]其中一篇講解「細菌致病說之由來」，起首便讚揚「微生物學」，乃是「法國科學家巴斯底氏所創」，而且他還「發明種痘術……應用此術以治瘋犬焉」。[23]「開卷有益」。《東方雜誌》的讀者，可以得到的啟發，非僅一端。

　　1887年開始創設至今依舊屹立不搖的巴斯德研究所（The Pasteur

---

19 原文是：「……派思脫君（Louis Pasteur）、及馮孛林君（Von Behring）、克塔思土君（Kitasto）……等，皆於防疫之事，獨標新諦，而無愧為超越前賢者……」，見：孫祖烈，〈美國種痘防疫事略〉，《東方雜誌》，10：5（上海，1913年11月1日），頁22。
20 吳敬恆，〈學問標準宜遷高其級度說〉，《東方雜誌》，14：2（上海，1917年2月15日），頁2。
21 原文是：「……自法國巴斯德氏，發明微生物後，醫學乃大改良。……然二三十年來，醫學雖有進步，但僅可謂萬分之一耳。巴斯德氏之新發明，亦僅如今吾人於昏夜之中，有天曉之希望，使吾人今日有滅害毒物之希望耳。……」，見：〈人生健康之論究〉，《東方雜誌》，14：5（上海，1917年5月15日），頁206-207；原文無署名，作者不詳。
22 參考：黃亦君，〈惲代英的早期思想與歷史敘述——圍繞《東方雜誌》所作的考察〉，《湖南科技學院學報》，31：5（永州，2010年5月），頁62-65。
23 惲代英，〈細菌致病說〉，《東方雜誌》，15：9（上海，1918年9月15日），頁174-179；原文誤署 "Pasteur" 為 "Pastur"。

Institute／*Institut Pasteur*），是巴斯德的科學業績得到法國世界肯定的標誌。在大清帝國時代就得以知曉巴斯德的中國知識人，目光所聚，當然也朝向這座宏偉的殿堂。論壇上既出現引述介紹的文章，文教界也有踵步其跡的行動。如《東方雜誌》就嘗刊出署名「漢聲」者的文章，述其創立本末、盛況及貢獻，「已成爲世界之學府矣」。[24]文教界裡倡言仿傚者，則以留學法國的李石曾（李煜瀛，1881-1973）爲代表。李石曾是晚清重臣李鴻藻之子，行止進退，則似不畏「大逆誅族」之罪，竟加入了以推翻大清帝國爲目標的革命黨隊伍。[25]不過，「革命不忘讀書」，李石曾從1906年開始就在巴斯德研究所進行過大豆研究，證明大豆的營養成分與牛奶相仿，還可以替代肉食。憑著他的家庭人脈關係，李石曾得到地方大員直隸總督兼北洋大臣楊士驤資助，自1908年起在巴黎開設了中國豆腐工廠，以大豆爲原料製造各種食品和用品。[26]親歷其境的淵源，讓李石曾也興起了在中國創設同樣組織的宏願。就李石曾的認識來說，他認爲，「巴斯德學院」乃是「全世界之首創」；[27]況且，早在中華民國建立之前，就曾有被任命爲京師大學堂醫科大學堂監督（相當於北京大學醫學院）的屈永秋

---

24 漢聲，〈紀法國巴斯德醫學院〉，《東方雜誌》，15：9（上海，1918年9月15日），頁189-191；原文文末署「《時事新報》」，應係錄自《時事新報》。
25 葉雋，〈李石曾的文化浪漫主義及其留法經歷〉，收入陳平原主編，《現代中國》，輯10（北京：北京大學出版社，2008），頁70-88；趙穎霞，〈李石曾的政治思想及實踐活動述評〉，《保定學院學報》，22：2（保定，2009年3月），頁133-136；餘例不詳舉。
26 劉曉，〈李石曾與近代學術界留法派的形成〉，《科學文化評論》，2007：3（北京，2007年6月），頁53-56。
27 這是李石曾參與留法勤工儉學學會預備學校「開學式」的講話，見：〈留法會講演會之演說〉，《東方雜誌》，14：9（上海，1917年9月15日），頁180；李石曾所言「巴斯德學院」，即巴斯德研究所。

（1862-1953）[28] 與法國人某君「曾有此議，且巴黎之巴斯德學院曾贈
儀器若干箱」，卻因政局變易，[29] 可未實現；及至與李石曾交好的蔡元
培（1868-1940）擔任北京大學校長，[30] 李石曾應聘任教，[31] 遂乃舊事重
提，倡議在北京設立「巴斯德學院」，由中國方面提供「地基房舍，
巴黎巴斯德學院贈給儀器，更由中法兩國合集資本爲之經費」。只因
現實所限，力所不許，所以他提議於暫先附設於北京大學，「于雙方
皆有利，用費較省，且可得專精之人才」。[32] 李石曾的雄圖大略，當然
並未實現；這番暢議，實在標誌著中國知識人不僅得以親身浸染於巴
斯德的實驗室裡流傳的學術風氣，並願將之「移種栽木」，引介到中
國來。在「革命團隊」裡地位更高，影響更大的孫中山（1866-
1925），畢業於醫學院，對巴斯德當然絕不陌生。在他的演講裡，也
不會忘記舉引巴斯德（孫中山稱之曰「柏斯多」）激勵青年世代，鼓
動他們「立志」，應該以他爲典範，「要做大事，不可要做大官」。[33]
正可揣想，巴斯德這位法國科學家蘊涵的意義，正爲孫中山與親見其

---

28 陳學恂主編，《中國近代教育大事記》（上海：上海教育出版社，1981），
　　頁193。
29 〈（本校紀事）北京大學附設巴斯德學院 Institut Pasteur 議〉，《北京大學日
　　刊》（北京），期195，1918年8月17日，3版。
30 李石曾與蔡元培的關係，參考：劉曉，〈李石曾與中華民國大學院〉，《中
　　國科技史雜誌》，2008年期2（北京，2008年6月），頁144-154。
31 劉曉，〈李石曾與近代學術界留法派的形成〉，頁62。
32 〈（本校紀事）本校附設巴斯德學院之提議〉，《北京大學日刊》（北京），
　　期194，1918年8月15日，2版、〈（本校紀事）北京大學附設巴斯德學院
　　Institut Pasteur 議〉，《北京大學日刊》（北京），期195，1918年8月17
　　日，3版。
33 孫中山，〈學生要立志做大事並合乎中國國情——在廣州嶺南大學學生歡
　　迎會的演說〉（1923年12月21日），《國父全集》，冊2（臺北：中國國民
　　黨黨史委員會，1973），頁586。

風采的聽眾，同識共曉。

　　1922年，正值巴斯德百年壽慶，在中國論壇上出現了不少紀念引介文字，正爲將他深植厚栽爲「公民認識論」的要素，別顯新態。如《東方雜誌》即刊出周建人（1888-1984）的文章，稱譽他是「十九世紀的愛和平的，爲人類服役的學者」。[34]那時周建人正在商務印書館擔任編輯，平素即常於《東方雜誌》發表科普文章，[35]這篇紀念巴斯德的文字，實非他「心血來潮」的應景之作，而是和他始終願向中國讀書界引介這些科學名家及思潮的用心，密切相關。在巴斯德百年慶壽的時代場景裡，留學法國的曾仲鳴（1896-1939），爾後因爲汪兆銘（汪精衛，1883-1944）的政治關係而被視爲「漢奸」乃至殉命橫死，[36]也是《東方雜誌》引介的「寫手」之一。曾仲鳴或是述說「微生物學爲近世最新之學」，經巴斯德之發明，「始有統系，而成專科」，他的研究促成了「微生物學之進步，而極有益於農業及工業者也」；[37]他或是介紹巴斯德的實驗闡釋的「學理」，如何充分證明了「自然發生說」的「謬誤」，已爲「世人所公認」。[38]《東方雜誌》諸家

34　周建人，〈巴斯德的生平及事業〉，《東方雜誌》，19：23（上海，1922年12月10日），頁32-40。

35　例如：周建人，〈達爾文以後的進化思想〉，《東方雜誌》，18：23（上海，1921年12月10日），頁40-49、周建人，〈達爾文百十三年紀念感言〉，《東方雜誌》，19：3（上海，1922年2月10日），頁5-6；又，1921年10月，經胞兄魯迅（1881-1936）等薦介，周建人到上海商務印書館任編輯，見：謝德銑，《周建人評傳》（重慶：重慶出版社，1991），頁81。

36　朱子家（金雄白），《汪政權的開場與收場》，冊下（臺北：風雲時代出版股份有限公司，2014），頁108-111。

37　曾仲鳴，〈微生物學略史〉，《東方雜誌》，19：15（上海，1922年8月10日），頁63、頁66-67。

38　曾仲鳴，〈自然發生說〉，《東方雜誌》，19：17（上海，1922年9月10日），頁66。

作者述論巴斯德之貢獻所在，始終不絕如縷。或言經其一生的研究，「代謝作用的化學也漸重於世間了」；[39]或是冠以「細菌學之父」的桂冠；[40]或是如高維（生卒年不詳）撰述的〈社會醫學〉那樣，引申巴斯德的啓示意義與作用，他將自身參與爲慶祝巴斯德百年壽慶而於巴黎召開的「國際衛生防範及道德宣傳會議」的體會，「現身說法」，介紹了各國參與這場會議而提出的報告，實在是「社會醫學」進入「第二期」的顯示，並進一步省思「社會醫學」對中國的意義，認爲「衛生之學，實近今切要之工作」。[41]出現在《東方雜誌》上的巴斯德，做爲西方（特別是法國）科學界要角之一，形影宛在。讀者執其一編，總可知悉，想必深有增廣知聞之感。那麼，《東方雜誌》在中國讀書界得以執牛耳地位，實是理有必然。

　　當然，如何將巴斯德建構爲「公民認識論」的要素，實在有賴諸家有志之士的多方鍛鍊。即如當巴斯德百年壽慶之年，還只是南京國立東南大學生物系學生的劉咸（1901-1987），[42]便欲懷持普及廣傳的心願，發奮動筆。他感慨寫道，中國人「科學觀念之薄弱」，乃至連

---

39 健孟，〈法國近代的科學界〉，《東方雜誌》，19：6（上海，1922年3月25日），頁89；健孟應即爲周建人，見：陳玉堂編著，《中國近現代人物名號大辭典（全編增訂本）》（杭州：浙江古籍出版社，2005），頁815-816；不過，本文將巴斯德之名譯爲「巴司丟爾」。

40 健孟，〈近代細菌學在醫學工藝上的重要〉，《東方雜誌》，20：14（上海，1923年7月25日），頁69。

41 高維，〈社會醫學〉，《東方雜誌》，22：23（上海，1925年12月10日），頁76-79；高維，具體背景不詳；高維認爲，1923年爲「美國社會醫學五十年紀念，在華盛頓開會討論七種問題：……此爲社會醫學進步之第一期」，而巴黎召開的「國際衛生防範及道德宣傳會議」，可謂「促進社會醫學之第二期」。

42 以下關於劉咸之述說，參見：范鐵權、魏琳，〈劉咸與中國科學社〉，《科學》，65：2（上海，2013年3月），頁52-54，不一一詳註。

中小學生尙猶不知巴斯德這位「科學界名星」之名,「可恥孰甚
焉」,因此特別要在《科學》這分雜誌上介紹他的生平與貢獻。[43]《科
學》是中國留美學生任鴻雋(1886-1961)、胡明復(1891-1927)、趙
元任(1892-1982)等人於1914年在美國發起組織的中國科學社的機
關刊物,一直向中國世眾傳播科學觀念,推動科學教育,普及科學文
化而不輟,影響深遠;[44]劉咸自己本人日後於1935年起更擔任《科
學》雜誌的主編。《科學》雜誌既曾刊出巴斯德百年壽慶的報導[45];僅
是大學生的劉咸,在那方天地發表初試啼聲之作,恰正與時代的思想
氣候,同流合拍。

　　劉咸的老師,中國科學社的要角之一:秉志(1886-1965),[46]倡
言科學對中國的意義和作用,更是屢屢取引巴斯德爲例證。在秉志看
來,面對中國的「萎敝」,想要「救國家者,必以提倡科學精神爲先
務」,應該「各本科學之精神,爲國家奮鬥」,因爲巴斯德的做爲,
正是中國應該學習的對象:

　　……普法之戰,法國兵敗地削,幾於不能立國。巴思德氏

---

43 劉咸,〈霉菌學開山祖巴斯德傳略〉,《科學》,7:12(上海,1922年12
　　月),頁1322-1327。
44 相關研究如:冒榮,《科學的播火者:中國科學社述評》(南京:南京大
　　學出版社,2001)、張劍,《科學社團在近代中國的命運:以中國科學社
　　爲中心》(濟南:山東教育出版社,2005)、范鐵權,《體制與觀念的現代
　　轉型:中國科學社與中國的科學文化》(北京:人民出版社,2005)、霍
　　益萍,《科學家與中國近代科普和科學教育:以中國科學社爲例》(北
　　京:科學普及出版社,2007)。
45 〈(科學新聞)巴斯德百週紀念〉,《科學》,7:7(上海,1922年7月),
　　頁723。
46 姜玉平,〈秉志與中國生物科學的人才培養〉,《傳記文學》,88:2(臺
　　北,2006年2月),頁71-89。

憤其國家受人凌侮，奮力研究，彼一心唯知以科學之工作
效力於國家。其結果也，研究所得，關於實用者甚廣，法
國人利用之，獲利極豐。法國竟能於扶死救傷之餘，充實
國力，一躍復爲世界之一等強國，此固屬巴思德氏之研究
所致，而其精神實貫注於法國之社會。法國人民受此等精
神之感化，幾於無老無幼，無男無女，皆奮發踔厲，以復
興國家爲唯一之目的。其國家所以轉危爲安，轉敗爲強也，
科學精神之影響於國家者爲何如乎？巴思德氏以研究科
學，俾科學精神，影響於法國人民，其功烈既如此。……[47]

在漢語裡，「科學精神」一詞是《科學》雜誌最早創用的，各家的理
解詮釋，各有巧妙；[48] 秉志則取引巴斯德爲例證，將「科學精神」與
國族命運，串聯爲一，證成它的重要性。

　　秉志又嘗述說道，巴斯德對於法國在普法戰役之後的復興，貢獻
卓絕，他的科學成就，「在在皆足爲國計民生之裨益」。可是，這麼
一位「對於國家之大計及科學之發達，皆有極大之貢獻」的人物，其
實本來「碌碌無奇」，正是因爲得到好老師的「熱心啓迪」，從此
「對於科學之研究，有不可言喻之熱烈」。所以，他強調身爲「科學
教師」，千萬不可「聊草塞責，負其學生」。[49] 言下之意，正是提醒中

---

47 秉志，〈科學精神之影響〉，《國風》，7：4（上海，1935），頁1-4，收入
　　翟啓慧、胡宗剛編，《秉志文存》，卷3（北京：北京大學出版社，
　　2006），頁147-148。
48 樊洪業，〈《科學》雜誌與科學精神的傳播〉，《科學》，2001：2（上海，
　　2001年3月），頁30-33。
49 秉志，〈科學教師所宜注意者〉，《秉志文存》，卷2，頁117-119（原文爲
　　秉志專著《科學呼聲》〔中國科學儀器公司1946年出版〕之附錄，是著撰
　　述於1937年起的中日戰爭期間，具體時間不詳）。

國的教育工作者，應該知曉巴斯德的成就乃是由於得到良師指引的道
理，進而應該「見賢思齊」。秉志也曾強調，生物學與人類食衣住行
等民生問題密切相關，中國應該借鑒其他國家發展的情況，即如巴斯
德過往「研究蠶病，大著成效，蠶絲之業獲利極豐」，那麼，中國為
什麼不仿傚他的成績，「以生物學方法解決養蠶之問題乎」？[50]一句
話，在秉志筆下，巴斯德的楷模意義，多重難盡。

　　從近代中西互動交流的整體脈絡裡觀察，引介西方思想觀念、制
度與人物的勢頭，不可遏制，約略在十九、廿世紀之交，更創生了無
窮無盡的「新名詞」，義蘊豐饒，這些「新名詞」或直接反映了現代
性物質文明的成果（如「蒸氣船」、「火車」等等），或是直接反映了
現代性的制度及其實踐（如「議員」、「銀行」等等），或凝聚了做為
現代性之核心的某些價值觀念（如「科學」、「自由」、「人權」等
等），亦或是現代學科知識和成果的學術術語（如「代數」、「化
學」、「物理學」等等），實可視為「現代性」導入中國的具體徵
象。[51]然而，出現在人們的知識結構和日常用語裡的「新名詞」，即便
眾彩斑斕，舉凡如巴斯德這等西方俊彥之士的名諱，其實也不可或
缺，占有一席之地。對憂心國族前景的中國知識人群體來說，提倡科
學，發展科學，以導引國族未來方向，是他們的普遍關懷。巴斯德則
是他們共同崇奉的「科學英雄」，願取之作為百代永世的榜樣，進而

---

50 秉志，〈生物學與民生問題〉，《秉志文存》，卷3，頁161（本文為秉志在
　　南京中國科學社生物研究所之講演，初刊於：《科學》，21：7〔上海，
　　1937〕，頁519-522）。
51 黃興濤著，川尻文彥譯，〈清末民初、新名詞‧新概念の「現代性」問題
　　——「思想現代性」と現代性をおびた「社会」概念の中国での受容〉，
　　《現代中國研究》，17（大阪，2005年9月），頁83-84；黃興濤其他關於
　　「新名詞」的探索，不詳引注。

導引中國世眾走上理想的科學實踐之路。巴斯德做為一個「新名詞」，象徵與凝聚的意涵，正是中國知識人群體對科學的想望與追求。

三、

　　胡適尊崇頂禮科學，宣講傳播科學的福音，畢生不渝。與同一時代的知識人一樣，胡適也將巴斯德視爲「科學英雄」，不斷闡釋他的楷模意義。不過，面對廿世紀中國混亂動蕩的政治社會局勢，對胡適來說，巴斯德的象徵意義，更在於以之爲典範，還能夠鼓舞世眾堅立「己立立人，己達達人」的志向，創造涵養「健全的個人主義」的可能。

　　自從1910年代中葉起，胡適在中國學術文化界「暴得大名」以來，一言一行，動見觀瞻。在那個政治社會變幻難度的時代裡，總能擾動人心的時事，胡適更往往必須回應表態。好比說，自從1919年「五四運動」以降，學生運動風起雲湧，此起彼落，又與自從1920年代掀起的「國民革命」相結合，青年學子以「救國」、「革命」爲理想的滿腔熱血，屢屢灑落街頭。身爲教育界領袖之一的胡適，固然肯定學生的一片赤忱熱心，卻對他們的行動只能投注於罷課請願，走上街頭，呼口號，貼標語，始終不以爲然。在胡適看來，學生最該善盡的本分責任是「爲己而後可以爲人」，「求學而後可以救國」；[52] 與其在大街上搖旗吶喊救國，胡適主張：「青年學生的基本責任到底還在平時努力發展自己的知識與能力……只有拚命培養個人的知識與能力

---

52 胡適講，夢梅紀錄，〈我們所應走的路〉（1932年12月6日講於長沙），《晨報》（北平），1932年12月12-13日，收入季羨林主編，《胡適全集》，冊21，頁552-554。

是報國的眞正準備工夫」。[53]國家民族復興的契機，全在乎此。

　　早在美國留學時期，胡適就懷持這樣的認識。1915年，日本向中國政府提出「廿一條」，引發軒然大波，被視爲國族奇恥。對同在美洲大陸留學的同學義憤塡膺起而抗爭的行動，胡適卻澆上一盆冷水，他發表公開信，聲言「我輩留學生如今與祖國遠隔重洋」，因此「當務之急，實在應該是保持冷靜」，而且應該「各就本份」，善盡一己「讀書學習」這等「神聖的任務」。[54]當袁世凱意欲稱帝登基，世論大嘩，胡適則說，不該爲了這件事而耗費精力，「不如打定主意，從根本下手，爲祖國造不能亡之因」，他認爲，「今日造因之道，首在樹人；樹人之道，端賴教育」。[55]因此，胡適回到中國之後，主張在從事政治改革之前，應先致力於文學、思想、社會的改造。[56]例如，胡適反思願向中國世眾介紹挪威作家易卜生之用意，即在於提倡「健全的個人主義」，要旨是「充分發展個人的才能」，「把你自己這塊材料鑄造成器」，並期望可以「造成自由獨立的人格」。[57]可以說，「把你自己這塊材料鑄造成器」，正是胡適持守不渝的信念，一番苦口婆

---

53 胡適，〈爲學生運動進一言〉，《大公報》星期論文（天津），1935年12月15日，2版。

54 胡適，〈致留美學界公開信（1915年3月19日）〉，耿雲志等編，《胡適書信集》，冊上（北京：北京大學出版社，1996），頁55-57；原文爲英文："An Open Letter to all Chinese Students"，《中國留美學生月報》，vol. 10, No. 6 (Ithaca, NY: April 1915), pp. 425-426。

55 胡適，〈再論造因，寄許怡蓀書〉（1916年1月25日夜），收入曹伯言整理，《胡適日記全集》，冊2（臺北：聯經出版事業有限公司，2004），頁267-268。

56 羅志田指出，其實胡適於1917年自美國返回中國的時候，本來懷抱的是「講學復議政」的念頭，他會聲言不談政治，是調整自己與時代的社會位置的結果，參見：羅志田，《再造文明的嘗試：胡適傳（1891-1929）》（北京：中華書局，2006），頁183-185。

57 胡適，〈個人自由與社會進步——再談「五四」運動〉，頁1-4。

心，期許繼起的學生世代，知所選擇。

　　1925年「五卅慘案」發生，學生的愛國血誠，頓時如山洪爆發，運動之勢，不可抑遏。胡適依復懷持這樣的認識，對學生諄諄言之：

> 國家的紛擾，外間的刺激，只應該增加你求學的熱心與興趣，而不應該引誘你跟著大家去吶喊。吶喊救不了國家。即使吶喊也算是救國運動的一部分，你也不可忘記你的事業有比吶喊重要十倍百倍的。你的事業是要把你自己造成一個有眼光有能力的人才。

胡適特別舉引了哥德（Johann Wolfgang von Goethe, 1749-1832）與費希特（Johann Gottlieb Fichte, 1762-1814）的故事，說哥德「每遇著國家政治上有大紛擾的時候，他便用心去研究一種絕不關係時局的學問，使他的心思不致受外界的擾亂」；而費希特則在拿破崙攻破柏林之後，便著手計劃建立柏林大學，並發表《告德意志民族》演講，「忠告德國人不要灰心喪志，不要驚惶失措」。藉著哥德和費希特的例證，胡適提醒學生：

> 在一個擾攘紛亂的時期裏跟著人家亂跑亂喊，不能就算是盡了愛國的責任，此外還有更難更可貴的任務：在紛亂的喊聲裡，能立定腳跟，打定主義，救出你自己，努力把你這塊材料鑄造成個有用的東西！ [58]

　　無奈的是，胡適的苦心，旋即遭受挑戰。署名「劉治熙」的學

---

58 劉治熙、胡適，〈愛國運動與求學（1925年8月31日）〉，《現代評論》，2：39（北京，1925年9月5日），張忠棟、李永熾、林正弘主編，劉季倫、薛化元、潘光哲編輯，《現代中國自由主義資料選編——②「五四」與學生運動》（臺北：唐山出版社，1999），頁289；原文標題爲：〈愛國運動與求學（通信）〉。

生，就批判胡適「忽視民眾運動的意義」，說胡適強調「把自己造成
一個有用的人才」的觀點，是將「民族解放的命運應完全取決于政府
之手」，學生焉可置之不理？「固然學生參加此等愛國運動，一定要
荒廢一部份的學業，但在中國現狀之下，我們也只能含酸茹痛的忍耐
著，若照胡先生所說的完全不管時事，那只好去作德意志的學者去
了」。面對批判，胡適重申立場，申說自己並不是「根本否認群眾運
動的價值」，只是：

> 救國事業不是短時間能做到的，而今日學生們做的群眾運
> 動卻只能有短時間的存在；救國是一件重大事業，需要遠
> 大的預備，而跟著大家去吶喊卻只能算是發發牢騷，出出
> 氣，算不得真正的救國事業。[59]

　　胡適本來就認定自己「生平不學時髦，不能跟人亂談亂跑，尤不
能諂事青年人，所以常遭人罵」。[60]然而，不怕挨罵批判是一回事；如
何強化自己的立論，以理服人，是另一回事。胡適好似對此縈繞於
心，朝夕思之。當胡適讀到《巴斯德傳》，知曉巴斯德的發現確可拯
救生命，造福人類，首先勾起他喪女之痛的傷感情懷；激動之後，胡
適顯然認定，巴斯德的象徵意義，多重多樣：既與他熱烈擁抱「西方
文明」的思想立場，密契相合；又得假其為例，深化自己的論旨，足
可因應世潮。從此，在胡適的論說裡，巴斯德做為「科學英雄」的典
範意義，不僅只限於「科學」領域而已。

---

59 胡適，〈關於〈愛國運動與求學〉的討論（1925年9月22日）〉，《現代評
　論》，2：42（北京，1925年9月26日），張忠棟、李永熾、林正弘主編，
　劉季倫、薛化元、潘光哲編輯，《現代中國自由主義資料選編——②「五
　四」與學生運動》，頁295。
60 胡適，〈致邵飄萍〉（1925年1月），《胡適全集》，冊23，頁458。

　　胡適閱讀的這部《巴斯德傳》，是1923年出版的英譯本，[61]目前還不清楚他是如何取得是著，又從何時開始批卷展讀的。胡適在書裡有不少眉批，諸如「治病方法」、「此一段真可佩服」、「大可佩服」、「Wonderful」等等；[62]他在書末也留下了「Dec. 11, 1925，病中讀完」的紀錄（圖一）：

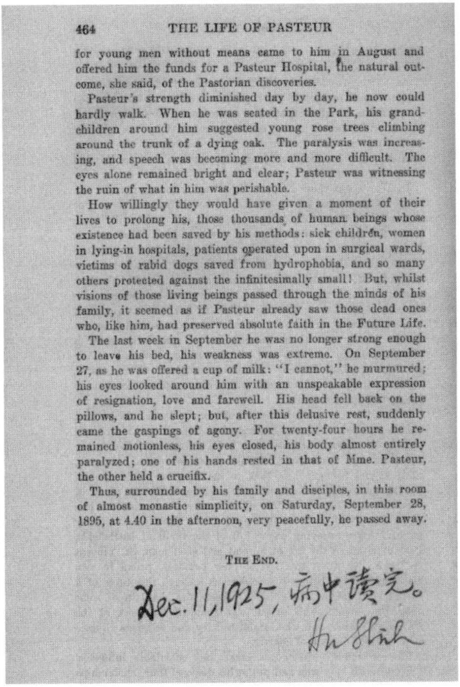

（圖一）

---

61 胡適閱讀的這部《巴斯德傳》原書，現在收藏於北京大學圖書館；筆者得以閱覽是書，完全承蒙該館執事鄔新明先生之助力，謹此特致謝悃。

62 René Vallery-Radot, *The Life of Pasteur*（北京大學圖書館藏本），pp. 141, 261, 263, 269.

在在可以想見，這部書確實陪伴胡適渡過一段時光。胡適披覽是著，不會只是用以打發時間而已，他更由是書汲取不少創論立說的「靈感」。既然「開卷有益」，胡適慎重其事地在卷首蝴蝶頁寫下了「百年紀念本巴斯特傳」的題籤（圖二）：

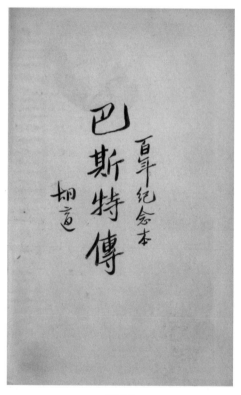

（圖二）

顯然，胡適不將它視為一般藏書，置諸書架，徒供蠹魚飽食而已。

在中國讀書界，這部書則由丁柱中（1898-1940）譯出，以《巴

斯德傳》為名而於1936年面世。[63]丁柱中身為陶行知（1891-1946）在1931年發起的科學普及運動：「科學下嫁」[64]的支持者，即曾撰文相與呼應，認為巴斯德主張「唯科學能使人類趨近幸福」，確為至理名言，並對中國沒有像巴斯德這樣的大科學家深致遺憾之意，所以主張小學教師應該盡力引起小朋友的科學興趣，師生共同玩科學實驗的把戲，必可培植科學幼苗，[65]充分顯示他對科學事業如何生根於中國的認識。丁柱中也認為，「科學家的科學生活的確能轉換青年們修學的趨向，改造青年們的人生觀」，因此耗心費神進行譯事，用心所至，顯然希望這部書的讀者「見賢思齊」，讓中國也能產生如巴斯德一樣的一流科學家。[66]

　　閱讀同一部書，關懷不同，得到的啟發，各有千秋；如何闡釋自己的體會，當然更因為意圖場合的不同，迥然有別。巴斯德做為「科學英雄」，胡適與丁柱中的認識，基本上並無兩樣；只是，胡適超越了「科學」領域，更願從多方面引申闡釋巴斯德的典範意義。

　　就時代的脈絡而論，1910至1920年代之間，中國思想界陸續爆發以闡論「東方文明」、「西方文明」各自的特色、差異與抉擇等等問題為核心的連串論戰，此起彼落。[67]而就胡適個人的思想立場言

---

63 René Vallery-Radot著，丁柱中譯，《巴斯德傳》（上海：中華書局，1936）；據其〈譯者引言〉，本書據法文原著譯出（頁9）。
64 關於「科學下嫁」運動，參考：曲鐵華、李娟，《中國近代科學教育史》，《中國近代教育專題史論叢》（北京：人民教育出版社，2010），頁306-313。
65 丁柱中，〈小學教師與科學實驗〉，《中華教育界》，19：8（上海，1932），頁15-19；不過，他在這篇文章裡稱巴斯德為「巴士篤」。
66 丁柱中，〈譯者引言〉，頁9。
67 大致而言，強調「東方文明」之價值與意義的論者，可以杜亞泉、章士釗、梁漱溟為代表；強調「西方文明」之價值與意義的論者，可以陳獨

之，他始終歌詠「西方文明」的優越地位，特別是聲言以追求「幸
福」做爲「人生的目的」，以「貧窮」、「衰病」爲「罪惡」的「西洋
近代文明」，才是「『利用厚生』的文明」，「因爲衰病是一椿罪惡，
所以要研究醫藥，提倡衛生，講求體育，防止傳染的疾病，改善人種
的遺傳」。[68]所以，胡適贊賞「今日世界的新文明」，因爲能夠「先做
到『利用、厚生』，然後再談別的問題」，因此，那才是「人的文
明」。在他看來，這種文明的「第一要務是保衛人的生命」，因是，
必須講求「公共的衛生」，必須要能「充分運用行政機關的權力，管
理制裁一切關係人生健康、疾病、生死的種種重要因子，掃除疾病的
來源，造成清潔健康的環境」，同時還必須打倒諸如「死生有命，疾
病有命」等等「不願做人而妄想成仙作佛的人生觀」。胡適批判這些
觀念的論據，舉凡如「物必先有蟲而後腐也」，[69]就是來自於巴斯德的
觀察實驗所得。用胡適自己的話說，巴斯德證明了「每一種傳染病都
是由於一種微菌在生物體中的發展」，藉而產生能讓「全世界的醫學
界怎樣注重消毒以減除外科手術的死亡率」的效果。[70]顯然，胡適論

秀、胡適爲代表，環繞相關問題爲核心，論戰不已，相關研究層出不窮，
參考：鄭大華、抶炎安，〈20世紀90年代以來五四東西文化論戰研究述
評〉，《廣州大學學報（社會科學版）》，2006：4（廣州，2006年4月），
頁81-86。

[68] 胡適，〈我們對於西洋近代文明的態度〉（1926年6月6日），《現代評
論》，4：83（北京，1926年7月10日），又載：《生活週刊》，4-6（上海，
1927年11月27日、12月4日、12月11日），收入《胡適文存三集》（上
海：亞東圖書館，1930），卷1，頁3-23。

[69] 胡適，〈公共衛生與東西方文明〉，《出版週刊》，新111（上海，1935年1
月12日），頁6-7；按，原文爲：胡適，〈陳方之編《衛生學與衛生行政》
序〉，《衛生學與衛生行政》（上海：商務印書館，1934）。

[70] 胡適，〈贈與今年的大學畢業生〉，《獨立評論》，7（北平，1932年7月3
日），頁5。

證「西方文明」爲什麼值得詠頌，巴斯德的科學成績，恰可足爲例證。這樣說來，巴斯德可以做爲胡適進行文化論戰的「理論彈藥」之一。而當胡適構思寫作「雜論西洋近代的文明」的計畫之際，亦嘗認定巴斯德是足以象徵「科學的精神與方法」的人物；[71]他又稱譽巴斯德研究蠶病，「一點不放過，一點不放過才能找出病源」，贊譽巴斯德是治學「不苟且」的楷模。[72]一言蔽之，巴斯德之斯人斯行，實具典範價值。

　　復且，胡適更願將巴斯德的典範意義，引申應用於現實層域，爲勸導中國青年世代身處國族危機之際，如何知所抉擇。

　　1926年7月，胡適在北大學術研究會發表演講，首度舉引巴斯德爲例證。胡適大概在演講時舉書示眾：

　　……這本書是法人巴士特（Pasteur）的傳。是我在上海病中看的，有些地方我看了我竟哭了。……

既持書爲證，也向聽講者表明自己被是書內容所感動的閱讀經驗，胡適鼓舞激勵莘莘學子，就算現實世局紛亂無已，還是應該稟持「學術救國」的信念，希望學生把持得住，「不爲時勢轉移，從根本上去作學問」，不要以爲致力於此，所以不和同學走上街頭乃是「羞恥的事」。因爲大學生最該盡的責任就是「研究學術以貢獻於國家社會」。胡適講述了巴斯德進行科學實驗與研究的故事，說他乃是「我們的模範」，他的一切做爲，才是「救國」的眞正道路。[73]覆按胡適這

---

71 胡適，「1926年9月23日日記」，《胡適日記全集》，冊4，頁474。

72 胡適講，菁如（記錄），〈治學方法〉（1932年7月9日在北平青年讀書互助會講演），原刊：《世界日報》（北平），1932年7月10-12日，收入季羨林主編，《胡適全集》，冊20，頁588。

73 胡適講，毛坤、李競何記，〈學術救國〉（1926年7月），收入季羨林主

篇演講裡涉及巴斯德的幾個段落，確實可見，都是他閱讀《巴斯德
傳》的心得。如他說，巴斯德深感法國會兵敗於普法戰爭，被迫「訂
城下之盟賠款五萬萬」，乃是因為「法國科學不行」，他遂發奮於科
學研究，最後足以報效國家，因此「英人謂巴士特一人試驗之成績，
足以還五萬萬賠款而有餘」。這句話即出自《巴斯德傳》一書引用的
赫胥黎的話：

> 赫胥黎在倫敦皇家學會公開演講時表示，「僅止巴斯德的
> 發現，就足以償還法國在1870年時付給德國的五億戰費
> 賠款」（Huxley in a public lecture at the London Royal
> Society: "Pasteur's discoveries alone would suffice to cover
> the war indemnity of five milliards paid by France to Germany
> in 1870."）。[74]

爾後，胡適在〈贈與今年的大學畢業生〉一文裡直接明白地引述了這
段話：

> ……英國的科學家赫胥黎（Huxley）在皇家學會裡稱頌巴
> 斯德的功績道：「法國給了德國五十萬萬佛郎的賠款，巴
> 斯德先生一個人研究科學的成績足夠還清這一筆賠款
> 了。」[75]

胡適說，巴斯德「辛辛苦苦的試驗四年才把這個試驗出來。謂其妻
曰：『如果這不是法國人發明，我真會氣死了。』」[76]《巴斯德傳》一書

編，《胡適全集》，冊20，頁145。
[74] René Vallery-Radot, *The Life of Pasteur*, p. 374.
[75] 胡適，〈贈與今年的大學畢業生〉，頁5。
[76] 胡適講，毛坤、李競何記，〈學術救國〉（1926年7月），收入季羨林主
　　編，《胡適全集》，冊20，頁145。

的原文是：

> 【巴斯德】……帶著深切情感告訴家人：「我與合作夥伴們
> 的發現，是屬於法國人的發現，真是最讓我感到欣慰的
> 事」(【……Pasteur】……said to his family, with a deep
> emotion-"Nothing would have consoled me if this discovery,
> which my collaborators and I have made, had not been a
> French discovery.")[77]

胡適讀到這段話，大概深有同感，還特別畫線註記。稍後，胡適又在
另一場演講裡舉引巴斯德與牛頓（Isaac Newton, 1643-1727）為例，
提醒聽眾，治學之道之一是應該力求廣博，事事留意，才能有所成
就：

> 巴斯德……發明霉菌，研究得深了，那這一學問就牽涉到
> 一切的學問上去。……因為他博，所以蠶病了，他可以
> 治，酒酸了，或者醋不酸了，他也可以治，其實他並沒有
> 研究過蠶、酒學，動物學家也許不能治，他卻能治。據說
> 牛頓發明「萬有引力」，是因為見到蘋果掉在地上，我們
> 也都看見過蘋果掉在地上，可是我們就沒有發明「萬有引
> 力」。巴斯德說過（講學問我總喜歡說到巴斯德）：「在考
> 查研究範圍之內，機會，幫助有準備的心。」牛頓的心是
> 有準備的，我們則沒有準備。……[78]

巴斯德的這番話，亦可見諸《巴斯德傳》：

> 他【巴斯德——引者按】在里爾的演講的這句話：「在觀

---

77 René Vallery-Radot, *The Life of Pasteur*, p. 312.
78 胡適講，菁如記錄，〈治學方法〉，《胡適全集》，冊20，頁590。

察研考的領域裡，機會僅只厚愛那些早就做好準備的心
智」，特別適用於他自己。……（The sentence in his Lille
speech, "in the fields of observation, chance only favors the
mind which is prepared" was particularly applicable to him…
…）。[79]

凡此數端，在在顯示，《巴斯德傳》這部書確實是胡適闡釋巴斯德的
靈感來源。正因為胡適自己確曾受益於這部書與巴斯德的啟發價值，
他日後甚至於不無激動地說：

　　……如果我有權，能夠命令諸位一定讀那本書，我就要諸
　　位讀《巴斯德傳》……。[80]

一句話，在胡適的思想世界裡，巴斯德的象徵意義，多樣繁複。

　　逮及1930年代，日本帝國主義侵略中國的鐵蹄聲，步步作響。
自1931年後，日本陸續策動「九一八事變」，製造「滿洲國」之後，
威脅直逼華北大地。在這樣的時代脈絡裡，青年學子再也按捺不住：
「華北之大，已經安放不得一張平靜的書桌了！」[81]學生運動捲土重
來，抗日呼聲，此起彼落，時局波濤，似無已時。面對日本帝國主義
激發的國難和學生運動，怎麼因應安撫，挑戰重重。胡適以為，中國
實在不足以和日本決戰，總希望以外交交涉的和平方式，換取休養生
息培植國力的可能。[82]因此，胡適在不同的場合面對學生，還是一本

---

79 René Vallery-Radot, *The Life of Pasteur*, p. 79.

80 胡適講，菁如記錄，〈治學方法〉，《胡適全集》，冊20，頁588。

81 〈清華大學救國會告全國民眾書（1935年12月9日）〉，清華大學校史研究
　　室編，《清華大學史料選編》（北京：清華大學出版社，1991），卷2，頁
　　906；感謝清華大學校史館金富軍博士惠示本書。

82 從1931年「九一八事變」到1937年中日戰爭初期，胡適對日本的態度與
　　轉變，參考：張忠棟，〈從主張和平到主張抗戰〉，收入張忠棟，《胡適五

初衷，依復徵引，引申巴斯德的典範意義，始終不輟。

　　胡適或是以巴斯德爲楷模，鼓勵青年學生即使「眼見自己的國家民族沉淪到這步田地，眼看世界只是強權的世界，望極天邊好像看不見一線的光明」，卻絕對不要悲觀失望，應該要有信心，堅守「功不唐捐」的信念。因爲「一個國家的強弱盛衰，都不是偶然的，都不能逃出因果的鐵律的。我們今日所受的苦痛和恥辱，都只是過去種種惡因種下的惡果」。就像巴斯德也曾飽受法國在普法戰爭失敗之後「割了兩省地，賠了五十萬萬佛郎的賠款」的苦痛，只是：

> ……巴斯德對於科學有絕大的信心，所以他在國家蒙奇辱大難的時候，終不肯拋棄他的顯微鏡與試驗室。他絕不想他的顯微鏡底下能償還五十萬萬佛郎的賠款，然而在他看不見想不到的時候，他已收穫了科學救國的奇跡了。[83]

胡適宣講於中國南北大地，總是屢屢舉引巴斯德，苦心說法。在廣西南寧，胡適舉巴斯德的故事爲例，「證明科學可以救國」，呼籲青年學子選擇「求學而後可以救國」的道路；[84] 在湖南長沙，胡適贊譽巴斯德「相信眞理，充分發展自己，專心去求眞理」，實在是一位「先爲己，而後爲人，眞眞做到用科學救國的人」。[85] 爾後，中國歷經抗日戰爭的洗禮，百廢待舉，當1947年胡適重訪自己40餘年前讀過書的上海澄衷中學，面對母校的「小弟弟們」，他同樣講述了巴斯德的故

論》（臺北：稻鄉出版社，2009〔再版〕），頁67-109。

83 胡適，〈贈與今年的大學畢業生〉，頁5。

84 胡適講，湯有雁、毛悐觀、周思賢、陳志堅筆記，〈個人與團體〉，《師訓》，5（南寧，1935），頁17-23；胡適在1935年1月16至18日間遊廣西南寧，在當地發表5場演講，這是最後一場的紀錄。

85 胡適講，夢梅紀錄，〈我們所應走的路〉，《胡適全集》，冊21，頁550-554。

事以證明「教育救國」的道理，鼓勵他們「在學校中努力向學」。[86]總言之，在胡適的闡釋裡，國族處於危急存亡之秋，想要尋覓出路，瞻望前景，巴斯德的抉擇與做為，才是青年世代應該引為借鑒的「科學英雄」。

遺憾的是，胡適的苦口婆心，未必都能說服廣大的熱血青年，甚或反遭怒目以對。當學生發動罷課的時候，有署名「將來殺你的人」的學生寫匿名信批判胡適：

> ……在這樣危急的環境之下，凡屬熱血的青年學生，誰心中不比喪了父母還難過！激於愛國的熱情，放出一聲慘痛的呼喊，以求鼓起同學們的猛醒，這你能說是不正當的嗎？！這你能說是軌外行動嗎？倘若你以為這是不當，那你真是喪心病狂了！該殺的教育界的蠢賊！！！

這封信還對胡適撕下學生海報的行動提出「警告」：

> ……向後你若再撕毀關於愛國的通告，準打斷了你的腿，叫你成個拐狗！……[87]

學生以非理性行為對他的反應，原因所在，胡適自己也心知肚明，他對周作人說：

> ……我在這十年中，明白承認青年人多數不站在我這一邊，因為我不肯學時髦，不能說假話，又不能供給他們「低級趣味」，當然不能抓住他們。但我始終不肯放棄他們，我仍然要對他們說我的話。聽不聽由他們，我終不忍

86 〈胡適在澄衷演講〉，《申報》（上海），1947年10月24日，6版，《胡適全集》，冊20，頁252-254；按，胡適在1905年進入上海澄衷學堂就讀。
87 胡適，「1935年12月11日日記」，《胡適日記全集》，冊7，頁277-278。

不説。[88]

只是，胡適的期望，卻不是完全落空。例如，當時就讀於清華大學的吳晗（1909-1969），深感國事日非，在書齋與街頭行動之中徘徊不已，心緒痛苦不堪。不過，學術上深受胡適栽育的吳晗，大體上接受了胡適的意見，一心一意致力於史學研究，並未成爲1930年代學生運動的弄潮兒。正如當時的好友千家駒（1909-2002）回憶裡的印象：

> 他是胡適之先生的信徒，他看不起搞馬列主義的教授和同學，他整天埋在古書堆裡，……他從不參加學生運動，也看不起搞學運的人。

可以說，吳晗確實尊胡適倡言「把自己鑄造成器」的觀點，以個人的學術事業爲努力的方向，終而在明史研究的天地，自成一家。[89]又如，畢業於上海光華大學附中高中部的夏鼐（1910-1985），時隔四年，又在清華大學畢業典禮上親聆胡適的演講。胡適兩度勉勵希望青年學生應該要懷持「功不唐捐」的信心，夏鼐不怎麼以爲然：

> ……4年前在光華時曾聽過他在畢業禮中的致辭。這次也不外那套陳話。說「自己有三張藥方，好比觀音賜予孫行者的三根毫毛，可以給你們將來救急用：（1）多找出幾個問題，以作研究；（2）多弄點業餘的玩意兒，在職業外發展自己的天才；（3）要有自信心，自強不息，不問收穫，但問耕耘。」實則根據自己這幾天的經驗，畢業即

---

88 胡適，〈致周作人〉（1936年1月9日），耿雲志等編，《胡適書信集》，冊中，頁681。

89 潘光哲，〈胡適與吳晗〉，《歷史月刊》，92（臺北：1995年9月），頁120-125。

　　同失業，什麼也談不到。胡適所說的，依舊是局外人的風
　　涼話而已。[90]

不過，將胡適的苦心之言當作「局外人的風涼話」的夏鼐，選擇的其
實是胡適期望於學子的道路。夏鼐早即如是感慨：「國難當前，書生
已成廢物，所謂『文不像錄謄生，武不像救火兵』，還是幹自己的事
情去好」。他所謂「幹自己的事情」，就是研究致知，因此他想撰寫
〈上海製造局的編譯西書始末記〉，因為編譯西書是「中國當時『富
國強兵』思想的具體表現，此種思想直到民國時還不衰，成仿吾學兵
科，魯迅、郭沫若學醫科，胡適學農科，都是受這種思想的影
響」。[91]一介學子想要研究的主題，深富追溯現實處境的歷史根源的意
義；日後夏鼐遠赴英倫求學，由歷史轉習考古，在中國考古學領域裡
影響深遠。正可想見，夏鼐的認識和行動，基本上仍與胡適相通共
感。

　　面對青青子衿，胡適始終懷持期許他們應該走上如何「把你自己
這塊材料鑄造成器」的道路，宣講鼓吹不已，巴斯德的楷模意義，是
他舉引而不倦的構成要素。胡適的諄諄之言，未必可以說服青年學生
接受；他持守「功不唐捐」的信念，以吳晗和夏鼐為例，多少也可彰
顯反映胡適播下的種子，多少還是有萌發茁壯的機緣（至於吳晗與夏
鼐日後的思想轉向，自是另當別論）。

　　勢隨時轉。面對1949年的歷史變局，胡適當然無力回天。只
是，對懷想科學在中國如何走上康莊大道的他來說，巴斯德的典範價
值，不因之稍有減損。1958年4月10日，身任中央研究院院長的胡

---

90 夏鼐，「1934年6月22日日記」，《夏鼐日記》（上海：華東師範大學出版
　　社，2011），卷1，頁245。
91 夏鼐，「1933年1月15日日記」，《夏鼐日記》，卷1，頁148。

適與蔣介石之間的一番公開「抬槓」，就是最好的例證。蔣介石當天
以總統身分出席中央研究院院士會議，發表致詞，認為中研院是全國
學術之最高研究機構，所以希望中研院今後的學術研究方向，應該配
合「反共抗俄使命」，並擔負起「復興民族文化」的任務。身為中央
研究院院長的胡適，卻當場委婉客氣而立場堅定的反駁了蔣介石的
「希望」，既不認為中研院應有肩負起「復興」那不可證成的「民族
文化」之任務的必要，復表示中研院的方向和任務，應該以學術自身
的邏輯與需要為依據，巴斯德就正是他舉引的例子之一，從而證成眞
正的學術，「在反共救國復國上，的的確確可以有幫助」。所以，胡
適認為，「我們的任務，還是應該走學術的路，從學術上反共、救
國、復國……。」[92]

　　言下之意，要怎麼樣走「學術的路」，要想如何「從學術上反
共、救國、復國」，其實是學術界自己的事，與政治領域的最高領導
者無關；在學術的世界裡，蔣介石不會也是「一言九鼎」的領袖。[93]
聽到胡適一席話的蔣介石，視為對他的「侮辱」，竟爾「終日抑鬱，
服藥後方可安眠」。[94]知識人堅守的信念，即使在現實裡動搖不了最高
政治權威首腦的地位，還是對他帶來了挑戰與刺激。

　　自從1925年年底胡適讀畢《巴斯德傳》以來，宣講巴斯德的象

---

92 原件見：胡適講，王志維記，〈胡院長適致詞〉（1958年4月10日），中央
　　研究院近代史研究所胡適紀念館，胡適檔案檢索系統《南港檔》，館藏
　　號：HS-NK01-213-011（本件爲經胡適修改之紀錄稿）；參考：胡頌平編
　　著，《胡適之先生年譜長編初稿》，冊7，頁2659-2668。
93 參考：潘光哲，〈中央研究院的任務：胡適和蔣介石的「抬槓」〉，《隨
　　筆》，2008：4（廣東，2008年7月），頁146-153。
94 陳紅民、段智峰，〈相異何其大──台灣時代蔣介石與胡適對彼此間交往
　　的記錄〉，《近代史研究》，2011：2（北京，2011年3月），頁23。

徵意義，始終樂而不倦。在胡適的闡釋裡，巴斯德的楷模價值，不僅
僅因爲他是有助於播灑福音惠及世眾的「科學英雄」而已，更因爲他
是「把你自己這塊材料鑄造成器」進而開創國族復興機運的典範人
物。在胡適看來，只有青年世眾仿傚巴斯德，「己立立人，己達達
人」，努力涵育培養「健全的個人主義」，中國始有前景出路可言。

四、

　　歷經知識人百餘年的引介宣傳，現下翻開華人世界的科學普及讀
物，一定少不了巴斯德的名字；如同愛迪生（Thomas Alva Edison,
1847-1931）、愛因斯坦（Albert Einstein, 1879-1955）等等，他在華人
世界裡已經是猶如常識一般的人物，在「公民認識論」的天地裡，絕
對佔有一席之地。當然，中國知識人頂禮崇拜巴斯德的科學貢獻和成
就，將他闡釋爲「科學英雄」，本是一種「英雄史觀」的展示；[95]他
們的精神智慧投注於斯，想讓科學在中國生根，終極關懷之所在，更
是要藉以爲國族命運展現新機。

　　巴斯德做爲「科學英雄」的形象，非僅中國獨然。在法蘭西，巴
斯德早即被標舉爲民族英雄，是法國自身國族建構的一脈動力。返觀
歷史原來場景，巴斯德當然以身爲法蘭西子民而自豪，他的科學事業
也與祖國在普法戰爭之失利，關係密切；[96]只是，懷持愛國情懷但效

---

95 其實，就西方言之，英雄主義的科學典範，早即在「科學革命」時期便已
　萌發，因牛頓（Isaac Newton, 1643-1727）《自然哲學的數學原理》
　（*Mathematical Principle of Natural Philosophy*；1687年出版）的影響所
　及，而越形鞏固，見：Joyce Appleby, Lynn Hunt, and Margaret Jacob,
　Telling the Truth about History (New York: W. W. Norton, 1994), pp. 17-19.
96 John H. Wotiz and Susanna Rudofsky, "Louis Pasteur, August Kekulé, and the

忠於（已然覆亡的）法蘭西第二帝國的巴斯德本人，政治（宗教）立場保守之至，因此對共和體制的現實政治，固有關懷卻不無微詞，偏偏在法蘭西第三共和初期兩極化的政治氣氛下，巴斯德可以是對立兩造共同接受的理想形象，尊崇景仰敬他的行動，更可以創造政治利益。左派傾向的群體，讚賞他是以科學賜福大眾的象徵人物；對立者則譽之爲可以藉科學造福人類的偉大法國人。兩相合力，巴斯德竟被創造爲世俗聖人。[97]美國人同樣也藉著強調科學家個人品性之卓絕，來強化一般民眾的印象，讓他們相信，科學家的發現與發明爲什麼重要，與爲什麼他們可以做出如此貢獻，[98]巴斯德即爲一例。擔任過美國科學研究委員會主席（Chairman of the National Research Council）的天文學家喬治・埃勒里・海耳（George Ellery Hale, 1868-1938），服膺科學必然有助於實際人事世務（如貢獻心力智慧於戰爭）的信念，[99]屢屢在報章爲鼓吹科學撰文立言，[100]充滿好奇心（curiosity）的

Franco-Prussian War," *Journal of Chemistry Education*, 66: 1（January 1989），pp. 34-36.

97 參考：Robert Fox, *The Savant and the State: Science and Cultural Politics in Nineteenth-Century France*（Baltimore, MD: Johns Hopkins University Press, 2012），pp. 256-257（按，Robert Fox 之立論，以 Gerald L. Geison, *The Private Science of Louis Pasteur* 爲據〔見：*The Savant and the State*, p. 358〕）；Gerald L. Geison 更指出，政治（宗教）立場偏向保守的巴斯德，曾於 1875 年參加選舉，競爭對手即攻擊他與法蘭西第二帝國的關係，竟以慘敗收場；爾後巴斯德還曾至少兩度被要求再度參選，「捲土重來」，皆被他拒絕，參見：Geison, *The Private Science of Louis Pasteur*, pp. 43-45.

98 Marcel C. LaFollette, *Making Science Our Own: Public Images of Science, 1910-1955*（Chicago & London: University of Chicago Press, 1990），p. 66.

99 Daniel Kevles, "George Ellery Hale, the First World War, and the Advancement of Science in America," *Isis*, 59（Winter 1968），pp. 427-437.

100 1910 至 1955 年間，海耳在美國大眾雜誌上發表與科學相關之論文，數量之繁，僅次於愛迪生，位居第二，見：LaFollette, *Making Science Our*

巴斯德，就是他的論說引據之一：

> 他【巴斯德——引者按】控制不了自己想要擴展知識疆界
> 的本能，當他面對寬廣未知的世界，這樣的本能，驅策著
> 他願以真心渴望開展實質的探究工作。不管自己的發現究
> 竟會領向何方，他一定得要知道得更多。[101]

1901年創立的美國洛克菲勒醫學研究所（Rockefeller Institute for
Medical Research），在創設之議初起的時候，美國輿論界也舉引巴斯
德研究所的成績，論說這方體制的前景，足可期待。[102] 可以說，為了
建立正面的科學的公共形象，超越時空的限制，建構巴斯德為「科學
英雄」，舉世寰宇，同趨共勢。中國知識人和異域外邦之士的所做所
為，並沒有太大的差異；胡適的詮解，也與思想氣候的主流，同拍共
頌。

　　在華人知識群體追尋覓求科學的歷史卷軸上，胡適始終佔有不容
忽視的位置。在鼓動宣揚科學的歷程裡，胡適對巴斯德的吟唱闡釋，
前後貫穿無已，或許略有變調，主旋律則基本如一，實在像是持續無
止的「固定樂思」。只是，對比於其他同儕群體的述說，胡適發明巴
斯德做為「科學英雄」的內容與意義，顯然獨樹一幟。在胡適看來，
巴斯德的國族情懷，當然彰明昭著；不過，巴斯德不為一時的赤忱熱

　　Own: Public Images of Science, 1910-1955（Chicago & London: University
　　of Chicago Press, 1990），pp. 50-51.

101　George Ellery Hale,"How Men of Science Will Help in Our War,"*Scribner's
　　Magazines*,（June 1917）, p. 722，轉引自：LaFollette, *Making Science Our
　　Own: Public Images of Science, 1910-1955*（Chicago & London: University
　　of Chicago Press, 1990）, p. 69.

102　Ronald C. Tobey, *The American Ideology of National Science, 1919-1930*
　　（Pittsburgh, PA: University of Pittsburgh Press, 1971）, p. 4.

血而有所動搖，埋首於實驗室，致力於學術，充分發展個人的才能，要將自己「鑄造成器」。巴斯德的抉擇，不僅確實可以拯救國族危亡，猶且創造人類無限的福祉，實在是貫徹履踐「健全的個人主義」的典範人物。[103]

　　回顧巴斯德在中國的接受史，足可想見，「賽先生」在中國的歷史命運，從來就不是以科學自身的運作邏輯爲動力，總是難逃於具體社會文化環境之網羅，國族主義更總是建構「科學英雄」的動力根源。相較之下，胡適抗逆一時流行的世潮，苦心擘擬巴斯德的典範意義，確實值得再三沉吟。即便此際我們對巴斯德的科學活動的認識，早已超越了胡適（與其他先行者）。歷經科學史研究「典範轉換」之洗禮，吾輩當然不至於再如胡適（及其同道）那樣，毫無所疑地尊崇頂禮巴斯德，理所當然地取「科學英雄」的視角，認識詮釋他的科學成就；[104]即如法國社會學家拉圖（Bruno Latour）的《法國的巴斯德化》（*The Pasteurization of France*）指陳，巴斯德的成功因素，在於他既能建立起一個龐大的網絡，引發世眾的興趣與利害考量，又能將

---

103 胡適未曾申述巴斯德之偏向保守政治（宗教）的立場，正可展現，胡適對巴斯德的詮釋，其實是據其個人關懷與時代環境之需求，片面挪用轉化巴斯德的生命史；相形之下，胡適自身的生命歷程與思想爲後來者詮解之際，往往面臨同樣的處境，許多與時代脈搏同繫共結的「胡適研究」，總是召喚「啓蒙」，期可挑戰現實的成果，參考：潘光哲，〈「重新估定一切價值」──「胡適研究」前景的一些反思〉，《文史哲學報》，56（臺北，2002 年 5 月），頁 114-119。

104 在科學史研究領域裡，由「英雄式科學」（heroic science）歷經孔恩（Thomas S. Kuhn, 1922-1996）與社會史視野的挑戰而顯示的「典範轉換」場景，釋論自是繁多難盡，筆者論說之資，主要參考：Joyce Appleby, Lynn Hunt and Margaret Jacob, *Telling the Truth about History*（New York: W. W. Norton, 1994）, pp. 163-166.

社會「實驗室化」而展示他的研究成果。[105]可以說，胡適對巴斯德的
詮釋，就後來者理解認識巴斯德的貢獻所在及其限制而言，未必具有
眞知灼見的參照價值。然而，科學發明，知識探索，應該可以超越國
族疆界而造福於全體人類。在胡適的詮釋裡，既認定巴斯德的科學業
績與他自身的文化思想立場契合無間，復且巴斯德做爲「科學英雄」
的價值與意義，更不會只是爲了國家民族的理想前景提供精神動力，
更在於他可以做爲涵育培養「健全的個人主義」的典範人物。那麼，
省思胡適宣講巴斯德而不輟的歷程，正可啓示吾輩，對於華人知識群
體怎樣歡迎「賽先生」的評估詮釋，國族主義不必然是惟一可供思索
的標尺範疇。

---

105 陳瑞麟，《科學哲學：理論與歷史》（臺北：群學出版有限公司，2010），
　　頁312-315。

徵引書目

〈（本校紀事）本校附設巴斯德學院之提議〉，《北京大學日刊》（北京），期
　194，1918年8月15日，2版。

〈（本校紀事）北京大學附設巴斯德學院Institut Pasteur議〉，《北京大學日刊》
　（北京），期195，1918年8月17日，3版。

〈（科學新聞）巴斯德百週紀念〉，《科學》，7：7（上海，1922年7月），頁
　723。

〈胡適在澄衷演講〉，《申報》（上海），1947年10月24日，6版，收入季羨林
　主編，《胡適全集》，冊20，合肥：安徽教育出版社，2003，頁252-254。

〈清華大學救國會告全國民眾書（1935年12月9日）〉，收入清華大學校史研
　究室編，《清華大學史料選編》，北京：清華大學出版社，1991，卷2，
　頁906。

作者不詳，〈人生健康之論究〉，《東方雜誌》，14：5（上海，1917年5月15
　日），頁206-207。

René Vallery-Radot著，丁柱中譯，《巴斯德傳》，上海：中華書局，1936。

丁柱中，〈小學教師與科學實驗〉，《中華教育界》，19：8（上海，1932
　年），頁15-19。

曲鐵華、李娟，《中國近代科學教育史》，《中國近代教育專題史論叢》，北
　京：人民教育出版社，2010。

朱子家（金雄白），《汪政權的開場與收場》，臺北：風雲時代出版股份有限
　公司，2014。

朱華，《近代中國科學救國思潮研究》，北京：人民出版社，2010。

江勇振，《舍我其誰：胡適》，第二部，《日正當中（1917-1927）》，臺北：
　聯經出版事業股份有限公司，2013。

吳敬恆，〈學問標準宜邁高其級度說〉，《東方雜誌》，14：2（上海，1917年
　2月15日），頁2。

李石曾，〈留法會講演會之演說〉，《東方雜誌》，14：9（上海，1917年9月
　15日），頁180。

周建人，〈巴斯德的生平及事業〉，《東方雜誌》，19：23（上海，1922年12
　月10日），頁32-40。

_____，〈達爾文以後的進化思想〉，《東方雜誌》，18：23（上海，1921年
　12月10日），頁40-49。

_____，〈達爾文百十三年紀念感言〉，《東方雜誌》，19：3（上海，1922年

2月10日），頁5-6。

秉志，〈生物學與民生問題〉，翟啓慧、胡宗剛編，《秉志文存》，北京：北京大學出版社，2006，卷3，頁161。

＿＿＿＿，〈科學教師所宜注意者〉，《秉志文存》，卷2，頁117-119。

＿＿＿＿，〈科學精神之影響〉，《秉志文存》，卷3，頁147-148。

邵義強，《交響曲淺釋》，臺北：全音樂譜出版社，1988。

冒榮，《科學的播火者：中國科學社述評》，南京：南京大學出版社，2001。

姜玉平，〈秉志與中國生物科學的人才培養〉，《傳記文學》，88：2（臺北，2006年2月），頁71-89。

胡頌平編著，《胡適之先生年譜長編初稿》，臺北：聯經出版事業公司，1984。

胡適講，毛坤、李競何記，〈學術救國〉（1926年7月於北大學術研究會演講），《胡適全集》，冊20（原件見：中央研究院近代史研究所胡適紀念館，胡適檔案檢索系統《北京檔》，館藏號：HS-JDSHSC-0220-005）。

胡適講，王志維記，〈胡院長適致詞〉（1958年4月10日），中央研究院近代史研究所胡適紀念館，胡適檔案檢索系統《南港檔》，館藏號：HS-NK01-213-011。

胡適講，湯有雁、毛恣觀、周思賢、陳志堅筆記，〈個人與團體〉，《師訓》，5（1935年），頁17-23。

胡適講，菁如記錄，〈治學方法〉，《胡適全集》，冊20，頁588。

胡適講，夢梅紀錄，〈我們所應走的路〉，《胡適全集》，冊21，頁552-554。

胡適，〈公共衛生與東西方文明〉，《出版週刊》，111（上海，1935年1月12日），頁6-7。

＿＿＿＿，〈再論造因，寄許怡蓀書〉（1916年1月25日夜），曹伯言整理，《胡適日記全集》（臺北：聯經出版事業有限公司，2004），冊2，頁267-268。

＿＿＿＿，〈我們對於西洋近代文明的態度〉，《胡適文存三集》，上海：亞東圖書館，1930，卷1，頁3-23。

＿＿＿＿，〈易卜生主義〉，《胡適文存》，上海：亞東圖書館，1921，卷4，頁33。

＿＿＿＿，〈東亞的命運〉，《自由中國》，8：1（臺北，1953年1月1日），頁4。

＿＿＿＿，〈非個人主義的新生活〉，《胡適文存》，卷4，頁173-189。

＿＿＿＿，〈爲學生運動進一言〉，《大公報》星期論文（天津），1935年12月15日，2版。

＿＿＿＿，〈致江冬秀〉（1927年3月5日），陸發春編，《胡適家書》，合肥：安徽人民出版社，2011。

____，〈致周作人〉（1936年1月9日），收入耿雲志等編，《胡適書信集》，冊中，北京：北京大學出版社，1996，頁681。

____，〈致邵飄萍〉（1925年1月），《胡適全集》，冊23，頁458。

____，〈致留美學界公開信〉（1915年3月19日），耿雲志等編，《胡適書信集》，冊上（原文為英文："An Open Letter to all Chinese Students"，《中國留美學生月報》，vol. 10, No. 6〔Ithaca, NY: April 1915〕）。

____，〈個人自由與社會進步再談「五四」運動〉，《獨立評論》，150（北平，1935年5月12日），頁1-4。

____，〈贈與今年的大學畢業生〉，《獨立評論》，7（北平，1932年7月3日），頁5。

范鐵權，《體制與觀念的現代轉型：中國科學社與中國的科學文化》，北京：人民出版社，2005。

范鐵權、魏琳，〈劉咸與中國科學社〉，《科學》，65：2（上海，2013年3月），頁52-54。

韋廉臣，〈格致有益于國‧一章‧巴士德（上）〉、〈格致有益于國‧二章‧巴士德（下）〉，《萬國公報》，冊14、15（上海，1890年3月、4月），頁11a、6a-6b。

夏鼐，《夏鼐日記》，上海：華東師範大學出版社，2011。

孫中山，〈學生要立志做大事並合乎中國國情在廣州嶺南大學學生歡迎會的演說〉，《國父全集》，冊2，臺北：中國國民黨黨史委員會，1973，頁586。

孫祖烈，〈美國種痘防疫事略〉，《東方雜誌》，10：5（上海，1913年11月1日），頁22。

高維，〈社會醫學〉，《東方雜誌》，22：23（上海，1925年12月10日），頁76-79。

健孟（周建人），〈法國近代的科學界〉，《東方雜誌》，19：6（上海，1922年3月25日）頁89。

健孟（周建人），〈近代細菌學在醫學工藝上的重要〉，《東方雜誌》，20：14（上海，1923年7月25日），頁69。

張忠棟，〈從主張和平到主張抗戰〉，收入張忠棟，《胡適五論》，臺北：稻鄉出版社，2009。

張劍，《科學社團在近代中國的命運：以中國科學社為中心》，濟南：山東教育出版社，2005。

張寶明，〈胡適「健全的個人主義」與「自由」的分野〉，收入鄭大華、鄒小站主編，《中國近代史上的自由主義》，北京：社會科學文獻出版社，2008。

曹伯言、季維龍編著，《胡適年譜》，合肥：安徽教育出版社，1986。

陳玉堂編著，《中國近現代人物名號大辭典（全編增訂本）》，杭州：浙江古
　　籍出版社，2005。

陳紅民、段智峰，〈相異何其大──台灣時代蔣介石與胡適對彼此間交往的
　　記錄〉，《近代史研究》，2011：2（北京，2011年3月），頁23。

陳瑞麟，《科學哲學：理論與歷史》，臺北：群學出版有限公司，2010。

陳學恂主編，《中國近代教育大事記》，上海：上海教育出版社，1981。

陶海洋，《現代文化的生長點：《東方雜誌》（1904-1948）研究》，合肥：合
　　肥工業大學出版社，2014。

黃興濤著，川尻文彥譯，〈清末民初、新名詞・新概念の「現代性」問題
　　「思想現代性」と現代性をおびた「社會」概念の中國での受容〉，《現
　　代中國研究》，17（大阪，2005年9月），頁83-84。

傅維康，〈何廉臣生平述略〉，《上海中醫藥雜誌》，2008：6（上海，2008年
　　6月），頁69-70。

惲代英，〈細菌致病說〉，《東方雜誌》，15：9（上海，1918年9月15日），
　　頁174-179。

曾仲鳴，〈自然發生說〉，《東方雜誌》，19：17（上海，1922年9月10日），
　　頁66。。

──────，〈微生物學略史〉，《東方雜誌》，19：15（上海，1922年8月10日），
　　頁63、頁66-67。

華祝考，〈裘吉生的中醫編輯工作經驗研究〉，《中醫藥學報》，1988：3（哈
　　爾濱，1988），頁38。

黃亦君，〈惲代英的早期思想與歷史敘述圍繞《東方雜誌》所作的考察〉，
　　《湖南科技學院學報》，31：5（永州，2010），頁62-65。

楊國榮，《科學的形上之維：中國近代科學主義的形成與衍化》，上海：上海
　　人民出版社，1999。

葉雋，〈李石曾的文化浪漫主義及其留法經歷〉，收入陳平原主編，《現代中
　　國》輯10，北京：北京大學出版社，2008，頁70-88。

裘詩煌，〈我國早期中醫藥雜誌《紹興醫藥學報》簡介〉，《山東中醫藥大學
　　學報》，1986年期3（濟南，1986年6月），頁59。

漢聲，〈紀法國巴斯德醫學院〉，《東方雜誌》，15：9（上海，1918年9月15
　　日）。

趙穎霞，〈李石曾的政治思想及實踐活動述評〉，《保定學院學報》，22：2
　　（保定，2009年3月）。

劉治熙、胡適，〈愛國運動與求學（1925年8月31日）〉，《現代評論》，2：
　　39（北京，1925年9月5日），收入張忠棟、李永熾、林正弘主編，劉季

倫、薛化元、潘光哲編輯，《現代中國自由主義資料選編——②「五四」
與學生運動》（臺北：唐山出版社，1999），頁289。
劉咸，〈霉菌學開山祖巴斯德傳略〉，《科學》，7：12（上海，1922年12
月），頁1322-1327。
劉廣定，〈《格物探原》與韋廉臣的中文著作〉，收入劉廣定，《中國科學史
論集》，臺北：國立臺灣大學出版中心，2002，頁131-160。
劉德榮，《劉德榮醫學文集》，北京：現代教育出版社，2008。
劉曉，〈李石曾與中華民國大學院〉，《中國科技史雜誌》，2008：2（北京，
2008年6月），頁144-154。
_____，〈李石曾與近代學術界留法派的形成〉，《科學文化評論》，2007：3
（北京，2007年6月），頁53-56、62。
樊洪業，〈《科學》雜誌與科學精神的傳播〉，《科學》，2001：2（上海，2001
年3月），頁30-33。
潘光哲，〈「重新估定一切價值」「胡適研究」前景的一些反思〉，《文史哲學
報》，56（臺北，2002年5月），頁114-119。
_____，〈中央研究院的任務：胡適和蔣介石的「抬槓」〉，《隨筆》，2008：
4（2008年7月），頁146-153。
_____，〈胡適與巴斯德〉，《數理人文》，4（臺北，2015年4月），頁92-101
_____，〈胡適與吳晗〉，《歷史月刊》，92（臺北，1995年9月），頁120-125。
鄭大華、扶炎安，〈20世紀90年代以來五四東西文化論戰研究述評〉，《廣州
大學學報（社會科學版）》，2006：4（廣州，2006年4月），頁81-86。
霍益萍，《科學家與中國近代科普和科學教育：以中國科學社爲例》，北京：
科學普及出版社，2007。
謝德銑，《周建人評傳》，重慶：重慶出版社，1991。
羅志田，《再造文明的嘗試：胡適傳（1891-1929）》，北京：中華書局，
2006。
酈鳳鈞選錄，〈巴斯德傳〉，《紹興醫藥學報》，14（紹興，1909），頁17a-17b。
Appleby, Joyce. Lynn Hunt, and Margaret Jacob, *Telling the Truth about History*.
New York: W. W. Norton, 1994.
Berlioz, Hector. "Programme", in idem., *Symphonie fantastique*, conducted by
Varujian Kojian. San Francisco, CA: Reference Recordings, RR-11CD.
Chesky, Annette and Jeffrey. "Liner Notes", in Hector Berlioz, *Symphonie
fantastique*, conducted by Massimo Freccia. New York: Chesky Records,
CD88.
Fox, Robert. *The Savant and the State: Science and Cultural Politics in Nineteenth-
Century France*. Baltimore, MD: Johns Hopkins University Press, 2012.

Geison, Gerald L.. *The Private Science of Louis Pasteur*. Princeton, NJ: Princeton University Press, 1995.

Ihde, Aaron J.. *The Development of Modern Chemistry*. New York: Harper & Row, 1964).

Jasanoff, Sheila. *Designs on Nature: Science and Democracy in Europe and the United States*. Princeton, NJ: Princeton University Press, 2005.

Kevles, Daniel. "George Ellery Hale, the First World War, and the Advancement of Science in America," *Isis*, 59. (Winter 1968), pp. 427-437.

Kwok, D. W. Y. (郭穎頤). *Scientism in Chinese Thought, 1900-1950*. New Heaven & London: Yale University Press, 1965.

LaFollette, Marcel C.. *Making Science Our Own: Public Images of Science, 1910-1955*. Chicago & London: University of Chicago Press, 1990.

Tobey, Ronald C.. *The American Ideology of National Science, 1919-1930*. Pittsburgh, PA: University of Pittsburgh Press, 1971.

Vallery-Radot, René. *The Life of Pasteur*, translated by Mrs. R. L. Devonshire, with an introduction by Sir William Osler. Garden City, NY: Doubleday, Page & Company, 1923 [北京：北京大學圖書館藏本].

Wotiz, John H.. and Susanna Rudofsky, "Louis Pasteur, August Kekulé, and the Franco-Prussian War," *Journal of Chemistry Education*, 66: 1 (January 1989), pp. 34-36.

Zhu, Marlon (朱瑪瓏)."Microbes, Newspaper Media, and the Pasteurization of East Asian Ports," The 2015 AAS-in-Asia Conference, Taipei (2015/6/23).

How to Advocate Science in Modern China
Hu Shih's Interpretations of Louis Pasteur

Kuang-che Pan

Abstract

We always told that science was welcomed by Chinese for the purpose of national salvation during the May Fourth era, and this is the reason why science will be cult as Buda Science（賽菩薩）in such an instrumental demand. But taking a consideration on the case of Hu Shih's interpretations of Louis Pasteur （1822-1895）, we can grasp the complexity for our reflection on the fate of science in modern China. This article analyzes how after a long time of avocations by the intellectuals in different contexts, Louis Pasteur was not an alien for Chinese, we can say his name is a indispensable part of civic epistemology for understanding of science; Hu Shih of course was one of these contributors. And we can confirm his reading of Vallery-Radot's *The Life of Pasteur* in 1925 is the source of Hu's interpretations of Louis Pasteur. But, the importance of Pasteur for Hu Shih was not only he could be seen as the"hero of science," but also because Pasteur's scientific discoveries could be elaborated as a good example for the his arguments about why Western civilization can be evaluated as "modern"civilization and Chinese have to catch it up. And when Hu had to make response the student movement since 1920s, Pasteur could be forged by him as what is a really patriotic model.

Keywords: Hu Shih, Louis Pasteur, Science.

【論著】

新文化運動的「下行」
——以江浙地方讀書人的反應為中心[*]

瞿駿

華東師範大學歷史系副教授，著有《辛亥前後上海城市公共
空間研究》（上海：上海辭書出版社，2009）、《天下為學說
裂：清末民初讀書人的思想革命與文化運動》（北京：社科
文獻出版社，即出），另有論文若干。主要研究領域為1895-
1928年間的思想文化史、上海史。

* 感謝兩位匿名審稿人的寶貴意見，本文所有疏失皆由作者自負。

新文化運動的「下行」
——以江浙地方讀書人的反應為中心

摘要

　　新文化運動一如天上大風，吹掠各處，深入各個孔竅，江浙地區的地方讀書人亦深受其影響，可謂之新文化運動的「下行」。在這一過程中，新文化運動傳播到地方的渠道與方式；地方上接受新文化的基礎和在地的新文化所呈現的內容；新文化與地方讀書人生活世界的種種關聯和反新文化的那些地方讀書人如何抗拒新文化等種種都值得加以關注和討論。

關鍵詞：新文化運動、地方、江浙地區、讀書人

　　如何考察大事件與地方的聯結？或許研究者要學會像法國大革命時外省人那樣注視著巴黎，「好像什麼都知道，但其實很多都不清楚。」[1]清末浙江海寧的一個讀書人記「庚申之變」事，正表現出與法國外省人類似的「好像什麼都知道，但其實很多都不清楚」的情形，他說：

> 時聞紅毛賊陷天津，僧王竭力捍禦，賊不能逞，遂通賄于某王，果朝廷召回僧王，賊於是自山海關陷圓明園，今上離宮在焉，寶藏名跡，盡被毀擄。（今上蒙塵瀋陽）後仍差僧王征剿，累打勝仗，俱克復。然賊勢尤甚，議和，許前所要挾條款，賊始息。條款：通商、設官等項。[2]

　　上引文若從後建的史實鏈條來看，幾近全錯。但如果把既有史實鏈條統統打散，我們卻會發現它很有點回味。僅就一個個訊息點如僧王禦敵、圓明園被陷，咸豐駕崩、議和訂約等分析，此處所述大致不差。那麼這些訊息是如何一步步傳遞到遠在千里的浙江海寧的？是誰把點點訊息這樣串聯、褒貶與再創造，是傳遞中的走形，還是故意為之？在這段敍述背後，這個讀書人乃至其周邊的一群讀書人是想達到何種目的？這些關乎國家與地方之間如何「聯結」的問題都是研究者應該去認真面對的。同樣的問題在新文化運動研究中也值得加以重視。

1　此點蒙王汎森教授提示，特此致謝。關於法國大革命時期的外省民眾可參見 Maurice Agulhon, trans. by Janet Lloyd, *The Republic in the Village: the People of the Var from the French Revolution to the Second Republic*（Cambridge: Cambridge University Press ,1982）。
2　管庭芬撰，虞坤林整理，《澂溪日記（外三種）》（北京：中華書局，2013），頁118。

　　新文化運動自然是一個已有無數研究的大題目，但至今仍有不少問題大概連基本史事都沒有厘清。同時新出史料和可取的研究角度又層出不窮。因此本文嘗試引入新文化運動研究的「地方」視野，討論新文化運動與江浙地區基層讀書人的聯結互動，希望能圍繞以下問題作一粗淺的舉例式討論：

　　第一，新文化如何一步步從中心向次中心再向邊緣傳播？其通過哪些具體的渠道和方式讓地方上的那些基層讀書人知曉和瞭解。

　　第二，新文化是如何與基層讀書人的生活世界互動的？進而他們怎樣利用「新文化」來爭奪地方權勢？

　　第三，地方上的讀書人對新文化的接受一帆風順嗎，如果不是，地方讀書人有哪些回應和反抗？這些回應和反抗又能折射出什麼？

　　對於這些問題，不少學者都已做出了頗值得參考的精彩成果。[3]本文希望在這些研究基礎上，通過一些以往利用較少的地方讀書人的資料，來進一步揭示上訴問題中值得繼續注意的一些面相。[4]

3　參看王汎森，〈五四運動與生活世界的變化〉，《二十一世紀》，113（香
　　港，2009年6月），頁44-54。王汎森，〈中國近代思想文化史研究的若干
　　思考〉，《新史學》，14：4（臺北，2003年12月），頁177-194。羅志田，
　　〈近代中國社會權勢的轉移：知識份子的邊緣化與邊緣知識份子的興起〉，
　　收入羅志田，《權勢轉移：近代中國的思想與社會》（北京：北京師範大
　　學出版社，2014），頁109-153。許紀霖，〈重建社會重心──現代中國的
　　知識份子社會〉，收入許紀霖，《大時代中的知識人（增訂本）》（北京：
　　中華書局，2012），頁54-81。章清，〈五四思想界：中心與邊緣──新青
　　年及新文化運動的閱讀個案〉，《近代史研究》，2010：3（北京，2010），
　　頁54-72。張仲民，〈舒新城與五四新文化運動〉，收入牛大勇、歐陽哲生
　　主編，《五四的歷史與歷史中的五四──北京大學紀念五四運動90周年國
　　際學術研討會論文集》（北京：北京大學出版社，2010），頁376-409。
4　這些資料主要有常熟讀書人徐兆瑋（1867-1940）的日記，徐兆瑋著、李
　　向東等標點，《徐兆瑋日記》（合肥：黃山書社，2013）；溫州讀書人張棡

　　在此需要對本文的三個重要概念「新文化運動」、「地方」和「地方讀書人」做一些界定：

　　本文中的「新文化運動」取一較寬泛的定義，大致等於余英時所說的廣義的「五四」。它指的是1919年前後若干年內進行的一種文化運動或思想運動。這一文化或思想運動的上限至少可以追溯至1917年的文學革命，其下限則大抵可以1927年的北伐爲界。[5]

　　「地方」這一概念自然非常複雜，其既可以對應於「中央」，又可以對應於「國家」，更可以在各種中心─邊緣的層次關係轉換中不斷調整其所指。又甚至可以自爲一種中心。[6]不過本文的「地方」大致是一個區域性概念，指的是江浙地區縣城以下的廣大地域社會，特別是各個市鎮與鄉村。

　　基於此「地方讀書人」則指的是在生活在此地域社會內，至少有最低級功名和進過最初級學堂的那些讀書人。

（1860-1942）的日記，張棡撰，《張棡日記》（溫州圖書館藏，未刊打印本）；溫州讀書人劉紹寬（1867-1942）的日記（溫州圖書館藏，未刊列印本）；錢穆好友朱懷天（1898-1920）的詩文、日記、教科書，收入《松江朱懷天先生遺稿》（1920年自印本）。當然還要參之以其他各種相關材料，比如錢穆的《師友雜憶》仍是反映地方讀書人與新文化聯結互動的重要材料。

5　余英時，〈五四運動與中國傳統〉，收入余英時，《現代危機與思想人物》（北京：生活‧讀書‧新知三聯書店，2005），頁59。

6　如葉文心即指出：「杭州之於北京，並不是省會之對中樞、邊陲之於核心，杭州新文化運動的內涵，並不爲北京五四運動所涵蓋。五四運動在杭州，比較之於北京，本身便代表了另一種截然不同的求變的訊息。這個訊息來自中國內地鄉鎮社會，而不來自通都大邑對外開放的口岸。正因爲它源生於對日常現實的不滿，而不只是對抽象理想的憧憬，所以表現出來的反傳統性尤具激情。」葉文心，〈保守與激進──試論五四運動在杭州〉，載汪熙、魏斐德主編，《中國現代化問題──一個多方位的歷史探索》（上海：復旦大學出版社，1994），頁200、201。

一、

　　關於新文化在地方上的傳播在筆者看來在以下幾個方面目前仍有不少討論餘地。首先以中國之大，各地因其地理位置（離北京、上海等新文化中心城市的遠近）、開放程度和交通條件等，各地新文化傳播的速率相當不一致。出生在浙江定海的金性堯（1916-2007）就回憶1925年左右他「根本不知道世上有什麼『新文化』。『五四運動』則連影子都沒有見過。」[7]

　　若具體到個人，這個讀書人是在城還是居鄉，好友圈子的構成和其本人的特性都決定了他們知曉新文化的速度和程度。以具有標誌性意義的五四學潮的發生為例。1919年5月5日晚，在上海的白堅武（1886-1937）大概是有好友李大釗的消息渠道，已經「聞北京學界全體以國權喪失，聯合遊行街市作示威運動，焚賣國党曹汝霖宅，毆章宗祥幾斃」。[8]在杭州浙江一師上學的陳範予（1900-1941）則是在5月6日看《時報》知道了五四學潮的發生，相隔亦不過兩天，而且報紙報導頗詳細，不過也因追求訊息的及時快速而不乏錯誤、傳聞和謠言：

> 四日下午二時，北京大學生等五千人往各國使館求歸還青
> 島並誅賣國賊陸（宗輿）、曹（汝霖）、章（宗祥）等。
> 員警督過之，及有燒火傷人之行為，陸宗祥〔輿〕有斃之
> 聞，曹及入六國館內，學生被捕甚眾。徐（世昌）氏云：
> 不可傷及學生，段（祺瑞）則嚴法屬行，傅（增湘）乃力

7　金性堯著，金文男編，《星屋雜憶》（上海：上海辭書出版社，2008），頁189。

8　杜春和、耿金來整理，《白堅武日記》，冊1（南京：江蘇古籍出版社，1992），頁194。

與爭無效。蔡元培願以一身抵罪云。[9]

　　相較白堅武、陳範予，其他數位江浙地區不在城的讀書人知道五四學潮就要比他們速度慢一些，方式亦有差異。常熟桂村的前清進士徐兆瑋（1867-1940）5月7日接在京老友孫雄（師鄭）（1866-1935）來函云：「京師大學校及法政諸校學生因青島事，有示威舉動，焚曹汝霖屋，毆章宗祥幾斃，惟陸宗輿得免。」[10]5月13日溫州瑞安的前清廩貢生張棡（1860-1942）也知道了這件大事。但他知曉的方式並非電報、電話，也非報紙、雜誌，更不是信件來往，而是聽朋友說起，也就是口語傳佈，大致為：

> 近日內北京大學大鬧風潮，蓋即為章宗祥、曹汝霖、陸宗
> 輿三賣國賊，私與日本締賣中國要約，被中國留學生所洩
> 露，章氏不得安於日本，急急歸國，甫到，北京大學諸生
> 竟全體數千人齊赴曹汝霖家大鬧。以章正在汝霖宅作秘密
> 之議故也。曹氏知事不得了，縱火自焚其屋四十餘間，學
> 生愈聚愈多，章宗祥被擊重傷，曹亦擊傷頭面。[11]

　　進一步申論，在這五人中離新文化主潮最遠，各類消息渠道最少的應是張棡，因此他知道的五四學潮情形實在與五六十年前太平天國時期的海寧讀書人基本無差，也是訊息大體上瞭解，但細節有不少失真。五人中只有他提到了曹汝霖「縱火自焚其屋」一事。這一訊息大概是張氏基於各種小道消息和社會傳言「添油加醋」，判定章、曹、陸等為「賣國賊」。這或可看出無論當時北洋外交有多麼的「成功」，外交的實際運作是一回事，而民眾（其範圍遠遠大於學生）如

9　阪井洋史整理，《陳範予日記》（上海：學林出版社，1997），頁85。
10　徐兆瑋著，李向東、包岐峰、蘇醒等標點，《徐兆瑋日記》，冊3，頁1982。
11　《張棡日記》（溫州圖書館藏，未刊打印本），1919年5月13日條。

何認知北洋外交的成敗則是另一回事。

　　而當新文化向地方下行時,什麼樣的地方讀書人,通過怎樣的渠道來接觸新文化則是新文化地方傳播的另一個值得關注之處。「五四新文化最符合的是民初那些介於上層讀書人和不識字者之間、但又想上升到精英層次的邊緣知識分子或青年的需要。」[12]而自清末到20年代地方上生產邊緣知識分子或青年的土壤恰恰發生了重大變化。

　　莊俞就發現:「民國成立,國事尚在爭執之秋,獨小學教育驟見發達。有一校學生數倍于舊額者,一地學校十數倍于原數者。南北各省,大都如是。」[13]像江蘇昆山,1912年城鎮鄉學堂總計45所。校長、教員、技師合計127人,因有不少教師同時在幾個學校兼職,因此可提供的教職位置約有150個。而到了1925年當地城鎮鄉學堂增加至115所,教職員則增加到376位,[14]另據統計1918年5月江蘇省縣立學校已「多至六千三百餘所」,[15]可證莊俞之言雖可能有所誇張,但增量確實也相當大。

　　這種地方上新學校大幅度增加的情形推動著知識青年在江浙基層地區的明顯增加,但另一方面學校與科舉大有不同。科舉不得上進還有塾師、儒醫等「杈路走得」。[16]但進了學校,畢業後若無「升學之

12 羅志田,〈近代中國社會權勢的轉移:知識份子的邊緣化與邊緣知識份子的興起〉,《權勢轉移:近代中國的思想與社會》,頁140。
13 莊俞,〈小學教育現狀論〉,《教育雜誌》,5:3(江蘇,1913年6月10日),頁33。
14 參考瞿駿,〈入城又回鄉——清末民初江南讀書人社會流動的再考察〉,《華東師範大學學報(哲學社會科學版)》,5(上海,2014),頁30-32。
15 雲窩,〈江蘇教育進行之商榷〉,《時事新報》「學燈」副刊,1918年5月9日,1版。
16 周作人著,止庵校訂,《知堂回想錄》,冊上(石家莊:河北教育出版社,2002),頁62。

地」，則就成了「坐耗居諸，銷磨志氣」之「遊手」。[17]因爲昂貴的學費、路費和其他各種雜費。不少地方讀書人讀了中學或初級師範就無法繼續升學。沈定一就指出：「在從前科舉時代，『窮讀書』也還有萬一的希望——如今無產階級底兒童連不出學費的學校都斷了念，還希望甚麼高等、專門、大學，出樣留學呢」。[18]而鄉村的貧寒子弟更是讀完初小或高小後就不再繼續學業。錢穆注意到「鄉里初小畢業生，除士紳子弟多遠出升學外，餘多鎮上小商人家子弟，畢業即留家，在商店中服務……極少再升學者」。[19]由此不難想見這些讀書人念過些書，開眼看了世界，但又被圍於地方的失落心態。

即使努力走出去的「士紳子弟」亦有不少因爲城市居大不易而返回了家鄉，不過活躍大城市與閉塞老家鄉之間的對比與落差很多時候讓他們倍感挫折、失望甚至於憤怒。[20]

因此當新文化爲這些在鄉的和「入城又回鄉」的青年帶來了解放的理想和社會上升的可能性時，這一群體就成爲了新文化在地方上最大的受眾，進而又成爲了新文化積極的傳播者。

那麼這些青年和其他的地方讀書人又是通過哪些渠道來接觸新文化的呢？主要有三條渠道：一是閱報刊、二是聽演說，三是讀書籍。

---

17 楊昌濟，〈論湖南創設省立大學之必要〉（約1917-1918年），收入王興國編著，《楊昌濟集》，上冊（長沙：湖南教育出版社，2008），頁230。
18 〈衙前農村小學校宣言〉，《新青年》（廣州），9：4（廣州，1921年9月26日），附錄，頁4。
19 錢穆，《八十憶雙親師友雜憶》（北京：生活・讀書・新知三聯書店，2005），頁115。
20 葉文心就以浙江省會城市杭州爲個案，以浙北與浙南的對比爲分析徑路，對浙江的新文化運動做了精彩剖析。葉文心，〈保守與激進——試論五四運動在杭州〉，載汪熙、魏斐德主編，《中國現代化問題——一個多方位的歷史探索》，頁213。

先來看閱報刊。

　　報刊是江浙地區基層讀書人接觸新文化的最重要載體之一。但若將視野放在「地方」，報刊作爲媒介其呈現出怎樣的特質是需要進一步梳理的。大致來說一方面新文化報刊之間的互聯相當緊密，已形成了中心和中心，中心和地方間互做廣告，相幫宣傳的網絡。像《北京高師教育叢刊》第一、二期中就出現了《新青年》（北京）、《新潮》（北京）、《時事新報》（上海）、《解放與改造》（上海）、《黑潮》（上海）、《新教育》（上海）、《心聲》（河南）、《江西教育行政月報》、《湖南教育月刊》等全國或地方性的新文化報刊的廣告。《新潮》、《少年中國》等亦是如此。地方性報刊的聯結、代派網絡亦會在報刊內容中時有顯現，如《浙江新潮》的代派處有30多個，其中不乏湖南長沙馬王街修業學校毛澤東君和南京高等師範學校楊賢江君等名字出現。[21]

　　但另一方面儘管存在著互聯和代派的網絡，但從新文化報刊的發行渠道看，它們若無大出版機構的支援其深入地方社會的能力恐怕有限。1919年3月，顧頡剛（1893-1980）跑到杭州火車站附近最大的書鋪內詢問有無《新青年》，書鋪夥計卻連書名都不知道，再到另一家著名書鋪——清和坊，也說「還沒有來」。[22]《建設》雜誌儘管與亞東圖書館關係緊密，但在1919年7月左右在江浙地區的代派點只有兩個，一是由杭州浙江一師施存統代派，二是由紹興教育館代

21 轉見《俞秀松傳》編委會編，《俞秀松傳》（杭州：浙江人民出版社，2012），頁46。
22 〈顧頡剛致葉聖陶〉（1919年3月12日），收入《顧頡剛書信集》，卷1（北京：中華書局，2011），頁55。

派。[23]《少年中國》的代派處也只有杭州平海路《教育潮》雜誌社、嘉興烏鎮西市徐第健文圖書館和紹興教育館等三處。

　　雖然報刊的閱讀量不完全由代派處的多少來決定，但前述報刊的代派呈現出某種雷同單一的特質卻是可說的。[24]而反之，若有大出版機構和報刊聯手，則其深入地方的能力可能會有相當程度的增強。如商務與中華這兩大書局在江浙地區（當然其他地區或也有相似性）的影響力可以說是深入到地方的每一個毛孔。早在1912年錢穆任教所在的無錫秦家水渠是一出入極不便之地。其四面環水，僅駕一橋通向外面的世界，夜間懸橋，交通遂斷絕。但就是在這樣的地方錢穆仍能讀到商務的主力刊物《東方雜誌》。[25]

　　正由於《東方雜誌》銷售和傳播的普遍性，有些讀書人如張棡就對它在新文化運動推進中的變化特別敏感。這源於1923年溫州府城的書店格局發生了一個大的變化，原來占霸主地位的日新、維新、新新三大書坊合併為兩公司，「一名中華分局，一為商務分局」。[26]

　　這個大變化一方面使得張棡能夠更加方便地獲得由中華書局委託出版的《學衡》雜誌，從而由「反新文化」雜誌處來瞭解並抨擊「新文化」（詳後）；另一方面也促使他比較起了《學衡》和從清末讀到現在的《東方雜誌》，進而看出《東方雜誌》在那段時間內向「新文

23《少年中國》，1：1，（北京，1919年7月15日），廣告頁。到1920年2月，《建設》在江浙地區的代派處，杭州浙江一師由施存統變為陳祖虞，增加了有正書局，但紹興教育館就未見蹤影了。《少年中國》，1：8（北京，1920年2月15日）。
24《少年中國》，1：3（北京，1919年9月15日）；1：4（北京，1919年10月15日）。
25 錢穆，《八十憶雙親師友雜憶》，頁78。
26《張棡日記》，1923年8月7日條。

化」的大幅度靠近。他會說：「讀《學衡雜誌・新文學之痼疾篇》，
指駁《東方文庫》中所引諸謬說，極其痛快。按《東方文庫》即商務
印書館《東方雜誌》之彙編。蓋五六年前之雜誌編輯尚有價值，至近
來以白話為宗旨，所輯者皆浪漫惡派，予久不欲觀之，宜其為《學
衡》所糾也」。[27]

　　就聽演說而論，葉聖陶（1894-1988）在小說《倪煥之》中曾詳
細描寫了一個江南小鎮在廣場的公地上響應五四運動，進行反日演說
的情形。這段文字雖是小說，卻有葉聖陶真切的親身體驗在其中。他
在回憶中說：

> 五四運動發生的時候，我在蘇州甪直鎮任吳縣第五高等小
> 學教員。甪直是水鄉，在蘇州東南，距離三十六里，只有
> 水路可通，遇到逆風，船要划一天。上海的報紙要第二天
> 晚上才能看到。教師們從報紙上看到了北京和各地集會遊
> 行和罷課罷市的情形，當然很激奮，大家說應該喚起民
> 眾，於是在學校門前開了一個會。這樣的事在甪直還是第
> 一次，鎮上的人來的不少。後來下了一場雨，大家就散
> 了。[28]

　　而據顧頡剛給葉聖陶的信，1919 年 5 月 9 日蘇州甪直鎮開演說集
會，葉聖陶和王伯祥演說的題目分別是「獨立與互助」和「社會的國
家和官僚的國家有什麼分別」。在顧氏看來「甪直鎮中虧得你們幾位
喚起自覺心和愛國的作業……我那天到舊皇宮聽演說，都是些浮末枝
葉——上海罷市怎樣，北京學生受苦怎樣——對於所以有此次風潮之

---

27 《張棡日記》，1926 年 11 月 27 日條。
28 吳泰昌，〈憶「五四」，訪葉老〉，《文藝報》，5（1979），收入《葉聖陶研
　　究資料》（北京：北京十月文藝出版社，1988），頁 157。

故反而擱置一旁，這樣的收效只有鼓動一時的感情，仍是虛僞而非眞實。你們選擇的題目……都是在根本上說話，所得效果定自不同」。[29]

　　最後我們則要通過閱讀什麼書籍來對地方讀書人接受和傳播的是怎樣的「新文化」來做一些分梳。胡適在爲《胡適文選》做的序言中曾說：

> 我在這十年之中，出版了三集《胡適文存》，約計有一百四五十萬字。我希望少年學生能讀我的書，故用報紙印刷，要使定價不貴。但現在三集的書價已在七元以上，貧寒的中學生已無力全買了。字數近百五十萬，也不是中學生能全讀的了。所以我現在從這三集裏選出了二十二篇論文，印作一冊，預備給國內的少年朋友們做一種課外讀物。[30]

　　這段史料提醒我們當時或能集新文化領軍人物——胡適之言論思想大成的《胡適文存》無論是其閱讀的量（百多萬字）還是其定價（七元以上）均可能不是地方讀書人所容易承受的。[31]且中學生在胡適眼中已屬「貧寒」與不能全讀之列，更遑論地方上那些高小或初小畢

---

29 〈顧頡剛致葉聖陶〉（1919年5月9日、6月14日），《顧頡剛書信集》，卷1，頁62、63。

30 胡適，〈介紹我自己的思想——《胡適文選》自序〉，收入季羨林主編，《胡適全集》，卷4（合肥：安徽教育出版社，2003），頁657。

31 1922年之江大學的學生給鄭振鐸寫信，覺得一本書有「少年中國學會會員」等字樣是很引動他的，但書價一元二角他則覺得太貴，因此他說：「現在出的新書，可以說都是幾位報館先生們，和各大學教授能夠買得起吧。我們窮學生只有看看不出錢的，若是本校圖書館沒有，或是朋友也借不來，我們會永遠立於絕望中。」〈張厭如致鄭振鐸〉，《文學旬刊》，41（1922年6月21日），收入《鄭振鐸全集》（石家莊：花山文藝出版社，1998），卷16，頁500。

業的青年。那麼他們一定有「其他讀物」來接觸新文化。[32]

　　在這些「其他讀物」中既有新人物自己創作的小冊子和小叢書。如茅盾在給周作人的信中說：「趕快我們把文學小叢書編幾種出來，青年有簡明的系統的書可讀，當不至再信梅（光迪）君等的『詭辯』了。我覺得自己出貨，趕先宣傳，倒很要緊。」[33]謝六逸則認為：「出版物宜先從小冊子入手……容字二三萬，其價值不得過二角，且必須為系統的……若經過了小叢書的傳播或浸潤，然後使他們閱高深的書才不至於無從措手。我們的第一個目的是要他們懂得，是要他們喜歡看。」[34]

　　亦有跟隨時風的那些出版機構匆忙「合成」的各種出版物。周作人即說：「中國出版界的習慣，專會趁時風，每遇一種新題目的發現，大家還在著手研究的時候，上海灘上卻產出了許多書本，東一本大觀，西一本全書，名目未始不好看，其實多是杜撰雜湊的東西。」[35]那麼這些出版機構主要有哪些呢？像新文化書社、亞東書局、大東書局、泰東圖書局、中華書局、商務印書館均在其列，正是它們大量出版了胡適、陳獨秀、錢玄同、劉半農、魯迅、周作人、康白情等代表

---

32 從《文存》中選出22篇的《胡適文選》本身就是個「其他讀物」的典範，朱自清、葉聖陶在為高中生所做的《略讀指導舉隅》中就專門選擇《胡適文選》來細細分析。收入朱喬森編，《朱自清全集》（南京：江蘇教育出版社，1988），卷2，頁272-310。
33 茅盾，〈茅盾致周作人〉（1922年2月9日），收入中國現代文學館編，《茅盾書信集》（天津：百花文藝出版社，1987），頁435。
34 謝六逸，〈文化與出版物〉，原載《覺悟》，收入沈鎔輯，《國語文選》，集3（上海：大東書局，1929），頁120。
35 周作人，〈讀各省童謠集〉，《歌謠》，20（1923年5月27日），收入鍾叔河編訂，《周作人散文全集》，第3冊（桂林：廣西師範大學出版社，2009），頁144。

「新文化」大家作品的選本、編本、輯本和節本。

　　在大量選本、編本、輯本和節本出版的同時。北京政府亦在為新文化運動的「下行」推波助瀾。1920年1月12日教育部通令全國國民學校一、二年級國文教材改語體文，兩年內小學全部教科書改為語體文，同年又令至1922年中學文言教科書一律廢止。[36]這些通令的意義按照胡適的說法是「把中國教育的革新至少提早了二十年」。[37]

　　正是有北京政府強令推動語體文、國語、國音等「新文化」的契機，前述出版社亦出版了諸如《白話文範》、《近世文選》、《國語文選》、《國語文類選》、《白話文做法》等適應北京政府「政令」需要之書。這些出版物很多都由江浙地區地方上的讀書人撰寫、選編，如《近世文選》、《國語文選》的輯者是吳興沈鎔（伯經）（1886-1949），清末他就在家鄉南潯編白話報，也是南社的成員。《國語文類選》的選輯者是桐鄉朱毓魁（文叔）（1895-1966），他是浙江第一師範學校的畢業生。[38]而《白話文做法》更是一個由江浙地方讀書人聯合炮製的典型出版品。1920年3月，由上海太平洋學社發行，亞東圖書館代派的《白話文做法》出版，定價六角。據它的廣告說：

> 兩三年來，新文化運動的怒潮，振蕩得一天高似一天；白話文是新文化運動的開路先鋒……不可不去研究白話文。諸君！你們喜做白話文麼？做白話文的時候覺得有不合語

---

36 轉引自陳文新主編，《中國文學編年史（現代卷）》（長沙：湖南人民出版社，2006），頁97。

37 胡適，〈《國語講習所同學錄》序〉，收入季羨林主編，《胡適全集》，卷1（合肥：安徽教育出版社，2003），頁224。

38 其經歷可參看朱文叔，〈我的自學的經過〉，《中學生》，11（北京，1931），頁15-26。

法，不合論理的地方麼？你們要解決這種種困難，這本書
就可以幫助你們。凡事有破壞須有建設；現在文學革命，
破壞的成績已不少，建設的成績，卻還一些沒有。這本書
是要預備建設新文學的，大家不可不看。內容如白話文的
意義，白話文的變遷，白話文的條件，白話文的種類，白
話文和國音字母，白話文和語言學，白話文和標準語，白
話文和文言文，白話文用詞，白話的用語，白話文的句
法，白話文的構造，白話文的修辭，白話文的句讀記號，
附白話詩的做法，釋理卻很明白的。[39]

　　從後來的記錄看，此書到1933年已出到第20版，可見是相當暢
銷。[40]它的作者呂雲彪（嘉定）、戴渭清（常熟）和陸友白（嘉定）若
放在《新青年》同人的標準上，他們既非大學教授，又非社會名流，
均是名不見經傳的人物。但他們不僅合寫了這本暢銷的《白話文做
法》。呂氏與戴氏還一起編寫過另一套兩冊的《新文學研究法》。[41]正
是這些地方上的讀書人既是新文化主流報刊的閱讀者，同時又充當了
新文化暢銷書的作者，將其淺近直白地推向了更低層級的地方知識青
年。[42]

39《北京高師教育叢刊》，2（北京，1920年3月），廣告，無頁碼。
40 1933年此書的廣告詞仍是：「內含白話文意義、條件、變遷、種類、用
　辭、用法、句法、構造、修辭、句讀、符號以及白話詩做法、白話文與言
　語學、國音字母、文言文標準語之解釋，說得透徹明瞭，一閱便知。」呂
　雲彪等，《白話文做法》（上海：新文化書社，1933），廣告頁。
41 呂雲彪等，《新文學研究法》（上海：大東書局，1920）。
42 像朱文叔就參加了1919年末由茅盾在地方上發起的桐鄉青年社，辦過
　《新鄉人》、《新桐鄉》等刊物，舉辦過桐鄉縣小學教師暑期演講會，並赴
　各村鎮的小學演講。沈楚，〈茅盾發起組織桐鄉青年社〉，收入《茅盾研
　究：第七屆年會論文集》（北京，新華出版社，2003），頁552。

如果說上述的選本、節本、改編本、淺易本尚是把新文化的主體打散，難度降低，以令地方上的讀書人更易接受的話，[43]那麼還有一些出版品則是打著「新文化」旗號的速成品乃至濫造品。像劉貞晦、茅盾合著，上海新文化書社出版的《中國文學變遷史》就是一例。

在這本書裏劉貞晦的頭銜是「北京大學教授」，而他壓根就沒在北京大學教過一天書。[44]更奇特的是一本《中國文學變遷史》中又有談外國文學的部分，說是茅盾所作。但據茅盾自述這部分內容卻非他原創，而是他翻譯西書時選摘的一些「劄記」，而這樣被拼湊出來的「新文化書」竟也堂而皇之地出版了。[45]

還有一些書籍本和京滬兩地新文化主流的關係極淺甚至壓根沒有關係，但地方上的讀書人卻以自己所理解的「新文化」概念，將這些作品囫圇吞棗的全都認作「新文化」。金性堯就說：「我們對於新藝和古文藝的界限是這樣的：凡是加新式標點，對白用括弧，行數分開來寫的就全是新文藝。」按照這個標準他在當地附屬在紙扎文具店中的書局裏找到了幾本世界書局出版的紅皮叢書，著者有徐卓呆、張慧劍、陳霭麓等近於鴛鴦蝴蝶派的諸君。金氏馬上買了一套，以為「這就是新文藝著作了，和郭沫若、張資平等都是一樣的性質」。[46]

---

43 關於邊緣知識青年閱讀這些「做法」、「讀法」之書的效果，朱自清曾說：「真好的還是少，因為這些新書──尤其是論作法的──往往泛而不切；假如那些舊的是餖飣瑣屑，束縛性靈，這些新的又未免太無邊際，大而化之了──這當然也難收實效的。再說論到讀法的也太少；作法的偏畸的發展，容易使年輕人誤解，以為只要曉得些作法就成，用不著多讀別的書，這實在不是正路。」朱自清，〈《文心》序〉，收入朱喬森編，《朱自清全集》，卷1（南京：江蘇教育出版社，1996），頁283。
44 劉貞晦、茅盾，《中國文學變遷史》（上海：新文化書社，1921），頁1。
45 〈茅盾致周作人〉（1922年9月20日），收入《茅盾書信集》，頁437。
46 金性堯，《星屋雜憶》，頁191。

二、

　　在重新審視了新文化在地方上傳播及其接受的一些面相後，我們
還需要考察新文化與地方讀書人生活世界之間的各種關聯。這些關聯
若概要來說主要體現在三個方面：一個是新文化如何衝擊和塑造了地
方讀書人的思想觀念，一個是新文化如何改變了地方讀書人的群體認
同，最後一個是新文化如何影響了地方讀書人的社會流動。

　　從思想觀念的衝擊和塑造來看，新文化運動推向地方後，趨新的
知識青年如饑似渴地閱讀著，並踐行著從中心區域傳播而來的種種。
柳亞子（1887-1958）之子柳無忌（1907-2002）就作過一個形象的比
喻說：「在一九一八年左右，新潮流已自北京、上海，滾滾而來，流
入了（蘇州）黎裏鎮的市河內。」[47] 幾乎同時在江南古鎮裏教書的錢穆
則說「逐月看《新青年》雜誌，新思想新潮流坌至湧來」。[48]

　　這種「逐月看《新青年》」的情形，錢穆因已「決心重溫舊書」而
在日後沒有太詳細的記述。但在錢穆摯友朱懷天（約1897-1920）的日
記裏我們可以依稀想見他們當時對於新文化的那種熱衷，茲舉幾例：

> 讀《新青年》，其提挈社會之正旨，言之成理，而辭無不
> 達。
> 讀大學生郭欽光君《修養餘墨》，所言何其合我耶。
> 讀胡適之《哲學史大綱》，既佩其學，又重其言脗合而無
> 間也。曩讀某書自恨學問淺，讀書少，今又感之矣。[49]

---

47 柳無忌，〈古稀人話青少年〉，收入《柳無忌散文選》（北京：中國友誼出
　　版公司，1984），頁79。
48 錢穆，《八十憶雙親師友雜憶》，頁93。
49 〈朱懷天日記〉，收入《松江朱懷天先生遺稿》，頁22、28、32。

　　不但如此，約1920年初，朱懷天已在無錫鄉間的小學裏進行語體文教學的實驗。據其學生回憶：「先生課餘或授課時命全級學生分譯所授國文為語體文經，先生之斧正而油印焉，為他日溫故之參考，亦練習語體文之良法」。[50]

　　同時他還編寫出國文課本來向學生傳遞他所認知的新文化，筆者所見是這個課本的目錄抄本。[51]其課本的主體部分「多選兼愛、平等、清心、悟道、克己之文，以及墨、老、莊、列諸子之書，至若東坡、淵明之文，先生亦未嘗不擇一二也」，[52]而其「附篇」名之為《新文采》，其與新文化關係至為密切，分為兩個部分：第一部分朱氏著意于新文化的標誌之一——新式標點，「大致將西洋最通行的符號，另外斟酌中國的需要，變通一二種，並加入一二種，共得十二種。並附一段英文為例」。第二部分是「白話文」，選擇了「真知識」（摘抄胡適《中國哲學史大綱》）、「行為論」（抄《中國哲學史大綱》）、「各人的各自革命」（抄《時事新報》）等內容。[53]

　　朱懷天這個課本的材料選擇，其理路和瞿秋白所說得非常相似，即「我那時的思想是紊亂的：十六七歲時開始讀了些老莊之類的子書，隨後是宋儒語錄，隨後是佛經、《大乘起信論》——直到胡適之

---

50 〈朱懷天先生事略〉，收入《松江朱懷天先生遺稿》，頁1。
51 朱懷天編，《無錫縣立第四高等小學三年級國文課本》，目錄抄本。
52 〈朱懷天先生事略〉，收入《松江朱懷天先生遺稿》，頁3。
53 所謂「各人的各自革命」出自張東蓀、潘公展、高元等人的說法。參見東蓀，〈各自改造〉，《時事新報》（上海），1919年9月26日，1版。高元，〈個人的各自革命〉，《時事新報》（上海），1919年10月30日，1版。這幾篇文章的核心觀點是必有無數各界、各地的小革命，方能有一個真正的大革命。小革命有三個等階，第一是個人精神生活的各自革命；第二是各小群的各自革命；第三是各大群的各自革命。此點蒙中國人民大學高波博士提示並惠賜材料，特此致謝。

的《哲學史大綱》，梁瀨溟〔漱溟〕的印度哲學，還有當時出版的一
些科學理論，文藝評論。」[54]但瞿秋白說得過於簡單，朱懷天則留有更
豐富的材料來說明其思想觀念形成的內外因緣。

　　朱氏生於上海松江，畢業於江蘇省立第二師範（前身爲上海龍門
師範）。在二師讀書期間，朱氏非常崇拜一位老師名叫吳在（公之）
（1871-？）。[55]此人是清末上海新學事業中的一個活躍人物。與很多清
末讀書人一樣，他對老、莊、墨等諸子學和佛學有特別的興趣，並經
常利用諸子學和佛學來攻擊儒學。受吳在的影響，朱懷天也閱讀了許
多諸子學和佛學的書，並以此爲基礎非常傾向於「無政府主義」。[56]

　　在這種清末與五四相混雜的思想理路下，朱懷天對新文化的理解
就有自己的一些特點。比如他一方面在整體上對胡適哲學史的體例、
寫法和視野相當讚賞，但另一方面若涉及到有關諸子的具體內容如胡
適發表在《東方雜誌》上的《莊子哲學淺釋》，他就會有非常不同的
意見：

> 胡適之論哲學，謂莊子學說可使社會和學術不進步，這是
> 什麼話？莊子所說雖是消極，把那世上的善惡、是非、得
> 失、禍福、生死、喜怒、貧富看得一切達觀，是可因乎天

---

54 瞿秋白，《多餘的話》（南昌：江西教育出版社，2009），頁14。
55 據〈本校職員任期久暫表〉中記吳氏1915年爲44歲。參見〈本校職員任
期久暫表〉，收入《江蘇省立第二師範學校十周紀念錄》，頁27。
56 這種「無政府主義」基本與錢穆所說的河上肇的影響無關，也不是在討論
「馬克思共產主義」（當然若有確鑿證據，還可再論）。而是可追溯至吳在
與江亢虎和中國社會黨的關係。如此則在法國出版的《新世紀》與北京印
刷的《新青年》；東京、上海與江浙地方；「三無主義」與「克魯泡特金主
義」，直至清末、民初與五四都被勾連了起來，但卻不是所謂「沒有晚
清，何來五四」那麼簡單。對於這一點筆者將另有專文討論。

理，順其自然，超出於形跡之外，實在他沒有一處不下轉
語的……胡適便說他這人生哲學至少便可養成那二種流
弊，一種阿諛依違，苟且媚世，自謂隨順。一種不關痛
癢，不問民生疾苦，樂天安命，聽其自然的廢物。這是不
曾留心莊子下面「達之」一句話的緣故。[57]

此後他讀胡適的《非個人主義的生活論》也曾試圖「作文辯
之」。而且在陳獨秀和胡適文字的對比中，他說「陳獨秀所作無一不
獲我心」，而胡適則「不夠斬截」。[58]這種對「斬截」的渴望或正是
「無政府主義」的關懷所在。

在「無政府主義」之外，朱懷天又因錢穆的關係，思想觀念中不
乏儒學尤其是宋學的一些因子。1919年末朱氏曾自問道：「我嘗輕宋
明儒家，實則修身之德恃彼正多，昔之有私毀者，多惑於其所標名
也，如曰義、利、仁我便厭之，實則大非矣。此讀書所以務多，而又
在平心靜氣以會之也。否則私心自用，成見牢不可破殆哉。」[59]因此他
在前述自己編寫的小學課本中亦會選入來自於《朱晦翁語錄》、《王
陽明語錄》、《德育鑒》等關於宋明理學的內容。[60]

正因注意到朱懷天思想中的「宋學因子」，錢穆才會評價其友是
「論學時雖有偏激，然其本源皆發自內心深處。惟當以一字形容曰
『愛』，愛國家，愛民族。雖言佛法，然絕無離親逃俗之隱遁意。他日
學問所至，必歸中正可知」。[61]可見在新文化運動「下行」的進程中，

<hr>

57〈朱懷天日記〉，收入《松江朱懷天先生遺稿》，頁33。
58〈朱懷天日記〉，收入《松江朱懷天先生遺稿》，頁36、49。
59〈朱懷天日記〉，收入《松江朱懷天先生遺稿》，頁34。
60 朱懷天編，《無錫縣立第四高等小學三年級國文課本》，目錄抄本。
61 錢穆，《八十憶雙親師友雜憶》，頁96。

其對於地方讀書人思想觀念的衝擊和他們的回應實具備相當的豐富性
與多元性，是一種新與舊、傳統與現代、主流與異端的交織與混雜。

　　就新文化如何改變讀書人之間的群體認同這一問題來說。清末在
地方社會已出現了各種因新學而起的讀書人社群。到新文化運動時期
伴隨著各種各樣地方性學會的興起，地方上多種宣揚新文化報刊的出
現以及學堂中的各類大小學生組織。無論是讀書人與大眾還是讀書人
之間，所謂「我們」與「他們」的區別也愈加明顯。錢穆記述他與朱
懷天剛結識時，錢氏告訴朱氏「出校門有兩路，一左向，過小橋，即
市區，可吃餛飩飲紹興酒，佐以花生塘裏魚，課畢，同事皆往」；「一
右向，越圍牆田野村莊散步塍間，仰天俯地，暢懷悅目，餘一人率右
行」。接著錢穆問朱懷天「願仍左行，抑改右行」。朱懷天立刻回答
說「願改右行」。二人相視而笑，遂為友。[62]

　　這個例子說明了邊緣知識青年因文化上的共鳴（其中自然包括新
文化的內容）而變得彼此有認同感，但「同事皆往左」，獨有錢穆與
朱懷天向右的格局亦說明邊緣讀書人之間的認同感和其他讀書人，乃
至大眾幾近格格不入，此實為新文化在地方社會散佈的一大困局。[63]

　　而且錢穆與朱懷天二人主義雖然不合（錢氏大致已近儒家，朱懷
天近無政府），卻能成為時常爭論而不生齟齬的摯友。與其相似的還
有「白屋詩人」吳芳吉（1896-1932）。他描述其友和「主義」之關係

---

62 錢穆，《八十憶雙親師友雜憶》，頁94。
63 有人就說：「現在從事教育者有新舊兩派，新者主自動，取民治主義，舊
　　者重服從，采嚴格主義，舊者視新者如過激派，新者視舊者如腐物，二者
　　同處一堂，勢如『冰炭同爐』，各不相容。同學中因頭腦新穎見絕於人
　　者，不知凡幾。」周維垣，〈服務上各種報告〉，《北京高師教育叢刊》，4
　　（北京，1920年12月），無頁碼。

以及他對不同「主義」的認識是：「雨僧則主國家主義，子俊諸友則主極端的社會主義，子一則主實得主義，只要可以進身，雖卑以下人而不顧。鶴琴、醒華輩，則主得過且過、放蕩不羈之主義，如善波等則主致人於我之主義，愛眾則主厭世主義。雖各各不同，然各有見地，不可是非。一一而研求之，開人神智不少矣。而正當之主張，何者適於今日，何者通于將來，何者可施于一身，何者可施及於人，吾可以默識之也。」[64]

　　能這樣平和暢達地看待「主義」分歧之人在新文化運動初起時或還不少，但隨著運動之深入，不少讀書人因新文化帶來的主義而聚合，隨即又因爲主義之爭而深深地分裂。1921年謝覺哉記新民學會開會，「關於主義爭辯甚厲」。因此他希望「同一學會，則以奉同一主義爲宜」。[65]不過這種期望到20年代初基本已屬不能實現，當時不要說截然不同的主義，即使是類似主義互不認同的也非常多。[66]

　　最後新文化影響地方讀書人生活世界最劇烈之處恐怕在其對於讀書人社會流動的幫助或限制。明清時代讀書人的社會流動以功名之高低爲基礎，以家族之護蔭爲憑藉，以科舉同年和其座師、房師的社會網絡爲依託，並以此爲基礎、憑藉和依託向上攀升。這種社會流動與

64《吳芳吉日記》，收入吳芳吉著，傅宏星編校，《吳芳吉全集》，冊下（上海：華東師範大學出版社，2014），民國四年五月初二日條，頁1034。

65 謝覺哉，《謝覺哉日記》（北京：人民出版社，1984），卷上，1921年1月3日條，頁26、27。

66 像吳芳吉就曾向吳宓抱怨：「湖南學校近日有最可悲痛之現象，無論教員學生，皆分屬爲兩派信徒。所謂兩派者，一爲馬克斯派，一爲安娜其派。每一校中，必有此兩派之峙立。而其相視，雖同窗共硯，竟爲仇讐。所謂師道友情，乃全爲此二派主義所汩沒無蹤矣。」參見〈吳芳吉致吳宓〉，收入吳芳吉著，傅宏星編校，《吳芳吉全集》，冊中（上海：華東師範大學出版社，2014），頁625。

民初情形最大的區別是中心散處，立足地方。即使是一窮鄉僻壤之地，
若能憑藉自身努力獲得較高級的功名，回鄉或作一立足公益之士紳，
或作一學界領袖，主持書院，教授生徒，再進一步與在京之同年好友
同聲氣求，則大致能在讀書人的社會流動上獲得較高的階位。但到民
初，隨著科舉制的廢除，這樣的上升型流動方式已漸漸發生了變化。

　　一方面讀書人仍要依靠傳統的血緣、學緣、地緣的關係來獲得上
升的機會和通道。[67]1917年舒新城即指出在高等師範學校畢業後他們
「各奔前程」之出路有六：一是席父兄之餘蔭；二是恃親故之引援；
三是賴母校之發展或收容；四是家境富裕再謀深造；五是憑著偶然之
特殊技能；六是「捧著教育司和學校的介紹書，向各處沿門托缽，但
其結果往往是最壞的」。[68]1922年張宗祥（1882-1965）主持浙江教育，
亦回憶當浙省考選清華學生時，來托關係之人是「函電紛紜，積之數
寸」！[69]這些都可看出固有的關係網絡對於讀書人上升的極大助力。

　　但另一方面新的求學方式（對地方讀書人來說即是留學、讀大學
和讀中學）、學會和報刊則為他們提供了另一種形式的通路，而這些
「新」的基礎都和新文化密不可分。

　　以新的求學方式而論，在北京、上海和一些省會城市，大學之出
身已是他們結成網絡，排斥他群的重要依據。顧頡剛就對其父親說：
「現在通例，好結朋黨。北大師生數千，聲氣頗廣，雖未標明黨會，

67　許紀霖，〈重建社會重心──現代中國的知識份子社會〉，收入《大時代
　　中的知識人（增訂本）》，頁69。
68　舒新城著，文明國編，《舒新城自述》（合肥：安徽文藝出版社，
　　2013），頁107、108。
69　張宗祥，《冷僧自編年譜》，收入浙江省文史研究館編，《張宗祥文集》，
　　冊3（上海：上海古籍出版社，2013），頁472。

而實際趨勢確有如此。故男欲得一職事，不必在上海，即遠至粵、
蜀，亦未嘗不可請校中介紹。如舍此他謀，則他人之藩籬甚固，非我
所能插足；即使勉強謀得一事，而根基不牢，亦終是旋得旋失耳。」[70]

　　相較大學生，留學生的頭銜更是「金字招牌」，是各方都要想盡
辦法利用的。1919年胡先驌（1894-1968）就指出：「自陳獨秀、胡適
之創中國文學革命之說，而盲從者風靡一時」。這些人之所以盲從是
爲「彼等外國畢業博士等頭銜所震」。因此胡先驌特別要在與胡適等
辯論文學改良的文章中說明自己「亦曾留學外國，寢饋于英國文學，
略知世界文學之源流」，非如此似就無資格來與胡適們討論文學革
命。[71]1922年吳宓在《中華新報》上發表《新文化運動之反應》一
文，其介紹也洋洋灑灑寫到：「涇陽吳宓君，美國哈佛大學碩士，現爲
國立東南大學西洋文學教授，君既精通西洋文學，得其神髓，而國學
複涵養甚深，近主撰《學衡》雜誌，以提倡實學爲任，時論崇之」。[72]

　　在地方上則是外來新學生與當地新學生，新學生與「科舉老派」
之間的競爭，在此過程中外來者未必敵得過「土著」。顧頡剛就有
「男同學汪君」，「畢業後藉教廳長之力，得蘇州師範教席。乃以非師
範一系之故，每星期只四小時，月薪只十六元；猶複排之不遺餘
力」，故有人勸顧氏在本地謀事，顧氏「每笑謝之，以明知站不住
也」。[73]蔡元培在給李石曾的信中也突出強調如何能讓城、鎮、鄉的教

70 〈顧頡剛稟父〉（1922年12月2日），《顧頡剛書信集》（北京：中華書局，
　　2011），卷4，頁20。
71 胡先驌，〈中國文學改良論〉。轉引自胡宗剛編，《胡先驌先生年譜長編》
　　（南昌：江西教育出版社，2008），頁69、70。
72 轉見風聲（魯迅），〈一是之學說〉，《晨報副刊》，1922年11月3日，3版。
73 〈顧頡剛稟父〉（1922年12月2日），《顧頡剛書信集》，卷4，頁20。

育會「不爲舊派塾師所蟠踞」。[74]

　　不過從長程的趨勢看新學生與「科舉老派」的競爭，大致是「科舉老派」越來越處於劣勢。1920年已有人說：共和以後，各地有所謂「新紳士」，各地方的勸理員、教育界領袖、商會總董，大半受紳士的支配。現有一班「好名慕利的革新家」很想取而代之，只恨自己勢力顧不上，他們遇著這次潮流的好機會，怎能不利用。於是借著革新的名義，傾軋舊黨，一方面逞一己的私欲，一方面可以討好新黨。[75]1924年張棡發現其所在溫州中學的新校長是「專張東方旗幟」，「此亦近時趨勢，各機關靡不如此，不獨我教育界顯分黨派也。科舉老派近已一落千丈，萬不能與諸少年競爭，故老朽如鄙人等只得知難而退」。[76]

　　再以報刊而論，1919年顧頡剛在給妻子的信中就直接說老友葉聖陶雖然現在僅是蘇州甪直小鎮上的一個高小教師，但他「在《新潮》上著作較多，謀事是很有希望的」。[77]果然不幾年葉聖陶至少在上海的一些文人眼中已是「鼎鼎大名」。[78]顧頡剛自己亦是依靠報刊在弘揚名聲，1922年他就發現自己在《新潮》上的一篇文字，「未做完，且未署真名，而大家已頗注意，到處拉攏」。[79]幾乎同時在無錫後宅鎮

74 蔡元培，〈蔡元培致李石曾〉（1922年2月22日），《蔡元培全集》（杭州：浙江教育出版社，1998），卷11，頁61。
75 丁曉先，〈新時代的危機〉，《時事新報》「學燈」副刊（上海），1920年1月4日，4張1版。
76《張棡日記》，1924年8月11日條。
77 顧頡剛，〈顧頡剛致殷履安〉（1919年9月28日），《顧頡剛書信集》，卷4，頁99。
78 郭沫若，《學生時代》（北京：人民文學出版社，1979），頁90。
79 顧頡剛，《顧頡剛日記》（臺北：聯經出版事業公司，2007），卷1，頁274。

第一小學教書的錢穆也在試著給著名的《時事新報》副刊《學燈》投稿。當錢氏的文章被登在大一號字的首幅時，就受到了同事的「大加揄揚」，並催促其繼續投稿。第二篇又是如此時，同事們「倍加興奮」，促其「撰第三文」。此時《學燈》登載一條消息讓錢穆告知通訊位址。同事之興奮情緒達於頂點，對錢穆說「兄自此獲知于當代哲人，通訊久，當有前途可期」。[80]

上面的這些故事清晰地告訴我們在地方讀書人的經歷和認知裏，文章若能夠登上全國性報刊，更進一步通過文字往來與全國性精英連接對他們來說有多麼重要。而熟悉新文化大概是那個時代地方讀書人的文章能登上全國性報刊的一個重要前提，[81] 在錢穆身邊就有這樣的人物即劉半農。他肄業于常州府中學堂，本混跡於上海的鴛鴦蝴蝶派圈子裏，後來因陳獨秀的緣故進入了《新青年》作者群，順利地登上了全國舞臺，但因上升太快，學歷不足，而常遭人詬病。爲此朱懷天曾爲其打抱不平說：

> 吾視半農諸說，亦未必遜於人，而論者輒下半農，以爲半
> 農不過中學畢業生，未嘗留學他國，遂不問其今日進益之
> 如何。即謂半農不若他人矣，抑知士別三日，刮目相看，

---

80 錢穆，《八十憶雙親師友雜憶》，頁116。
81 這種預判是不乏成功個案的，1920年在湖南長沙的舒新城就憑藉「一年來在上海投稿較多，且與《時事新報》的主編張東蓀先生常有通訊」，獲得了去上海的機會。舒新城著，文明國編，《舒新城自述》，頁140。與此相對應，若反對新文化則可能遭到報刊的封殺。吳宓就回憶說《學衡》雜誌發起的一個原因是胡先驌撰成《評嘗試集》，歷投南北各日報及各文學雜誌，無一願爲刊登，或無一敢爲刊登。轉引自胡宗剛編，《胡先驌先生年譜長編》，頁81。胡懷琛亦有文章拒絕被《學燈》刊登。參見胡寄塵，〈一封曾被拒絕發表的信〉，《最小》，1：8（上海，1923），第2、3張。

　　苟以資格論人，宜世之不務實學而欲躐等，以越進階爲苟
　　獲聲名之資也。[82]

　　這段爲劉半農的辯護其實又何嘗不是師範畢業，卻未能進一步深
造的朱懷天的夫子自道呢？同時也應該是千千萬萬地方上基層知識青
年由衷的心聲吧。

三、

　　在看到地方那些基層知識青年欲憑藉新文化以上升而不斷地呼
應、認同、頌揚新文化的同時，我們亦需注意另有一批地方上的讀書
人對於新文化是持比較激烈的反對和排斥態度的。以溫州瑞安的張棡
爲個案，他對新文化的反對和排斥主要通過三種方式來表現：

　　一個是對與新文化有關的各種人與事的抱怨乃至謾罵，這樣的言
辭充斥在張棡20年代的日記中，下面略舉幾個例子。1920年張棡讀
到《新青年》會說：「中間論文學處頗有新穎之語。然抹殺國粹，專
尙白話，自謂特識，而按之實際究仍是依傍洋文，鄙薄前哲，此殆世
運使然，所以生此種怪物，令其擾亂文學界也。閱畢不禁廢書三
歎。」[83]在朋友家看見蔡元培寫的楹聯，他也感覺其字「陋劣之至」！

---

82 〈朱懷天日記〉，收入《松江朱懷天先生遺稿》，頁22。
83 《張棡日記》，1920年5月1日條。1927年當張棡知道浙江省通令：孔廟、
　　關、嶽廟大祀一律廢絕，且將文廟改爲孫中山紀念祠。武昌婦女解放會成
　　立，以致有夫之婦大半背夫捲逃，全省秩序大亂。他又想到了蔡元培等
　　說：「此種禽獸行爲，而主持者悍然爲之，彼武人不足責，如蔡元培、馬
　　敘倫等平日所讀者何書？所奉者何教？其家亦有夫妻子女，乃竟喪心病狂
　　倒行逆施至此，眞千古未有之大罪人也。」直到1940年，張棡讀報知蔡元
　　培死訊。仍要發議論說：「蔡本浙江紹興人，號鶴卿，字孑民，報上謂其
　　是前清翰林，予觀蔡字跡陋劣，絕非翰林之選，其少年作文好貌古新穎之

進而懷疑蔡氏如何能成爲翰林，接著又點評說：「此君素負虛名，且久爲北京大學校長，而書法乃如此醜陋。可見其平日胸無學問，徒恃空名，所以主張白話，推翻中文，迎合新青年心理，而終蹈欺世小人之轍也。」[84]

　　再一個是他自己閱讀的傾向與選擇。張棡爲表示其對新文化排距的立場，他常看的報刊和對書報的點評基本都立足於其認知中的新文化潮流的對立面。比如1920年他讀到劉冠三（貞晦）發表在《時事新報》上的《新舊文商量》一文就說：「語語中肯，又就《易》、《書》、《詩》各古義發明新理警告新青年，亦大有見地，此君眞可愛才也。」[85]1922年有學生贈其新出的《學衡》雜誌第一期。他讀完後馬上認爲「中間評駁新文化及胡適之《嘗試集》，皆持之有故，言之成理，可謂一壺千金矣」。[86]此後《學衡》就進入了他定期閱讀雜誌的名單，基本期期不掇（參見附表）。之後幾年間在張氏看來與《學衡》類似的《文哲學報》、《甲寅周刊》等也陸續進了其常購的報刊之列。另外張氏讀梁啓超的《清代學術概論》，亦能聯繫到新文化，說：「是書於學術沿革，頗能言之了了，而議論亦和平可喜，不似新

體，以此矜奇要舉，得中進士，旋出洋留學日本，即主張逐滿革命，與孫中山結爲死友，民國後出爲北京大學校長，知文字遠不逮林琴南、傅崇禮、王式通等，乃迎合學生好尚，主張白話，破壞國粹，其人品實遠不如章太炎、宋漁父輩，今死而政府極力揄揚之，均一時阿好之言，非篤論也。」《張棡日記》，1927年3月27日、1940年3月6日條。關於蔡元培字的優劣可參看毛子水，〈對於蔡先生的一些回憶〉，收入毛子水著，傅國湧主編，錢陽薇編，《毛子水文存》（北京：華齡出版社，2011），頁126。
84《張棡日記》，1920年5月1日條。
85《張棡日記》，1920年6月3日條。
86《張棡日記》，1922年2月24日條。

派之主張白話者，一味尊己而詈人也。」[87]讀蔣瑞藻編的《新選古文辭類纂》，雖嫌其選文「未免近濫」，但仍以為「當此國粹淪落之秋，則此書亦朝陽一鳳也」。[88]甚至他讀金聖歎點評的《水滸》，也不忘批評一下新文化，說：「金批實能條分縷析，爽人心目。近日妄人胡適、陳獨秀自詡別裁，用新標點法刊行《水滸》，而刪去金批，究其批評寥寥，亦無甚奧妙處，不值識者一噱也。」[89]

最後在平日教學中張棡亦會用各種手段有意識或者無意識地實施對新文化的抵抗。在張棡所教的國文課上，他經常會給學生出《忠孝節義由良知不由學術論》、《女子學問以修身齊家為要說》、《士立志尤貴立品說》、《清明祭掃為人生根本之觀念說》、《男兒愛國宜先愛本國文字說》等「抵制新文化」的作文題目。[90]

而在孔聖誕日、開學日、畢業日等典禮場合和重要時刻他會抓住機會表明自己反新文化的態度。如1921年9月孔聖誕日，張棡在學校典禮時上臺演說，直接批評之前演說的幾位同仁不懂孔學，言辭悖謬，亂發議論。[91]1922年9月女子學堂開學式，他告誡女學生：「萬勿自恃文明，蹈近來出洋女子放蕩之惡習，則自然身修家齊，而治國平天下一以貫之矣。若一味言愛國，而不先修其身，先宜其家，于父兄、夫婦之間道猶有缺，尚無論乎愛國耶。」[92]1923年6月他更是為四年級畢業生撰寫了「五古詩計四十八韻」。在張棡看來這些詩「於近

---

87 《張棡日記》，1922年3月18日條。

88 《張棡日記》，1922年12月1日條。

89 《張棡日記》，1921年5月29日條。

90 《張棡日記》，1921年11月24日、12月17日，1922年3月10日、3月31日、11月28日條。

91 《張棡日記》，1921年9月28日條。

92 《張棡日記》，1922年9月5日條。

日語體文，極意詆斥，不顧駭俗，亦猶骨鯁於喉，不得不吐之也」。[93]

在初步瞭解了張棡等一些地方讀書人如何以各種方式反對新文化之後，接下來的問題是他們爲什麼會對新文化持如此排拒的態度，他們天然的「保守」嗎？恐怕並不是那麼簡單。費俠莉（Charlotte Furth）曾指出「五四時期著名的保守主義者當中，沒有一位是全然生活在古老的中國裏，他們也不準備以那些傳統提供的武器來護衛過去的傳統」；他們「皆受西方思想範疇的影響如此之深」！[94]這樣的判斷亦可用于張棡這些反新文化的地方讀書人。

大致來說這批地方讀書人有些類似于青年党領袖李璜所歸納的「老新黨」之類，即「年紀在四五十上，論學問是會做幾篇八股策論文章，論功名是清廷舉人、進士，或至少是秀才，論閱歷曾經到日本去速成過來，或甚到歐美去考察或亡命過來，論事業曾經舉辦新政或提倡革命」。[95]但和張謇、張元濟、黃炎培等著名江浙「老新黨」相比，張棡們又有重大區別。這批讀書人雖然也「食科舉制度之賜」（楊昌濟語），但功名實不甚高，一般最多限於舉人。因此其僅是一個地方精英而已，還未能攀上孔飛力（Philip Alden Kuhn, 1933-2016）所說的省界精英和全國精英的門檻。他們基本都在清末的時勢推動下走上了趨新之途，愛讀《清議報》、《新民叢報》、《國風報》等報刊，熱烈地崇拜過梁啓超等清末名士，在地方上亦曾借新政大顯過身手──舉辦新學，參與憲政，籌備地方自治。同時又因自小束發入塾

93《張棡日記》，1923 年 6 月 3 日條。

94 周策縱等著，周陽山編，《五四與中國》（臺北：時報文化出版企業有限公司，1979），頁 272。

95 李璜，〈國家主義者的生活態度〉，《醒獅週報》，191（上海，1928），頁14。

讀經，孔孟的道理深深地烙印其心底深處，遂變成了一群半新半舊，
似新實舊，不新不舊的人物。這群地方讀書人的特點謝覺哉有相當精
到的歸納：

> 前清季年、民國元二年之間，寧鄉算是個進化的縣份，不
> 料根底不固，隨化推移，自命為新學界的人，有的迷信武
> 力，想化寧鄉為咸同時的湘鄉；有的醉心利祿，失足去做
> 反革命的走狗；有的墮於玄想，整天去靜坐學神仙；有的
> 埋頭故紙堆中，想著一二篇桐城派文章，做身後的專集。
> 這些人前後的行動懸殊，孰是孰非，我也懶得批評他，不
> 過本是些新人物，忽然不新了。[96]

　　從謝氏的歸納不難說明，至新文化運動時期，老新黨們的「新」
與「忽然不新」都已頗不見容於時代。就其「新」的一面而言，他們
就像一列火車在原來的軌道上跑得太久，並不容易轉轍。1922年1月
的某一天，張棡未挑選傳統的經書典籍，當然更不會選擇與五四新文
化相關的讀物，而是特地撿出梁啟超《飲冰室文集》內的「義大利三
傑文」為兒子誦讀。這個舉動實富有相當的象徵性意味。在張棡看來
「近來在校諸生大半誦習西文，摸索科學，以陋劣鄙瑣之教科書為南
針，以粗解之無之講師為圭臬。雖此種十餘年前《（新民）叢報》中
最流利之文，亦未能誦之增意味，何怪其讀古文、古書如嚼蠟耶！此
可為世道深憂者矣」。[97]不過從後見之明看新文化諸公的文字和梁啟超
文字之間真有那麼大的距離嗎？或許這只不過是張棡的一種對其最光
輝歲月的緬懷和對新文化之敵意的放大而已，新文化所代表的新軌和

---

96 謝覺哉，《謝覺哉日記》，卷上，1921年11月21日條，頁69。
97 《張棡日記》，1922年1月16日條。

梁啓超等當年的舊軌實有非常多的相似之處。[98]

就「忽然不新」的另一面來說，由於他們所熟悉的清末之新學已經過時。更時髦的新文化又漸侵蝕到他們最根本的安身立命處。此時浸淫其骨髓的孔孟之教自然而然就浮現出來，成爲其無可奈何中選擇來應對新文化大潮的武器。但令人唏噓的是傳統既然早已在清末被他們自己用新學拆卸得支離破碎，又何能指望這套支離破碎的觀念和價值能繼續堅持而不墮呢？

何況這批地方上的讀書人雖然在態度和行動上排拒新文化，但這並不妨礙他們像清末一樣利用「新文化」來爭奪地方上的權勢。

像張棡民初數年基本是在溫州浙江省立第十師範擔任國文教席。1918年7月，因新校長浙江台州籍的王鎭雄拒絕續聘，他失業了。此後一年，張棡到處請托，希望能找一噉飯之所，甚至考慮過若大年紀背景離鄉，赴上海求職。由此不難想見他對於王鎭雄這一外人把持本地學務，令其失業的一腔怨毒。因此從張棡的日記我們可以發現：他自從丟了飯碗後，除了找工作外，最著力事就是積極與各處的反王勢力信札往還，聯絡溝通，以期「倒王」而後快，因爲只有更換了校長，他才有可能重新複職。[99]

---

98 像新人物謝覺哉回答學生關於讀書「興味」問題時直接說「想要有興味，興味總是不來，那怎麼得了！這卻不是一二句話所能收效的，還要看點修養的書。除新書不列外，我指示你看幾冊老書：（一）《德育鑒》，（二）《曾文正嘉言鈔》，（三）《王陽明集》。」謝覺哉，《謝覺哉日記》，卷上，1922年2月26日條，頁80。金毓黻亦說胡適、梁啓超「皆新學鉅子」。金毓黻著，《金毓黻文集》編輯整理組校點，《靜晤室日記》，冊2（沈陽：遼沈書社，1993），1923年7月11日條，頁843。

99 如他給舊同事聞逸生寫信就說：「惟聞先生在杭省彈劾王某，私函寄友，竟被王某截取開拆，內容披露，致遭王某反噬，又運動黨派設酒私和，未知此事果確實否？總之此種小人蟠踞第十師校，實吾溫學界之大不幸，若

　　到 1919 年 5 月底由新文化帶來的機會終於來了。此時溫州當地呼
應北京風潮發生大規模排日運動，張棡遂積極欲利用此事來開展「倒
王」運動，6 月初他以「溫屬全學界代表」的名義給省教育廳發一封
公函要求罷免王氏，同時又寫一封私信給溫州教育界名流——木幹齋
說：

> 今日教育有江河日下之勢，觀於抵日風潮，全國學界已一
> 律停課，則莘莘學子殆無求學思想，更遑論校長之腐敗不
> 腐敗耶！然單就吾溫而論，以素來整飭之師校，一旦被貪
> 婪小人無端破壞，絕非學界幸福，則吾輩之責實無可稍
> 諉。尤望閣下在省與同志極力推行，至囑！至囑！100

　　張棡等雖費盡心機地將全國性的風潮與地方上的人事結合了起
來，但王鎮雄亦是有老辣手段之人，而且他在省內奧援甚多，扳倒他

非亟為驅逐，定見大起風潮，蹈中校之覆轍。還祈先生力為主持省會再
開，嚴加彈劾，想繼先生而起者必有人在。庶學界之蟊賊去，溫州之士風
端，即鄙人局外旁觀，亦覺揚眉而吐氣也。」在收到聞氏的回信後，張棡
又繼續回信道：「昨接復函，欣悉予兩人兩地，具有同心，且言赴省後聯
合進行，並囑弟搜查證據。弟跧伏鄉間，久已不聞校事，然夫己氏劣跡多
端，人人切齒。故去冬校內曾有秘函一封遞到，將夫己氏罪狀和盤托出。
弟得據後即偕同志私發一函寄北京洪部視學，幸洪君即據函轉告杭教育廳
長，囑其更換根究，事機漸熟，忽不幸閣下私函被拆，遭其反噬，以致事
敗垂成，可惜之至。但夫己氏運動私和、喧傳人口，且又擅拆私函，違悖
公法，兩種即是溺職貪婪之鐵證，本正已有同志數人赴省繼續控告矣。如
得先生堅為後盾，不患此儈之不推倒。況現在溫州上等學界主持者均是客
籍，殊覺吾輩太無能力，如能將此席奪回，仍歸我甌人為政，亦教育界之
一線生機也。鄙人雖老，不禁拭目俟之。外附秘件，千萬注意，幸勿漏泄
春光，是為至要……再者，弟現有同志木君號幹齋者，寓杭垣教育會中，
先生抵省後如有要話，可叩木君面談，以便時常通訊為幸。」參見《張棡
日記》，1919 年 3 月 7 日、11 日條。
100《張棡日記》，1919 年 6 月 8 日條。

談何容易。此事一直拖到1919年底，雖然指控連連，風波不斷，但王氏仍佔據十師校長之位而不倒。不過令張棡等沒想到的是令王鎭雄眞正去職的依然是五四從中心向邊緣蔓延開去的一波又一波學生潮。

1919年12月15日，已有十師學生章某、王某來訪，問張棡本地人是否「有與『台州王』（按王鎭雄）反者」，以便其聯絡。19日又有十師學生朱明尋張棡，求其主稿《討王鎭雄宣告文》，張棡答應下來，午後費兩句鐘完成了「千七八字」的文章，命學生謄去，轉示木幹齋「斟酌之」。當晚八點，學生又來，說木幹齋看後「猶嫌條件太少，不足以動人耳目」，請張棡繼續修改，就這樣寫到晚上十點方才完成。第二天一早，張棡又將通告文「斟酌數行」才將定稿交給學生。七日後，張棡聽人談起十師果然大起風潮，學生齊不上課，馬上急尋《大公報》來看，發現自己所撰的《宣言書》已經刊發，「中間略有變易，更覺周到」。同時王鎭雄的勸誠學生文被痛加駁斥。張棡立即感到「想經此一番摧折，台州蠻（按王鎭雄）決不能再安其位矣……閱竟爲之一快」！果然不久浙江省發出公令說：「第十師校校長王某、學監蔡某于風潮後不能到校認識指導，實屬有乖職守，宜分別免職查辦。一面著教育廳長另遴校長任事」。王氏遂卸任，新校長就職，張棡終獲機會重新回校任教。[101]

餘論

新文化運動之影響「一如天上大風吹掠各處，深入各個孔竅」。[102]

---

101 《張棡日記》，1919年12月15日、19日、20日、27日條，1920年1月30日、4月19日條。

102 王汎森，《執拗的低音：一些歷史思考方式的反思》（北京：生活・讀

其深入程度不僅體現在北京、上海等大城市，即使在江浙地區的縣城和市鎮，趨新氛圍也已漸漸形成，並且深刻改變著在地人群源遠流長的各種慣習。1923年溫州平陽的劉紹寬即說：「中國現時禮教盡失，士大夫言『禮教』二字，即爲人所嗤。喪婚一切隨用俗禮，全失禮意，諸異教起而掊之。如填主、迎主、候土、選日等事，皆可謂無理之尤，於是諸異教自用其儀式，而中禮遂不可問矣，嗚呼！」1930年他追敘1926年往事時亦感慨：「是年前後皆課徒，頗欲爲後進造就幾人，而竟無專心向學者。習俗移人，實由新說之烈于洪猛！」[103]1919年左右在無錫的錢穆也發現在蕩口小鎮中社會風氣「群趨西化」，「離婚再娶，乃人生正規，被認爲開通前進。有妻納妾，則是頑固守舊，封建遺毒作祟，乃傷情違理之事」，因此其好友須沛若納妾就「頗受外界之譏諷」。[104]

　　另外新文化的風勢還表現在即使對新文化極度反感的人也不能不受其影響，並對它做出一定呼應。上節所述頗反對「新文化」的張棡，若細讀其日記，我們會發現他與新文化既有強烈排距的一面，亦有曲折勾連的一面。張氏從1920年9月中旬起開始讀胡適的《中國哲學史大綱》，陸續讀至10月中旬，證明他讀此書其實頗認眞。儘管他評點《大綱》是「信口誹謗，悍然反古，足見近日之思潮惑人深也」。但另一方面他也覺得《大綱》「取周秦、老、孔、楊、墨各學派，均以西洋哲學系統方法，條分件系，頗覺新穎」。[105]當夏承燾告

書‧新知三聯書店，2014），頁202。
103 庚午（1930年）冬追敘1926年事。參見劉紹寬，《厚莊日記》（溫州圖書館藏，未刊列印稿），1923年5月16日條。
104 錢穆，《八十憶雙親師友雜憶》，頁102。
105 《張棡日記》，1920年9月19日條。

訴他:「西國羅素先生新來中華演說,其主張則勸中國宜以保粹爲主
義。」張棡的反應是「此說與杜威博士不同」,可見他對胡適等力捧
的西哲學說也有一定的瞭解和關注。[106]同時對其周邊宣揚新文化的新
人物,張棡的態度也未盡一致,明顯因人而異,這一點明顯反映在他
對於周予同和朱自清的態度上。周氏和朱氏二人均爲典型的新青年。
不過張棡對周予同的評價是:

> 近來《(教育)雜誌》內容字數一律改爲橫行,頗不便
> 覽,而主張評論國文者,爲吾瑞周予同,此等少年略拾胡
> 適之、陳獨秀唾餘,便自矜貫通教科,而語章總不免蹈輕
> 薄之病,且崇奉胡、陳二人學說如金科玉律。噫!學風之
> 壞,出此卮言,亦吾國文教之一阨也。[107]

　　而對於同樣上課「頗注重白話」的朱自清,張棡在1923年寫給
朱氏的贈詩中卻形容爲「語翻科臼宋儒錄」,還表示要「名山著述吾
衰矣,鹿洞從君學步趨」。對另一位同事用新標點課《項羽本紀》,
張棡亦贊其「文搜馬史精標幟」。[108]儘管這可能僅僅是場面上的客套
話,[109]又或者是張棡大致能接受朱自清對傳統詩學的理解,[110]卻不太

106《張棡日記》,1920年10月21日條。
107《張棡日記》,1922年3月13日條。
108《張棡日記》,1923年5月17日條。
109 因爲在朱自清1924年的日記中似隻字未提他與張棡有何來往,卻多次提
　　到他和周予同的往來。如「午後約予同赴東山書院,談甚久。托以兩
　　事:一、接濟家款,二、照應家事。他均應了。」「早送予同,已上船,
　　尋不著。因船已開,匆匆而下。悵惘已極,覺得爲人作事,總是如此遲
　　鈍,怎好。」《朱自清日記》,收入朱喬森編,《朱自清全集》(南京:江
　　蘇教育出版社,1997),卷9,1924年8月18、19日,頁7、8。
110 曹聚仁就曾意味深長地說過:「朱師的『新詩』寫作,時期並不很久;當
　　他的門徒,追隨著寫新詩的時候,他自己已經跳出那一圈子了。」曹聚

能認同周予同反對「讀經」的激烈態度。[111]但都可見在五四「大風」
吹過地方後，地方上的讀書人與新文化之間剪不斷、理還亂的關係。

　　同時五四新文化的影響又如巨濤拍石，雖然註定到月圓星稀時潮
漲岸沒，臨海無涯，但巨濤擊打每一塊礁石時所濺起的朵朵浪花卻是
形態萬狀，變化多端。這恰是考察新文化運動與地方的聯結時，我們
所多需注意之處。本文所討論的那些地方上的讀書人，他們的最大特
點是既爲新文化的接受者，同時又是新文化的傳播者。因此一方面，
他們的過往經歷、所具學養、即時的生活都可能會在新文化大潮襲來
時產生奇妙多歧的組合與反應。像朱懷天的身世是「早孤，獨一母。
家貧，有一弟，不能養，乃由相識家領養，已易姓」。這樣的經歷據
錢穆形容是「其家庭具體之淒苦，實不足當其心中傷痛之萬一
也」[112]。朱氏的婚姻生活似乎也不和睦，未「經過戀愛一個路程」。[113]
因此他會說「家室之累，人生之大痛矣。必非男女有相痛之道，必如
世之所謂男女成室家，則可痛也」；又說：「舊式家庭總是束縛自由
的利器，妻子也是，金錢也是，國家也是。」[114]

　　正是有著非常多的「家庭苦趣」，朱氏對雖出身巨宦之家，卻也
身世淒苦的譚嗣同所撰《仁學》會特別有共鳴，認爲「末篇得大同之

　　仁，《我與我的世界》，冊上（太原：北嶽文藝出版社，2001），頁150。
[111] 關於此可參見周予同，〈中等以下的學校爲什麼不應該設讀經科〉，《新
　　學報》，1（溫州，1920年1月），頁18-26；〈僵屍的出祟──異哉所謂學
　　校讀經問題〉（1926年9月），收入周予同著，朱維錚編校，《經學和經
　　學史》（上海：上海人民出版社，2012），頁44-53。
[112] 錢穆，《八十憶雙親師友雜憶》，頁94。
[113] 〈朱懷天致祖康〉（1920年5月25日），《松江朱懷天先生遺稿》，頁6。
[114] 〈朱懷天日記〉，《松江朱懷天先生遺稿》，頁29、37。

理,以治天下爲有國,在宥天下爲無國,在宥即自由之轉音云」。[115]
同時也很能夠接受老師吳在的那套「無國家、無家庭、無宗教」的
「三無」思想。他在爲吳在著作《宥言》辯護時就說到其堅持「三
無」,是因爲「斯民之憔悴疾苦久矣」![116]而在「斯民之憔悴疾苦」
中或正包含著朱懷天本人甚深的憔悴與疾苦。

　　另一方面,若將這些讀書人清末之表現、新文化運動中之反應和
其日後境遇相聯繫,我們又能看到所謂新文化(當然不僅是五四時期
的,亦包括清末和民初的)在這些人身上大多時候實不曾入腦,更無
法入心,不過是收拾不起來的「一地碎散的文辭」罷了。[117]朱懷天在
1919年已意識到:「適之說凡攻擊某派最力的人,便是受某派影響最
力的人,這話極有至理。我如今攻擊儒家也算不遺餘力了,但很有服
膺儒家的地方。」[118]可惜朱氏早逝,否則其日後著述與行事中或能不
斷浮現出「服膺儒家的地方」。他的老師吳在就是如此,曾經要「辟
孟」、「崇莊」、「不經」、「不史」的一位讀書人,[119]到40年代應「中
國孔聖學會」邀請演講「聖學講座」,他所講的題目竟已是《聖學精
微》。[120]而吳在的同事賈豐臻(1880-?)也和吳在的情形相似,賈氏
在清末曾激烈地要求中小學廢止讀經,並在中央教育會會議上與林傳
甲發生過爭論。[121]至民初爲迎合上峰,又提出國文一科能多讀多作

---

115 〈朱懷天日記〉,《松江朱懷天先生遺稿》,頁8。
116 朱懷天,〈《廣宥言》序〉,收入《松江朱懷天先生遺稿》,頁1。
117 楊國強,〈論清末知識人的反滿意識〉,收入《晚清的士人與世相》(北
　　京:生活・讀書・新知三聯書店,2008),頁344。
118 〈朱懷天日記〉,《松江朱懷天先生遺稿》,頁30。
119 這些都是吳在所著《宥言》的篇目。
120 〈第六期聖學講座〉,《申報》(上海),1943年6月28日,簡訊,4版。
121 〈中央教育會第十四次大會紀〉,《申報》(上海),1911年8月16日,6版。

「新聞、雜誌、廣告、發票、收據、契紙、借據、書信、郵片、公文、告示」，同時多作「短篇之記事文」，以避免學生僅能作策論，撰詩詞，卻拙於「家常信箚、便條、婚喪喜慶往來頌辭」，可見其表面是個甚能和新文化合拍的人物。[122]但在1937年出版的《中國理學史》中他卻在說：

> 我敢大膽地說：中國以前只有理學，沒有什麼叫做哲學。……宗教派、神秘學派、經驗派、形而上學派、觀念論派、實在論派、直覺論派、功利論派、進化論派、無論怎樣說法，天道和人道終究說成兩撅，不能合攏一起，怎能和中國理學相提並論呢？我又敢大膽地說中國以前只有理學，沒有什麼叫做科學。……總而言之，中國人和西洋各國人不同，中國人看見烏反哺，羊跪乳，而想到怎樣事親；看見鴻雁行列，而想到怎樣敬兄；看見鴛鴦交頸，而想到夫婦愛情怎樣；看到迅雷烈風，而想到怎樣敬天之怒；看到地震山崩，而想到怎樣修省齋戒；他的「格物致知」，是屬於理學的。[123]

　　這些話雖未必有大見識，但可以看出幾乎句句都是在針對新文化的一些最基本命題如「中國究竟有沒有哲學」、「科學的人生觀應該

122 賈豐臻，〈今後小學教科之商榷〉，收入中國第二歷史檔案館編，《北洋政府檔案》，第93冊（北京：中國檔案出版社，2010），頁500。這種要求比起1918年胡適所說的「通信、做詩、譯書、做筆記、做報館文章、編學堂講義、替死人作墓誌、替活人上條陳」等俱要用白話來做範圍更廣。胡適，〈建設的文學革命論〉，收入張若英編，《中國新文學運動史資料》（上海：光明書局，1934），頁87。
123 賈豐臻，《中國理學史》（上海：三聯書店，2014，複製版），「代序」，頁1-5。

是什麼」等在發言，且對所謂「中國哲學」或「科學的人生觀」云云甚不以為然。上述吳在和賈豐臻的表現，或能名之為一種向傳統的「回歸」，但究其實質亦不過是又一波潮流（如新生活運動、復古讀經運動、抗日戰爭等等）襲來後，不少地方讀書人的另一次「趨時」之舉罷了。

現代中國經歷了從帝制向共和的兩千年未有之重大轉變，又受到了五四新文化運動的「洗禮」，從而進入了一個「綱紀蕩然」而不得不將一切都「問題化」的年代。[124] 在這樣的年代裏，讀書人因為政治、社會、人生的不斷「問題化」而或能經常開啟新的應對時代問題之門，但同時他們「借新文明之名以大遂其私欲」，[125] 或利用時代潮流的名義來「自遂其趨避之私」的現象亦愈演愈烈，[126] 進而造成了清末以降一代又一代士風、學風的表面轉移和內在相似，[127] 這種現象實在讓人感慨系之。

---

124 關於此可參見王汎森，〈煩悶的本質是什麼——「主義」與中國近代私人領域的政治化〉，《思想史》，冊1（臺北，2013年10月），頁85-137。

125 迅行（魯迅），〈文化偏至論〉，《河南》，7（1908年8月），收入《河南》（北京：中央編輯出版社，2014，影印本），頁4。

126 張其淦撰，祁正注，《元八百遺民詩詠》，收入周俊富輯，《明代傳記叢刊》，第71種（臺北：明文書局，1991），頁11。

127 錢穆即指出「辛亥革命、新文化運動、抗戰流亡各時期，學術風氣一貫而下，並無甚大之相異。」錢穆，〈談當前學風之弊〉，收入《學籥》（《錢賓四先生全集》第24冊），（臺北：聯經出版事業公司，1998），頁219。茅盾也說：「三十年前的志士，要求西歐政制法律和聲光化電的知識，但此所謂『新學』後來變成升官發財的敲門磚了；十五六年前的志士談『新文化』——易卜生主義、實驗哲學、羅素……但『新文化』也成為攀取利祿的墊腳凳；甚至馬克思主義，普羅文學，也曾被聰明的冒險家用作投機的資本。」茅盾著，〈智識饑荒〉，《黎明》（1937年6月10日），收入《茅盾雜文集》（北京：三聯書店，1996），頁494。

附表：張棡閱讀《學衡》記錄

1922年2月25日	看《學衡》雜誌
1922年4月14日	收到維新局《學衡》第三期，中有《論中國人之病源說》，甚精警可愛
1922年7月3日	晨飯後看《明遺民詩》及《學衡雜誌》
1922年7月6日	晨起看《學衡雜誌》
1922年8月21日	晨讀《學衡雜誌》
1922年9月18日	午後四句鐘出外，赴維新取《學衡雜誌》
1922年9月19日	晨起看《學衡雜誌》第八期
1922年12月26日	收維新（書局）《學衡雜誌》九、十、十一、十二共四冊
1923年1月7日	看《學衡雜誌》十一、十二兩期
1923年6月25日	下午赴維新取十八期《學衡》
1923年8月19日	過府前街維新店取來《學衡》十九期一冊
1923年10月27日	陳功甫來談，並示以《學衡》各學說。
1924年1月11日	看《學衡》雜誌
1924年10月31日	讀《學衡雜誌‧浙江采植遊覽記》
1926年4月12日	晨赴中華書局見有《學衡雜誌》四十一至四十九止，內少四十三一冊，內容甚佳，因先將此八本購來，其廿五至四十期，容俟托店友補購之
1926年4月13日	燈下看《學衡雜誌‧中國文化史》
1926年4月17日	燈下看《學衡雜誌》四十七期
1926年4月18日	晨起看《學衡》

1926年4月19日	讀《學衡》兼鈔《甲寅周刊》論說
1926年4月21日	晨看《學衡雜誌‧中國文化史》
1926年4月26日	晨起飯後看《學衡》
1926年5月1日	下午一句鐘在家看《學衡》柳詒謀所撰《學者之術》，痛抉近日學風之弊，言言警切，字挾風霜，名作也。
1926年5月2日	晨起在家看《學衡‧隋唐文學史》
1926年5月4日	本早與省中讀《學衡》論說一篇
1926年5月5日	看《學衡‧隋唐間沿革史略》
1926年5月12日	坐人力車赴中華書局，詢知《學衡》尚未補來
1926年5月15日	燈下看《學衡雜誌‧新舊文學之標準》
1926年5月22日	下午看《學衡雜誌‧哲學史篇》
1926年5月25日	夜讀《學衡‧中國文化史》
1926年5月26日	晨看《學衡》五十一期
1926年5月28日	晨看《學衡》
1926年5月29日	晨留校看《學衡》不出外，昨晚四兒來訪，攜去《學衡》五冊。
1926年6月24日	燈下看《學衡》五十二期文
1926年6月27日	午飯後看《學衡‧中國文化史》
1926年7月7日	攜回小皮匧及《學衡雜誌》五本
1926年7月11日	晨起看《學衡》
1926年7月12日	晨起看《學衡》胡先驌《評嘗試集》
1926年7月14日	下午讀《學衡‧希臘文學史》及《五百年前南京國立之大學》，甚精博有味。

1926年7月15日	看《學衡》第十二期及十三期論說
1926年7月16日	下午看《學衡‧中國佛教史》
1926年7月17日	讀《學衡‧西塞羅說老篇》，語頗曠達
1926年7月18日	晨早起看《學衡》十四期
1926年7月19日	下午看《學衡‧大乘非佛說辨》
1926年7月22日	讀胡先驌評胡適之《中國五十年文學》，駁辯痛快，語語切理。蓋天生一不肖之胡適，天自然生一上哲之胡先驌以抵抗之，譬如太公誅華士，孔子戮少正卯，邪不勝正，物理之常，造物固具有一種婆心也。
1926年7月23日	看《學衡》吳芳吉《再論我之中國文學觀》，批駁胡適之八不謬說，如由基洞穿七札，絲毫無可避，眞令人一讀一擊節。
1926年7月24日	晨起看《學衡》十九期諸論
1926年7月25日	晨看《學衡‧希臘之文學》
1926年7月26日	看《學衡》二十四期《殷契釋例原稿》
1926年8月3日	閱《學衡》二十九期文
1926年8月4日	閱《學衡》三十一、三十二各期文，下午看《學衡‧文學之標準》
1926年8月6日	午後看《學衡‧查德熙傳》
1926年8月9日	下午閱《學衡》三十八期各論述
1926年8月10日	看《學衡》三十八期論說
1926年8月11日	讀《學衡‧史傳文之研究法》及《釋迦時代之外道》

1926年8月13日	晚看《學衡雜誌》四十冊
1926年8月21日	晨看《學衡》
1926年8月23日	看《學衡雜誌》
1926年10月30日	赴中華書局取《學衡》五十三期一冊
1926年11月22日	過中華書局取來《學衡》五十四、五十五兩期
1926年11月24日	晨起看《學衡雜誌》五十五冊
1926年11月27日	讀《學衡雜誌·新文學之痼疾篇》，指駁《東方文庫》中所引諸謬說，極其痛快。按《東方文庫》即商務印書館《東方雜誌》之彙編。蓋五六年前之雜誌編輯尚有價值，至近來以白話爲宗旨，所輯者皆浪漫惡派，予久不欲觀之，宜其爲《學衡》所糾也。
1926年11月28日	晨起看《學衡》
1927年5月8日	下午出外赴府前街中華書局取來《學衡雜誌》五十七期
1927年5月13日	看《學衡·文鑒篇》，看《學衡·中國文化史》
1927年5月14日	晨起看《學衡·詞曲史》
1927年5月23日	下午看《學衡雜誌》五十二期
1927年9月22日	看《學衡雜誌》
1928年1月10日	晨讀《學衡雜誌·評陸懋德周秦哲學史後》

資料來源：《張棡日記》，溫州圖書館藏，未刊打印本。

徵引書目

〈中央教育會第十四次大會紀〉,《申報》(上海),1911年8月16日,6版。

〈本校職員任期久暫表〉,收入《江蘇省立第二師範學校十周紀念錄》,頁27。

〈第六期聖學講座〉,《申報》(上海),1943年6月28日,簡訊,4版。

〈衙前農村小學校宣言〉,《新青年》,9:4(廣州,1921),附錄,頁4。

《少年中國》,1:1(北京,1919年7月15日),廣告頁;1:3(北京,1919
　　年9月15日);1:4(北京,1919年10月15日);1:8(北京,1920年2
　　月15日)。

《北京高師教育叢刊》,2(北京,1920年3月),廣告,無頁碼。

《俞秀松傳》編委會編,《俞秀松傳》,杭州:浙江人民出版社,2012。

《張棡日記》,溫州圖書館藏,未刊打印本。

Agulhon, Maurice. trans. by Janet Lloyd. *The Republic in the Village: the People
　　of the Var from the French Revolution to the Second Republic*. Cambridge:
　　Cambridge University Press ,1982.

丁曉先,〈新時代的危機〉,《時事新報》「學燈」副刊(上海),1920年1月
　　4日,4張1版。

毛子水,〈對於蔡先生的一些回憶〉,收入毛子水著,傅國湧主編,錢陽薇
　　編,《毛子水文存》,北京:華齡出版社,2011,頁126。

王汎森,〈中國近代思想文化史研究的若干思考〉,《新史學》,2003:4(臺
　　北,2003年12月),頁177-194。

_____,〈五四運動與生活世界的變化〉,《二十一世紀》,113(香港,2009
　　年6月),頁44-54。

_____,〈煩悶的本質是什麼——「主義」與中國近代私人領域的政治化〉,
　　《思想史》,2013:1(臺北,2013年10月),頁85-137。

_____,《執拗的低音:一些歷史思考方式的反思》,北京:生活·讀書·新
　　知三聯書店,2014。

朱文叔,〈我的自學的經過〉,《中學生》,11(北京,1931),頁15-26。

朱自清,〈《文心》序〉,收入朱喬森編,《朱自清全集》,卷1,南京:江蘇
　　教育出版社,1996,頁283。

_____,《朱自清日記》,收入朱喬森編,《朱自清全集》,卷9,南京:江蘇
　　教育出版社,1997。

_____著,朱喬森編,《朱自清全集》,卷2,南京:江蘇教育出版社,1988。

朱懷天,〈《廣宥言》序〉,收入《松江朱懷天先生遺稿》,1920,自印本,

頁1。

_____,〈朱懷天致祖康〉（1910年5月25日），收入《松江朱懷天先生遺稿》，1920，自印本，頁6。

_____,〈朱懷天日記〉，收入《松江朱懷天先生遺稿》，1920，自印本。

_____,〈朱懷天先生事略〉，收入《松江朱懷天先生遺稿》，1920，自印本。

_____編,《無錫縣立第四高等小學三年級國文課本》，目錄抄本。

余英時,〈五四運動與中國傳統〉，收入余英時,《現代危機與思想人物》，北京：生活‧讀書‧新知三聯書店，2005，頁59-70。

吳芳吉,〈吳芳吉致吳宓〉，收入吳芳吉著，傅宏星編校,《吳芳吉全集》，中冊，上海：華東師範大學出版社，2014，頁625。

_____,《吳芳吉日記》，收入吳芳吉著，傅宏星編校,《吳芳吉全集》，下冊，上海：華東師範大學出版社，2014。

吳泰昌,〈憶「五四」，訪葉老〉,《文藝報》，5（1979），收入《葉聖陶研究資料》，北京：北京十月文藝出版社，1988，頁157。

呂雲彪等,《白話文做法》，上海：新文化書社，1933。

_____等,《新文學研究法》，上海：大東書局，1920。

李璜,〈國家主義者的生活態度〉,《醒獅週報》，191（上海，1928），頁14。

杜春和、耿金來整理,《白堅武日記》，第1冊，南京：江蘇古籍出版社，1992。

沈楚,〈茅盾發起組織桐鄉青年社〉，收入《茅盾研究：第七屆年會論文集》，北京，新華出版社，2003，頁552。

迅行（魯迅）,〈文化偏至論〉,《河南》，7（1908年8月），收入《河南》，北京：中央編譯出版社（影印本），2014，頁4。

阪井洋史整理,《陳範予日記》，上海：學林出版社，1997。

周予同,〈中等以下的學校為什麼不應該設讀經科〉,《新學報》，1（溫州，1920），頁18-26。

_____,〈僵屍的出崇──異哉所謂學校讀經問題〉（1926年9月），收入周予同著，朱維錚編校,《經學和經學史》，上海：上海人民出版社，2012，頁44-53。

周作人,〈讀各省童謠集〉,《歌謠》，20（1923年5月27日），收入鐘叔河編訂,《周作人散文全集》第3冊，桂林：廣西師範大學出版社，2009，頁144。

_____著，止庵校訂,《知堂回想錄》，上冊，石家莊：河北教育出版社，2002。

周策縱等著，周陽山編,《五四與中國》，臺北：時報文化出版企業有限公司，1979。

周維垣，〈服務上各種報告〉，《北京高師教育叢刊》，4（北京，1920年12
　　月），無頁碼。

東蓀（張東蓀），〈各自改造〉，《時事新報》（上海），1919年9月26日，1
　　版。

金性堯著，金文男編，《星屋雜憶》，上海：上海辭書出版社，2008。

金毓黻著，《金毓黻文集》編輯整理組校點，《靜晤室日記》，第2冊，沈
　　陽：遼沈書社，1993。

柳無忌，〈古稀人話青少年〉，收入《柳無忌散文選》，北京：中國友誼出版
　　公司，1984，頁79。

胡宗剛編，《胡先驌先生年譜長編》，南昌：江西教育出版社，2008。

胡寄塵，〈一封曾被拒絕發表的信〉，《最小》，1：8（北京，1923），第2、3
　　張。

胡適，〈《國語講習所同學錄》序〉，收入季羨林主編，《胡適全集》，第1
　　卷，合肥：安徽教育出版社，2003，頁224。

＿＿＿，〈介紹我自己的思想——《胡適文選》自序〉，收入季羨林主編，《胡
　　適全集》第4卷，合肥：安徽教育出版社，2003，頁657。

＿＿＿，〈建設的文學革命論〉，收入張若英編，《中國新文學運動史資料》，上
　　海：光明書局，1934，頁87。

茅盾，〈茅盾致周作人〉（1922年2月9日、9月20日），收入中國現代文學館
　　編，《茅盾書信集》，天津：百花文藝出版社，1987，頁435、437。

＿＿＿，〈智識饑荒〉，《黎明》（1937年6月10日），收入《茅盾雜文集》，北
　　京：三聯書店，1996，頁494。

風聲（魯迅），〈一是之學說〉，《晨報副刊》（北京），1922年11月3日，3
　　版。

徐兆瑋著，李向東、包岐峰、蘇醒等標點，《徐兆瑋日記》，第3冊，合肥：
　　黃山書社，2013。

高元，〈個人的各自革命〉，《時事新報》（上海），1919年10月30日，1版。

張仲民，〈舒新城與五四新文化運動〉，收入牛大勇、歐陽哲生主編，《五四
　　的歷史與歷史中的五四——北京大學紀念五四運動90周年國際學術研討
　　會論文集》，北京：北京大學出版社，2010，頁376-409。

張其淦撰，祁正注，《元八百遺民詩詠》，收入周俊富輯，《明代傳記叢
　　刊》，第71種，臺北：明文書局，1991。

張宗祥，《冷僧自編年譜》，收入浙江省文史研究館編，《張宗祥文集》，冊
　　3，上海：上海古籍出版社，2013。

張厭如，〈張厭如致鄭振鐸〉，《文學旬刊》，41（1922年6月21日），收入
　　《鄭振鐸全集》，卷16，石家莊：花山文藝出版社，1998，頁500。

曹聚仁，《我與我的世界》，上冊，太原：北嶽文藝出版社，2001。

章清，〈五四思想界：中心與邊緣——新青年及新文化運動的閱讀個案〉，《近代史研究》，2010：3（北京，2010），頁54-72。

莊俞，〈小學教育現狀論〉，《教育雜誌》，5：3（上海，1913），頁33。

許紀霖，〈重建社會重心——現代中國的知識份子社會〉，收入許紀霖，《大時代中的知識人（增訂本）》，北京：中華書局，2012，頁54-81。

郭沫若，《學生時代》，北京：人民文學出版社，1979。

陳文新主編，《中國文學編年史（現代卷）》，長沙：湖南人民出版社，2006。

陳範予著，阪井洋史整理，《陳範予日記》，上海：學林出版社，1997。

舒新城，《教育叢稿》，北京：中華書局，1925。

_____著，文明國編，《舒新城自述》，合肥：安徽文藝出版社，2013。

雲窩，〈江蘇教育進行之商榷〉，《時事新報》「學燈」副刊，1918年5月9日，1版。

楊昌濟，〈論湖南創設省立大學之必要〉，收入王興國編著，《楊昌濟集》，上冊，長沙：湖南教育出版社，2008，頁230。

楊國強，〈論清末知識人的反滿意識〉，收入《晚清的士人與世相》，北京：生活·讀書·新知三聯書店，2008，頁344。

葉文心，〈保守與激進——試論五四運動在杭州〉，載汪熙、魏斐德主編，《中國現代化問題——一個多方位的歷史探索》，上海：復旦大學出版社，1994，頁200、201。

賈豐臻，〈今後小學教科之商榷〉，收入中國第二歷史檔案館編，《北洋政府檔案》第93冊，北京：中國檔案出版社，2010，頁500。

_____，《中國理學史》，上海：三聯書店，2014，複製版。

管庭芬撰，虞坤林整理，《渟溪日記（外三種）》，北京：中華書局，2013。

劉貞晦、茅盾，《中國文學變遷史》，上海：新文化書社，1921。

劉紹寬，《厚莊日記》，溫州圖書館藏，未刊列印稿。

蔡元培，〈蔡元培致李石曾〉（1922年2月22日），《蔡元培全集》，杭州：浙江教育出版社，1998年，卷11，頁61。

錢穆，〈談當前學風之弊〉，收入《學籥》（《錢賓四先生全集》第24冊），臺北：聯經出版公司，1998，頁219。

_____，《八十憶雙親師友雜憶》，北京：生活·讀書·新知三聯書店，2005。

謝六逸，〈文化與出版物〉，原載《覺悟》，收入沈鎔輯，《國語文選》，第3集，上海：大東書局，1929，頁120。

謝覺哉，《謝覺哉日記》，北京：人民出版社，1984，上卷。

瞿秋白，《多餘的話》，南昌：江西教育出版社，2009。

瞿駿，〈入城又回鄉——清末民初江南讀書人社會流動的再考察〉，《華東師

範大學學報（哲學社會科學版）》，5（上海，2014），頁30-32。

羅志田，〈近代中國社會權勢的轉移：知識份子的邊緣化與邊緣知識份子的興起〉，收入羅志田，《權勢轉移：近代中國的思想與社會》，北京：北京師範大學出版社，2014，頁109-153。

顧頡剛，〈顧頡剛致殷履安〉（1919年9月28日），《顧頡剛書信集》，北京：中華書局，2011，卷4，頁99。

_____，〈顧頡剛致葉聖陶〉（1919年3月12日、5月9日、6月14日），《顧頡剛書信集》，北京：中華書局，2011，卷1，頁55、62、63。

_____，〈顧頡剛稟父〉（1922年12月2日），《顧頡剛書信集》，北京：中華書局，2011，卷4，頁20。

_____，《顧頡剛日記》，卷1，臺北：聯經出版事業公司，2007。

The Popularization of the New Culture Movement —— The Reactions of Local Intellectuals in Jiangnan

Qu Jun

Abstract

The New Culture Movement, like a gust of wind, blew through all of China penetrated every level of the society. Local intellectuals in Jiangsu and Zhejiang provinces were deeply affected by this movement, and this can be called the popularization, or dissemination, of the New Culture Movement. We should note in this process the means by which the New Culture Movement spread to local regions far from the capital. Also, the foundation and content of new cultures in local regions deserve our attention. Furthermore, we may focus on the connection between the new culture and the living environment of local intellectuals. And finally, how did local intellectuals who held views opposing new culture fight against the movement?

Key words: New Culture Movement, local regions, Jiangsu and Zhejiang provinces, intellectuals

【論著】

章太炎晚年對「修己治人」之學的闡釋

王銳

現爲上海復旦大學歷史學系博士班學生。研究領域爲中國近
代思想史、學術史，特別是章太炎的生平與思想。著有《章
太炎晚年學術思想研究》（北京：商務印書館，2014）。

章太炎晚年對「修己治人」之學的闡釋

摘要

　　章太炎晚年，耳聞目睹世風時局種種亂象，他不像許多人那樣，將這些現狀歸結於中國傳統不適應西方政治與文化，進而開始批評中國傳統文化，而是視此爲中國歷史演進中各種消極因素交織而成，在今日湊合呈現的結果。同時他迥異時流，對青年學生並不信任，認爲彼輩從道德到行爲缺點甚多，難以擔當重任。基於這樣的認識，章太炎晚年力倡「修己治人」之學的重要性。他一反晚清之時對王學的批評，開始表彰後者的積極作用，認爲服膺王學能使人一介不取，身處污世而有所不爲，此乃居於今世所最應提倡者。此外，章太炎認爲純佛法並不能眞正化民成俗，開始重新思考儒家經典對修身的意義，他提倡讀經，主張使經書中所論的修己之道能坐而言，起而行，高妙玄遠之言，遠非今日急務。所以他揭出《大學》、《禮記·儒行》、《孝經》、《禮記·喪服》四部經典，在文章與演講中對之極力宣揚。希望能讓人們行有操守、剛毅英勇、超脱流俗，同時不忘故常，以禮持身，從敬宗收族出發，臻於對民族國家的熱愛。章氏對經典的詮釋，並非率由舊章，昧於時代潮流，其著眼點依然是強烈的民族主義關懷，借此促進國家意識形成與維繫，雖然表現形式上稍有差異，但本質上與他自晚清以來的思想軌跡一脈相承。而在「治人」方面，他主張應從中國歷史本身的演進中來認識現狀，並且目睹當時國步維艱、民族危機日益加劇，因此在許多場合提倡讀歷史，視此爲致用之道。他主張讀史應識大體，熟知歷代政治社會變遷，以及疆域沿革梗概，通過對於歷代史事的稔熟於胸，能夠從中吸取足以爲當下所借鑒與取法之處。他的「修己治人」之學，雖然沿用自古以來的名稱，但其内容已遠非傳統學術所能涵蓋，而是他自己身處中國近代思想史的轉型時代裡，通過思考歷史與現狀，對中國傳統學術進行改造與更新，讓後者在新的時代裡有以自立。

關鍵詞：章太炎、修己治人、王學、讀經、讀史

一、前言

在儒家思想裡，「修己」與「治人」爲一對十分重要的概念。《論語‧憲問》篇曰：

> 子路問君子。子曰：「修己以敬。」曰：「如斯而已乎？」
> 曰：「修己以安人。」曰：「如斯而已乎？」曰：「修己以
> 安百姓。修己以安百姓，堯舜其猶病諸。」[1]

可見在孔子看來，修己爲通往君子之路的最基本要素，但僅僅如此，遠遠不夠，隨著子路的進一步發問，孔子遂指出，只有做到「修己以安人」、「修己以安百姓」，這樣才能完全企及斯境。也正因爲如此，《論語》中所宣揚的「修己治人」理想遂爲歷代儒者孜孜以求之人生境界。特別是宋代理學興盛之後，《禮記》中的《大學》成爲《四書》之一，被視爲初學入德之門，裡面所強調從修身齊家到治國平天下的一以貫之的思想，更使得修己治人的觀念被廣泛傳播，且具備了一套循序可行的方法。自居士人者流，對儒學的具體闡釋或許因學派不同而有所差異，但基本無人對此理想進行否定。

若論近代學人中對中國傳統學術有全面且系統的闡述者，章太炎無疑堪稱翹楚。他在一生當中不同時間段，通過梳理審思歷代學術流變，體察世風學風之內蘊，對中國傳統思想與學術有著頗爲獨到的解讀與闡釋。在晚年階段，他反復強調：「當今之世，講學救國，但當取其可以修己治人，不當取其談天說性。」[2]「今不爲腐儒之論，能修

兩位匿名審稿人對本文提出了許多極有啓發的修改意見，在此特表謝忱。
1 楊伯峻，《論語譯注》，（北京：中華書局，1982），頁159。
2 章太炎，〈適宜今日之理學〉，收入章念馳編訂，《章太炎演講集》（上

己則事盡善矣。所謂修己者，非但一人之修己而已，爲政者能修己，國斯治矣。」[3]「經之所該至廣，舉凡修己治人，無所不具。」[4]從對古代經書的認識，到強調今日講學的重點，再到指出爲政者修身的重要性，他於各個方面闡釋「修己治人」之學的重要性。而在章氏晚年曾親炙其教的李源澄看來，「先生每分學問爲二節。一曰，修己治人之學，二曰，超人之學。先生平日教人者，則修己治人之學也。」[5]可見此乃章太炎晚年治學講學的重點所在。

然近代中國，由於西方勢力大舉入侵，以及傳統政治社會內部弊病頻生，致使國勢衰微，民族危機日益加劇。許多人目睹斯景，痛定思痛，開始思考中國落後衰敗之由，因此對中國傳統思想與學術進行反思，以至於全盤性的批判。這一思潮，自晚清以來已顯現端倪，到了民初新文化運動期間更是蔚爲狂濤，中國固有的思想與學術遭到極大衝擊，特別是長期以來居於官學地位，影響至爲廣大的儒學。一時間，儒學與國運，儼然難以相容。知識階層在文化取向於價值認同上出現巨大危機，一個思想史上的轉型時代於焉出現。[6]正如陳獨秀於1916年所宣稱：「孔子生長封建時代，所提倡之道德，封建時代之道德也；所垂示之禮教，即生活狀態，封建時代之禮教，封建時代之生

海：上海人民出版社，2011），頁364。

3　章太炎，〈《孝經》《大學》《儒行》《喪服》概論〉，收入章念馳編訂，《章太炎演講集》，頁378。

4　章太炎，〈論經史儒之分合〉，收入章念馳編訂，《章太炎演講集》，頁425。

5　李源澄，〈章太炎先生學術述要〉，收入林慶彰等編，《李源澄著作集》（臺北：中央研究院中國文哲研究所，2008），卷3，頁1460。

6　張灝，〈中國近代思想史的轉型時代〉，收入氏著《幽暗意識與民主傳統》（北京：新星出版社，2006），頁140-147。

活狀態也；所主張之政治，封建時代之政治也。封建時代之道德，禮教，生活，政治，所心營目注，其範圍不越少數君主貴族之權利與名譽，於多數國民之幸福無與焉。」[7]在這樣的思想氛圍裡，提倡儒家倫理者，鮮不受到強烈質疑。

眾所周知，章太炎在清季宣傳排滿革命之時，也曾對儒家與孔子進行抨擊。他將孔子從至聖先師的神壇上拉下，只以「古良史」視之。[8]在論述晚周諸子時，他指出：「儒家之病，在以富貴利祿爲心。」因此「用儒家之道德，故堅苦卓勵者絕無，而冒沒奔競者皆是。」[9]其批孔之言，曾在民國初年影響頗爲深遠，相關論著，頗受新派學人熱衷，對促生新文化運動中的反傳統思潮影響匪淺。[10]所以當他晚年重拾儒家「修己治人」之學時，就被許多新派人士視爲思想上的大倒退。如蔡尚思回憶1930年代拜謁章太炎時後者所談論的觀點，不無諷刺的評論道：「章先生眞是一個禮教家」，「我聽見章先生這些話，心中覺得他和晚年的梁啓超都把中國古代的封建社會美化爲高於資本主義和社會主義了。二人始異終同，殊途同歸，在思想上都開倒車了。誰說梁章二人沒有共同點呢？」[11]在自己的經學研究論著對章太炎之言採擇甚多的周予同也感歎：「章氏在今日，已居然作擁護舊禮

7　陳獨秀，〈孔子之道與現代生活〉，收入任建樹編，《陳獨秀著作選編》（上海：上海人民出版社，2009），卷1，頁268。

8　章太炎，〈訂孔〉，收入《章太炎全集：《訄書》初刻本、《訄書》重訂本、檢論》（上海：上海人民出版社，2014），「《訄書》重訂本」，頁133。

9　章太炎，〈論諸子學〉，收入章念馳編訂，《章太炎演講集》，頁39-40。

10　王銳，《章太炎晚年學術思想研究》（北京：商務印書館，2014），頁125-136。

11　蔡尚思，〈章太炎〉，收入傅傑編，《自述與印象：章太炎》（上海：上海三聯書店，1997），頁175-176。

教者的傀儡」，並稱晚年章太炎爲「半瘋假癡。」[12]但章太炎論學，一向有其內在的思考理路，他對中國傳統學術的看法，與他整體的思想脈絡息息相關。若將其晚年論學主張籠統的視之，則難免會有失真之弊，並且容易陷入一種粗暴簡單的「進步」、「落後」二分法之中，影響到對於近代思想學術史的更爲全面、多元的認識。因此，對章太炎晚年所闡釋的「修己治人」之學，需要進行仔細分疏，探求他反復強調者，乃是出於何種思量。其相關言論，與他自身思想脈絡關係爲何，背後呈現出他的哪些考慮甚至是焦慮。且須將其言行儘量還原到歷史語境中，比較當時各種對待傳統的不同主張，章氏言論，特色何在，彼此之間，是否眞像許多研究中所闡述的那樣涇渭分明，抑或是各類觀點交錯之際，綢繆繾綣處所在多有。凡此種種，皆值得仔細考量，庶幾對晚年章太炎，能呈現其有血有肉的形象。

二、章氏「修己治人」之學產生的思想背景

　　自從民國成立以來，與之前所期待的種種美景絕不相同，所呈現於世人眼前者，乃是亂象頻頻的場景。特別在政治上清季士人所熱望的民主共和之制並未出現，而是武人與政客結合，致使政風污濁卑劣，醜聞不斷，此一現象，至袁世凱帝制自爲而趨於極致。對新政權的期待與樂觀，不旋踵逐變成極度抑鬱與苦悶。陳寅恪曾回憶：「洪憲稱帝之日，余適旅居舊都，其時頌美袁氏功德者，極醜怪之奇觀。深感廉恥道盡，至爲痛心。至如國體之爲君主抑或民主，則尙爲其次

---

12 周予同，〈僵屍的出祟──異哉所謂學校讀經問題〉，收入朱維錚編，《周予同經學史論著選集（增訂本）》（上海：上海古籍出版社，1996），頁598。

者。」[13] 因此持各種觀點者，紛紛思索造成這一局面的原因何在。

　　在當時甚爲流行的觀點，即認爲面對中國這樣一個久遭專制政治統治與儒家思想熏陶的國度，僅僅進行政治上的變革，並不能有所改變，而是應該在思想文化層面對傳統進行全面的批判。[14] 曾經歷清季革命與民初政治漩渦，後來以創辦雜誌力行其志的陳獨秀就強調：「倫理思想，影響於政治，各國皆然，吾華尤甚。儒者三綱之說，爲吾倫理政治之大原，共貫同條，莫可偏廢。三綱之根本義，階級制度是也。所謂名教，所謂禮教，皆以擁護此別尊卑、明貴賤之制度者也。近世西洋之道德政治，乃以自由、平等、獨立之說爲大原，與階級制度極端相反。此東西文明之一大分水嶺也。」因此，「吾人果欲於政治上採用共和立憲制，復欲於倫理上保守綱常階級制，以收新舊調和之效，自家衝撞，此絕對不可能之事。蓋共和立憲制，以獨立、平等、自由爲原則，與綱常階級制爲絕對不可相容之物，存其一必廢其一。」[15] 與之相似，李大釗也強調：「孔子者，歷代帝王專制之護符也。憲法者，現代國民自由之證券也。專制不能容於自由，即孔子不當存於憲法。」[16] 在這裡，他們將政治制度與思想倫理視爲一整體，且中西文化，各不相同，欲在中國引進源於西方的民主共和政治，則必

---

13 陳寅恪，〈讀吳其昌撰梁啟超傳書後〉，收入氏著《寒柳堂集》（上海：上海古籍出版社，1980），頁148。

14 林毓生，〈五四式反傳統思想與中國意識的危機——兼論五四精神、五四目標、與五四思想〉，收入氏著《思想與人物》（臺北：聯經出版事業有限公司，1983），頁121-138。

15 陳獨秀，〈吾人最後之覺悟〉，收入任建樹編，《陳獨秀著作選編》，卷1，頁179。

16 李大釗，〈孔子與憲法〉，收入《李大釗選集》（北京：人民出版社，1978），頁77。

然不允許中國傳統思想倫理繼續存在，而應當在這一方面也進行革
新。民初時局之所以令人失望，正是在這一方面未收其效。可見在新
文化運動的主將們看來，民國以來世風時局衰敗的主要原因，爲傳統
思想在今日早已不合時宜，但卻遲遲未能受到批評，因此解決之道，
便是對之極力抨擊，除「惡」務盡，使民眾思想與社會文化爲之一
新，達到符合於源自西方的民主共和政治相關標準。

　　但章太炎卻並不這樣認爲。自戊戌變法以來，十餘年間中國主要
的政治活動章太炎皆曾親歷其事，況且身爲「有學問的革命家」，在
從事政治活動同時，他在思想領域的探索未曾間斷，因此對世局時風
之種種現象，自然是深有體會與思考。特別是在國民道德層面，更是
章氏甚爲注意之處。其學生許壽裳回憶，章太炎於日本主《民報》筆
政之時，「注意於道德節義，和同志們互相切勵；松柏後凋於歲寒，
雞鳴不已於風雨，如〈革命道德論〉、〈箴新黨論〉二篇，即系本此
意而作。」[17] 在〈革命道德說〉一文裡，章太炎面對作爲異族的清廷
「竊據」中夏數百年這一史實，指出「道德衰亡誠亡國滅種之根極
也。」[18] 對當時中國民眾的道德水準甚感焦慮，並且根據職業不同，將
各類群體的道德頹狀一一描繪。

　　及至民國成立，看到自己多年心願得以實現，章太炎頗有意在政
治上有所作爲，將自己的治國主張付諸實踐。但民初政局波雲詭譎，
讓章氏理想屢屢受挫，自己也被袁世凱軟禁於北京。在作爲《訄書》
修訂本的《檢論》一書中，他寫下一系列反思清末民初政局的文章，

17 許壽裳，〈章炳麟〉，轉引自湯志鈞編，《章太炎年譜長編（增訂本）》（北
　京：中華書局，2013），上冊，頁130。
18 章太炎，〈革命道德說〉，收入《章太炎全集：太炎文錄初編》（上海：上
　海人民出版社，2014），別錄卷1，頁285-286。

語調異常悲憤懊惱。

　　在〈對二宋〉一文裡，章太炎憶及清季與宋教仁、宋恕二人的交往經歷，在其中較爲詳細的透露出他心目中對晚近世風時局衰敗原因的思考。宋恕對明治維新以來的日本文明甚爲羨慕，「見其人民之勤，田疇之辟，士好學術，而官長貴族不驕。不窺其軍旅財賦，知其完疆也。」認爲後者不但具備儒家文化的「眞諦」，而且能吸收西方文明之長。因此他對章太炎說：「今世安用慕遠西邪？若日本則可矣。」對此章太炎指出，中國與日本，「其崇緒不同，巧拙亦竟異矣。」[19]二者歷史與國情並不相同，因此難以純然效仿。對於中國的歷史與現狀，章氏指出：

> 夫中夏者，塵爲郡縣，而國胙數斬，民無恒職。平世善柔之夫，猶能踰超資次，以取卿相。會遭變故，而蚩躍者眾矣。當戎狄入主，降俘相蹋，朝爲穿窬而夕建麾葆者，不知其選數也。鬻國以求富，稱順民以致高位，與人之所恣娭。不幸事發，而致辜膊，然猶罷勉，務於得之，況其以佞幸飼饋致之者也。人民習見其然，即自以勤業爲闊迂。力耕勤賈，與服勞於簡畢者，此皆世所品目以爲鈍人者也。以便諂降敵得官，眾不齒數，即不能無肆威暴，以監謗姍。習是稍久，長吏人人以爲常道。[20]

　　在章太炎看來，中國自秦代實行郡縣制以來，社會流動頻繁，名義上任何人皆有拾取青紫的可能。而歷史上的異族統治，許多人醉心

---

19 章太炎，〈對二宋〉，收入《章太炎全集：《訄書》初刻本、《訄書》重訂本、檢論》，頁613。
20 章太炎，〈對二宋〉，收入《章太炎全集：《訄書》初刻本、《訄書》重訂本、檢論》，頁613。

利祿，認賊作父，「鬻國以求富，稱順民以致高位」。上有所好，下必甚焉，人人習於鑽營投機，反視辛勤勞作爲迂途，久而久之，這一套價值取向遂被視爲習以爲常之道。因此要根治晚近中國的頹勢，應該從這一點入手。

所以章太炎強調：「理其本者，當除胡虜而自植。」因爲「察今之病，陸贄所謂時弊，非法弊也。」當時的官吏慣於朋黨比周，政以賄成，雖有良法設立，也只能讓其藉以行其奸。因爲「處今之世，不誅鉏舊吏，去其泰半，其佗不憯。」反之「徒曰立憲可以定之，建議可以已之。此所謂以《孝經》治黃巾也。」[21]中國的種種問題，絕非簡單移植西方政治制度便可解決。總之，依章太炎之見，異族專制與仰其鼻息的貪官污吏才是晚近世風時局頹敗的禍首，政治社會的不良，彼輩應負主要責任，此乃「時弊」。而遺憾的是，清季的官吏，在革命中並未受到過多衝擊，許多人改頭換面，繼續悠遊行走於民國政府中。在如是情形下，時局自然不會因革命而帶來改善。

袁世凱歿，章太炎重獲自由，當時有人邀請他出面講學，以此力挽風氣。對此他在與吳承仕的信中強調，之所以當時「人心頹靡，日趨下流」，政治敗壞，社會無好轉之向，「此則咎不在社會，而在政治審矣。若中央非有絕大改革，雖日談道義，漸以禮法，一朝入都作官，向惡如崩，亦何益乎？」[22]在這裡，他堅持認爲自清季以來的惡劣政風影響至今，導致國事不堪聞問。

通過以上梳理，可以看到章太炎雖然也對當時的世風時局深爲不

21 章太炎，〈對二宋〉，收入《章太炎全集：《訄書》初刻本、《訄書》重訂本、檢論》，頁614。

22 章太炎，〈與吳承仕〉，收入馬勇編，《章太炎書信集》（石家莊：河北人民出版社，2003），頁301-302。

滿，但他並非將之歸罪於中國傳統文化，斥責後者與西方啓蒙運動以來的各種現代性因素不相吻合，而是通過考察中國歷史與現狀，思考當時社會政治弊病之緣由。他認爲當時中國，乃是「時弊」，而非「法弊」，其獲病之由與根治之法，皆應從中國歷史的自身演變脈絡中去探尋。他在民國成立後的這番見解，與自1906年流亡日本以來的文化觀息息相關。章氏嘗以「風律」比擬世界各種文化，強調「風律不同，視五土之宜，以分其剛柔侈斂。是故吹萬不同，使其自已，前者唱喁，後者唱于，雖大巧莫能齊也。」[23]因此，在文化與制度抉擇上，「中國之不可委心遠西，猶遠西之不可委心中國也。」[24]章氏此論，正如汪榮祖先生所言，「是在強調每一種文化都具有獨特性格，不必也不應與別種文化同化。在文化交流中，各文化既然都有特性，自應站在平等的地位。」[25]這也是他與新文化運動的提倡者們最爲不同之處。而他在晚年力倡「修己治人」之學，亦可視爲肇端於此。

　　當1915年前後所謂國體問題塵囂直上時，曾與袁世凱周旋甚密的梁啓超痛言：「使我國家至於此極者，則何一不在吾士大夫。吾無以名之，名之曰良心之麻木。」[26]對當時的知識份子階層深感失望。很多人在當時都與梁啓超有著相似感觀，因此他們多將使中國擺脫困境的希望寄託在青年學子身上。李大釗說：「我很盼望我們新青年打起精神，於政治、社會、文學、思想種種方面開闢一條新徑路，創造一

---

23 章太炎，〈駁中國用萬國新語說〉，收入《章太炎全集：太炎文錄初編》，別錄卷2，頁353。
24 章太炎，《國故論衡·原學》（上海：上海古籍出版社，2011），頁103。
25 汪榮祖，《章太炎散論》（北京：中華書局，2008），頁116。
26 梁啓超，〈良心麻木之國民〉，收入《飲冰室合集·文集三十三》（北京：中華書局，1989），頁55。

種新生活。」「打破矛盾生活，脫去二重負擔，這全是我們新青年的責任，看我們新青年創造能力如何？」[27]魯迅雖然體察到中國人的「吃人」性格難免會一代傳一代，但他依然呼籲：「願中國青年擺脫冷氣，只是向上走，不必聽自暴自棄者流的話。能做事的做事，能發聲的發聲。有一分熱，發一分光，就令螢火一般，也可以在黑暗裡發一點光，不必等候炬火。」[28]而新文化運動其間影響力最大的雜誌名曰《新青年》，這本身就體現了宣導者們對青年一代的強烈期許。

　　與《新青年》諸公相異，梁啓超在當時超并不主張一味揚新去舊，然他行動的著眼點，卻也放在對青年學生的「掌控」上。新文化運動以來以北京大學爲主的學人一時間成爲青年追捧的偶像，對此梁啓超及其「團隊」頗感憂慮。1920年復致信張東蓀說：「至事業方面，則先生所提學校問題，最爲切實，望任公擺脫政治之泛運動，全力從事於此事，設科不必多，惟教授須最高手，藏書樓須極完備，須有一種特別精神，特別色彩，此爲吾輩文化運動、社會事業、政治運動之重要基本，應早籌備。」[29]一年以後梁啓超去信張東蓀、蔣百里、舒新城，大談自己的教育規劃：「我的計畫對於南開文科預算之外，由我設法爲之歲募數千，則我輩對於此科之關係愈深，而基礎愈固，此將來之關中、河內也。」又言：「假使吾黨有人，則清華中文主任一席當然可以立刻到手，我輩何必要校長，要此一席足矣，現在無

---

27 李大釗，〈新的！舊的！〉，收入《李大釗全集》（北京：人民出版社，2006），卷2，頁198。

28 魯迅，〈隨感錄四十一〉，收入《魯迅全集》（北京：人民文學出版社，2005），卷1，頁341。

29 丁文江、趙豐田編，《梁任公先生年譜長編（初稿）》（北京：中華書局，2010），頁485。

人，只可置爲後圖耳。武昌高師史地部、國文部空無一人，彼中學生請求我爲之薦人組織，此亦一絕好事業，我輩無人只好空空放過耳。前靜生來譚及此，謂宜擇一大學中專組織一科，養成此部分人才，此說極是。」[30]如此這般，其縱橫捭闔、指點江山之態，躍然紙上。所以胡樸安在當時便指責梁氏所爲，乃是「利用各種學說，以爲獵取功名之具」。[31]

與上述諸人不同，對青年學生，章太炎的不信任感由來已久，認爲彼輩以新知爲博取利祿之資，並且多甘受清政府驅馳，這一看法在《箴新黨論》中有很明顯的體現。民國建立之後，章氏目睹新式學校紛紛設立，新文化運動中青年學子紛紛走上時代舞臺，在章太炎看來，彼輩的行動能力不能令人樂觀。依他之見，現代青年身上存在四種弱點：「把事情太看容易，其結果不是僥倖，便是退卻」；「妄想憑藉已成勢力」；「虛慕文明」；「好高騖遠」。如若不將這些弱點克服，那麼在社會實踐中，雖然熱情甚高，但依然難當大任。[32]另一方面，章氏指出，中國在當時依然是以農業爲主的國家，而新式學校大多設於大城市中，課程設置卻多效法西洋。「以是爲學，雖學術有造，欲其歸處田野，則不能一日安已。自是惰游之士遍於都邑，唯祿利是務，惡衣惡食是恥，微特遺大投艱有所不可，即其稠處恒人之間，與齊民已截然成階級矣。」[33]這樣致使學生與內地農村相脫離，無法真正

30 丁文江、趙豐田編，《梁任公先生年譜長編（初稿）》，頁499。
31 胡樸安，〈民國十二年國學之趨勢〉，收入桑兵等編，《國學的歷史》（北京：國家圖書館出版社，2010），頁302。
32 章太炎，〈在四川演說之一——說今日青年的弱點〉，收入章念馳編訂，《章太炎演講集》，頁180-181。
33 章太炎，〈救學弊論〉，收入《章太炎全集：太炎文錄續編》（上海：上海人民出版社，2014），卷1，頁92。

瞭解中國國情。更有甚者,「自以階級與之殊絕,則遺其尊親,棄其
伉儷者,所在皆是。人紀之薄,實以學校居養移其氣體使然。」[34]在當
時,不少人主張青年學生應深入工農之中,一面向其普及知識,一面
向後者「學習」,以自己作為不能勞動的知識階級為恥。[35]雖然這種看
法與章太炎所論側重點並不相同,但其實都看到了久處都市的青年學
生與中國普遍國情相脫離之隱患。

　　此外,章太炎向來強調「用國粹激動種性,增進愛國的熱腸」,[36]
反對一味仰慕外邦。故當時青年學生在思想與行為上唯西是尊,自然
令他深為不滿。他指出今日的青年學子,泰半皆求學於城市,與過去
的農村生活日感隔膜,在當時中國大多數人皆為農民的情形下,如何
指望彼輩引導民眾。且城市當中西風甚熾,青年學子極易受其感染,
久而久之,產生歆羨域外、卑視故土之心。因此,「一日有事,則抗
節死難之士必非學子可知也。」猶有進者,「今之教者唯務揚其智
識,而志趣則愈抑以使下,又重以歆慕遠西,墮其國性,與啖人以罌
粟膏,醉人以哥羅方,無以異矣。」[37]學生喪失國性,讓章太炎有彼輩
志節喪失之憂,而學校中的師長對西學不加擇別,過度讚譽,這一行
為在章氏看來更是雪上加霜。總之,在章太炎眼裡,「今則賊民之
興,莠言之作,所以敗人紀毀國俗者,無不自太學造端。」[38]

---

34 章太炎,〈救學弊論〉,收入《章太炎全集:太炎文錄續編》,卷1,頁92。
35 王汎森,〈近代知識份子自我形象的轉變〉,收入許紀霖編,《20世紀中國
　　知識份子史論》(北京:新星出版社,2005),頁115-118。
36 章太炎,〈在東京留學生歡迎會上之演說〉,收入章念馳編訂,《章太炎演
　　講集》,頁3。
37 章太炎,〈救學弊論〉,收入《章太炎全集:太炎文錄續編》,卷1,頁93。
38 章太炎,〈菿漢昌言〉,收入虞雲國點校,《菿漢三言》(上海:上海書店
　　出版社,2011),頁103。

在晚清之時，章太炎強調：「中國學術，自下倡之則益善，自上建之則日衰。凡朝廷所闡置，足以干祿，學之則皮傅而止。」[39]力辨官學與民間學之利弊，認為前者不足以振興學術。然據但燾1920年代所述，章太炎在當時曾對他說「學校教士，國家選士，非樹立大法，則教化不流。」指出學校教育與民間學會講學不同，前者若無規章制度，則會流於綱紀闕失，難以做到為國家培養人才之效。[40]這一點與他在清季的認識已略有不同。或許正是有感於當時學校教育弊病甚多，青年學生難符其望，因而他才考慮應以國家力量對國立學校有所規制，以此防患於未然。

以上論述了章太炎入民國後對世風時局的觀察與思考，他在民國建立以後，既不將中國之窳敗歸罪於傳統文化，也不似眾多時流那樣，把中國的未來寄託在青年學子身上。章太炎晚年之所以花費許多心力提倡「修己治人」之學，除了和他自己的向來的思想主張關係緊密，便是很大程度上基於他的這些看法。竊以為明乎此，方能進一步分析他立論出於何種考慮，重點與特色為何。

三、修己之道：表彰王學與提倡讀經

前文談到，章太炎認為民國以來的政治與社會，囤積了中國歷代，特別是清代以來的種種弊病，許多人醉心利祿，道德狀況甚堪憂慮。而新文化運動以來社會上年青一代唯西是尊，致使章氏所極力強調的「國性」有喪失之危。凡此種種，使他開始在許多場合力倡挽救

39 章太炎，〈與王鶴鳴書〉，收入《章太炎全集：太炎文錄初編》，「文錄卷2」，頁154。
40 但燾，〈學校大法論〉，《華國月刊》，2卷3期（上海：1925），頁16-22。

頹風之道。在這方面，他首先想到了王學。

　　其實章太炎對王學，曾經一度評價甚低，他在撰於晚清的相關文章中，批評王陽明並無成體系的學說，許多見解皆抄襲而來，其人只是一頗具才氣的權術家，遠非有獨創之見的學者。[41]這一看法，背後所體現者為他當時對鼓吹保皇立憲的康梁師徒的反感。此外，當時革命黨人頗醉心於模仿日本，認為日本維新成果，王學助益甚多，章太炎不滿於此，因此也借批評王陽明來規勸革命戰友。[42]同時，從學術層面上看，清代樸學之興，主要原因之一便是對王學末流的空疏之反動，章太炎在清末極力表彰樸學傳統，自然對王學無甚好評。[43]但也正是在那一時期，章太炎在討論佛學的文章中順帶說道：「王學深者，往往涉及大乘，豈特天人諸教而已；及其失也，或不免偏於我見。然所謂我見者，是自信，而非利己，猶有厚自尊貴之風，尼采所謂超人，庶幾相近。」[44]認為王學雖有缺失，但信其學者，能具備「厚自尊貴」的特點。儘管他在這裡用尼采筆下的「超人」來做比擬，凸顯出王學的反傳統色彩。[45]但這一詮釋，卻為他民國以後以王學作為「修己」之學的主要內容之一埋下伏筆。

　　在《檢論》的〈王學〉一文中，章太炎認為宗尚王學，於為政治

---

41 章太炎，〈王學〉，收入《章太炎全集：《訄書》初刻本、《訄書》重訂本、檢論》，頁148。

42 朱維錚，〈章太炎與王陽明〉，收入章念馳編，《章太炎生平與思想研究文選》（杭州：浙江人民出版社，1986），頁264-292。

43 這一點承蒙本文審稿人提示，非常感謝！

44 章太炎，〈答鐵錚〉，收入《章太炎全集：太炎文錄初編》，別錄卷2，頁393。

45 所以在晚年對朱子推崇有加的錢穆看來，「陽明、東原，皆能辟朱子，易言之，皆能反儒統，故皆為太炎所取。」錢穆，〈太炎論學述〉，收入氏著《中國學術思想史論叢（八）》（臺北：東大圖書公司，2006），頁398。

國無所裨益，且王陽明的「知行合一」之教，並未能眞正探究哲學領域的知行關係。但他從社會實踐的角度，對程顥、朱熹、王陽明之學進行品評，認爲程顥可堪「南面之任」，朱熹乃是「侍從鄉僎之器」，王陽明實屬「匹士遊俠之材」。[46]在章氏看來，「精神之動，心術之流，有時犯眾人所公甚。誠志悃款，欲制而不已者，雖騫于大古，違于禮俗，誅絕于《春秋》者，行之無悔焉！然後義不外襲，而爲至德之隆。」[47]強調能不顧禮法束縛與世俗褒貶，一意行己之志者，乃是具備了「至德」。若以此標準來審視王學，「至德者，惟匹士可以行之。持是以長國家，適亂其步伍矣。故曰：文成之術，非貴其能從政也，貴夫敢直其身、敢行其意也。」[48]很明顯，依章太炎之見，王學雖然在治國方面不能起到太多作用，甚至會適得其反，但其學說，能培養人特立獨行、敢作敢爲、不與俗世同流合污的性格，從這一點來看，王學在中國思想史上自有其重要性。

　　章太炎在《檢論・王學》中所闡釋的王陽明學說之特色，與他頗爲欣賞的「儒俠」甚爲相似，正如論者所言，章太炎「以陽明作爲結合儒俠二種道德的典範。」[49]。依章氏之見，「儒俠」具有殺身成仁的氣概，能夠捨身而爲民請命，並且獨行其道、慷慨激昂，能爲人所不

---

46 章太炎，〈王學〉，收入《章太炎全集：《訄書》初刻本、《訄書》重訂本、檢論》，頁469。
47 章太炎，〈王學〉，收入《章太炎全集：《訄書》初刻本、《訄書》重訂本、檢論》，頁469。
48 章太炎，〈王學〉，收入《章太炎全集：《訄書》初刻本、《訄書》重訂本、檢論》，頁470。
49 孫萬國，〈也談章太炎與王陽明〉，收入章念馳編，《章太炎生平與思想研究文選》，頁347。

能爲，不論亂世與平世，皆爲人間正義的代表。[50]在清季進行革命活動時，章太炎對「儒俠」的形象非常欣賞。[51]及至1920年代，章太炎目睹了民初以來的諸多亂象，指出：「自胡清入主，有志者不願立於其朝；其仕者如狎海鷗而已，安有守節效死之事，故風操日墮，而負氣節者至比於癡頑。夫不施氣節于胡主，是也。義利之辨，所以修己；朋友之信，行乎同類。而一切廢墮，可乎！訖於新說恣行，而民如麋鹿矣。是以救敝之道，必以儒俠相附。」[52]本此見解，他遂對王學加以表彰，以此作爲修己良方，希望能借此根治時代弊病。

　　1917年，章太炎在給吳承仕的信中說：「僕近欲起學會，大致仍主王學，而爲王學更進一步。」[53]之後不久，他又去信對後者詳談：「今之所患，在人格墮落，心術苟偷，直授大乘所說，多在禪、智二門。雖云廣集萬善，然其語殊簡也。孔、老、莊生，應世之言頗廣。然平淡者難以激發，高遠者仍須以佛法疏證。恐今時未足應機，故先舉陽明以爲權說，下者本與萬善不違，而激發稍易。」同時強調「標舉陽明，只是應時方便，非謂實相固然。」[54]在這裡，雖然章太炎也認識到王學較之其他學說並非最佳，但認爲在當時的世風之下，作爲權宜之計，提倡王學，能夠在符合現狀之前提下激勵民德，因此自有其效用。

　　尤可注意者，章太炎表彰王學同時，認爲孔子弟子子路亦值得稱

---

50 章太炎，〈儒俠〉，收入《章太炎全集：《訄書》初刻本、《訄書》重訂本、檢論》，頁446-447。

51 王樾，〈章太炎的儒俠觀及其歷史意義〉，收入淡江大學中文系主編，《俠與中國文化》（臺北：學生書局，1993），頁269-285。

52 章太炎，〈菿漢昌言〉，收入虞雲國點校，《菿漢三言》，頁103。

53 章太炎，〈與吳承仕〉，收入馬勇編，《章太炎書信集》，頁304。

54 章太炎，〈與吳承仕〉，收入馬勇編，《章太炎書信集》，頁305。

頌。他指出：「子路有聞，未之能行，唯恐有聞，此其欲行也。如痿人不忘起，久客不忘返，身雖未行，其意已行矣。聞與行並，此所謂知行合一也。食祿不避其難，不義不濟其言，並立不恥 飽之陋，共財不憾車裘之敝，磊砢英多，誰與為比？且勇者多矜，氣節之士多執，而子路告以有過則喜。如斯人者，真令人慕義無窮矣！」[55]在孔門弟子中，子路侍奉孔子甚久，且勇於任事，深受孔子信任。章太炎將源於王陽明的「知行合一」之說上溯到子路，與其說是在光大王學，不如說是在為自己所宣導的「修己」之學尋一典型。所以在作於1924年的〈王文成公全書題辭〉一文中，章太炎明確指出：「當今之士，所謂捐廉恥負然諾以求苟得者也。辨儒釋之同異，與夫優入聖域以否，於今為不亟，亟者乃使人遠於禽獸，必求孔、顏為之師，固不得，或欲拯以佛法，則又多義解，少行證，與清談無異……曷足以起廢哉？徑行而易入，使人勇改過促為善者，則遠莫如子路，近莫如文成之言，非以其術為上方孔、顏，下擬程伯淳、楊敬仲，又非謂儒術之局於是也，起賤儒為志士，屏唇舌之論以歸躬行，斯於今日為當務矣。」[56]實踐王學，不必有太高目標，希賢希聖，遠非今日急務，能讓人們做到重然諾而有所不為即可，而王學本身對心性的探討，則非章太炎所措意。

在理學史上，王陽明為了對抗朱熹學說，對後者所提倡的經典重做詮釋，認為被奉為「四書」之一的《大學》，自有其「古本」，此外對朱熹的「格物」說大加批評，認為這樣做無助於身心修養。章太炎在闡揚王學時，也將這段公案重新拾起。在〈王文成公全書後序〉

55 章太炎，〈菿漢昌言〉，收入虞雲國點校，《菿漢三言》，頁103。
56 章太炎，〈王文成公全書題辭〉，收入《章太炎全集：太炎文錄續編》，卷2之上，頁112-113。

一文裡，他認爲自從李光地藉理學受清帝青睞以來，因康熙喜格致之學，前者遂投其所好，流風所及，「學者浸重物理，而置身心不問，且有正心修身而不察乎物之理者，則謂之迷罔之人，謂之天之戮民，由是本末倒挈，以身爲形役，率人類以與鱗介之族比，是則徽公窮至物理之說導其端也。」[57] 在這裡，章太炎說清人重視格致之學，致使輕視修身，而其禍首，乃是朱熹。如果對比他先前像〈清儒〉、〈說林〉等論清學史的文章，可以發現二者之間，觀點大異。但若聯想到胡適視爲闡明自己方法論的〈清代學者的治學方法〉一文，其中胡適認爲程朱一派治學有歸納精神，清代樸學與西方近代科學的相似之處。[58] 加上1923年年末章太炎剛與胡適就墨學問題大打筆仗，從爭論〈墨辨〉中的一個具體問題到論述誰才是眞正繼承了清學傳統。[59] 那麼章太炎在這裡極有可能是在暗諷胡適對朱熹學說與清代學人的評價，否定其對清學的解釋，同時強調身心性命之學在古今學術流別中之重要性。[60]

關於闡揚王學，章太炎對吳承仕說：「權衡在我，自與康梁輩盲

---

57 章太炎，〈王文成公全書後序〉，收入《章太炎全集：太炎文錄續編》，卷2之上，頁114。

58 胡適，〈清代學者的治學方法〉，收入歐陽哲生編，《胡適文集》（北京：北京大學出版社，1998），卷2，頁282-304。

59 王銳，《章太炎晚年學術思想研究》，頁137-146。

60 丘爲君先生指出，胡適對清學、戴震學的闡揚，主要從「反玄學運動」角度著眼，代表他對儒學演變的認識，這與他得自杜威的經驗主義息息相關，體現新文化運動以來新派學人對待傳統的一種新的「話語體系」。這與章太炎晚年回歸儒學，重拾修身之學的重要性正好相反。參見丘爲君，《戴震學的形成：知識論述在近代中國的誕生》（北京：新星出版社，2006），頁143-158。

從者異術。」[61]體現出他刻意與康梁師徒保持距離。梁啓超在清末編撰《德育鑒》一書，以現代觀念詮釋許多明代宗心學者之論，特別對致良知之說尤爲表彰。[62]但他在當時的作品，對後來影響更大的當屬《新民說》。對此，章太炎在〈王文成公全書後序〉中說清末「有云新道德新文化者」，其學說「使人淫縱敗常而已矣，是則徽公新民之說導其端也。原其始，不過失於文義，而妄者藉以爲柄，禍遂至此，則誠所謂洪水猛獸者，文成力爲之閑，不驗於明，而驗於今之世，誦其書者宜可以戒矣。」[63]錢穆對章太炎的這番話，曾斥爲「不知從何說起」，[64]但細觀章氏語義，借此批評梁啓超之意頗爲明顯。雖然梁啓超指出「新民」之意一爲「淬厲其所本有而新之」，一爲「采補其所本無而新之」，[65]對於傳統思想並非一味的抨擊，並且他在書中對於孟子、王陽明、曾國藩等人的觀點以及中國歷史上的例證屢次徵引。[66]但是既然是要「新」中國之民，則其中的批判舊道德、舊倫理之處在所難免，例如分析中國人缺乏進步之原因時，將批判矛頭直指歷代學說之「隘」，這某種程度上開啓了後來全盤反傳統思潮的洪水閘門。因此章太炎強調王陽明對《大學》文本的解讀有正本清源之功，或許表明自己晚年闡揚王學，正是在清除梁啓超「新民」思想所帶來的流

---

61 章太炎，〈與吳承仕〉，收入馬勇編，《章太炎書信集》，頁305。
62 梁啓超，〈德育鑒・知本〉，收入《飲冰室合集・專集二十六》，頁21-46。
63 章太炎，〈王文成公全書後序〉，收入《章太炎全集：太炎文錄續編》，卷2之上，頁114。
64 錢穆，〈太炎論學述〉，收入氏著《中國學術思想史論叢（八）》，頁401。
65 梁啓超，〈新民說〉，收入《飲冰室合集・專集四》，頁5。
66 黃克武，《一個被放棄的選擇：梁啓超調適思想之研究》（北京：新星出版社，2006），頁49。

弊。[67]

　　錢穆嘗言，章太炎學術，一言以蔽之，曰「儒不如釋」。[68]章氏在清末，確實頗有此傾向。他認為：「民德衰頹，於今為甚，姬、孔遺言，無復挽回之力，即理學亦不足以持世。」所以「自非法相之理，華嚴之行，必不能制惡見而清污俗。」[69]然民國成立以來，特別是經歷新文化運動衝擊，章氏深感社會秩序越發混亂，知識階層操行了無好轉，因此通過重新審視佛教在中國歷史上的作用，並進而反思先前觀點。在他看來，「純佛法不足以維風教。雷次宗、周續之皆兼儒釋，故風操可觀；楊億、趙抃、趙貞吉皆兼儒釋，故謀國忠而誠節箸。學佛不能破死生之見，又蔑視儒術者，則與王夷甫清談無異。托於無執箸，故守節之志傾；托於無我慢，故羞惡之心沮。王維所以降犖山也。」[70]基於這樣的認識，他在晚年提倡「修己治人」之學時，開始重新考慮儒家經典的意義與價值。[71]此外，章氏雖然於清季對孔學大加

---

67 關於這一點，章太炎在〈菿漢昌言〉中指出：「清末始言變法，好奇者乃并風俗而欲變之，於是文以新民之說。降及今茲，三綱九法，無不摧破，同產至為匹耦，父子等於行路矣。然後知明所謂洪水猛獸者，宋明間實未至此，而今卒見之也。」（參見章太炎，〈菿漢昌言〉，收入虞雲國點校，《菿漢三言》，頁100-101）。此處強調「新民之說」肇自「清末變法」中的「好奇者」，置諸清末史事，應當是指梁啟超。

68 錢穆，〈太炎論學述〉，收入氏著《中國學術思想史論叢（八）》，頁407。

69 章太炎，〈人無我論〉，收入《章太炎全集：太炎文錄初編》，別錄卷3，頁452。

70 章太炎，〈菿漢昌言〉，收入虞雲國點校，《菿漢三言》，頁104。

71 據歐陽竟無回憶，「元年客北平，與蕭若木、章太炎、李正剛、孫少侯及其他多人談，有舉佛義陋程朱者。太炎曰：誠是，然程朱是自義，今乃借義，須知古人智予而不可慢也。」（歐陽竟無，〈覆魏斯逸書〉，收入王雷泉選編，《歐陽漸文選》（上海：上海遠東出版社，2011），頁314。可見章太炎在民國成立之後，已經開始承認儒學自有價值，不可過度詆毀。

抨擊，給人一副激進的形象。但從歷史上的儒學來看，其具有眾多流派，甚至觀點不無歧異之處，因此章太炎抨擊孔子，並不代表與整個儒學決裂。他推崇荀子，認為從思想高下來看，後者遠勝孔子。同時在立身行事上，他表彰顧炎武、顏元等晚明遺老。在學術取向上，他更是極為認同清代樸學的治學之道。凡此種種，可見章太炎在批孔的時日里，對儒學其他流派依然有較強的認可。因此當他晚年思索挽救社會道德之術時，一旦不再青睞藉助佛學，那麼以化民成俗為己任的儒者之道便很自然的成為他援引的對象。[72]

1932年，章太炎向吳承仕去信說：「僕嘗謂近世教授學童，必於經傳妙選數種，使之服習。自《論語》而外，括囊民義，不涉天道，莫正於《大學》；奮厲志行，兼綜儒俠，莫隆於〈儒行〉；導揚天性，遏絕悖德，莫尚於《孝經》；輔存禮教，維繫民俗，莫要於〈喪服〉。此蓋自童草以至白首，皆應服膺勿失者。教授以此，講學亦以此。其他博大深邃之言，則俟其人而告之可也。」[73]在他看來，《大學》、〈儒行〉、《孝經》、〈喪服〉為當時深切世病，應該大力提倡的四種經典。晚年他在許多場合，皆極力宣揚讀經的重要性。

關於讀經之重點，在1933年於蘇州講學之時章太炎說道：「今昔時代不同，今日之講學，不如往昔矣。第一只須教人不將舊道德盡廢，若欲學者冥心獨往，過求高深，則尚非其時，故余今日之講學，

---

72 章太炎在清末雖然對儒家的道德水準批評甚多，但他依然很推崇顧炎武的人格。在〈革命道德說〉一文里，他鼓吹的革命者應具備的道德，便多采自顧炎武所論。認為「求欲居賢向俗，捨寧人之法無由」（參見章太炎，〈革命道德說〉，收入《章太炎全集：太炎文錄初編》，別錄卷1，頁294）。因此，他晚年重拾儒家道德，也並非與先前見解決然相反。
73 章太炎，〈與吳承仕〉，收入馬勇編，《章太炎書信集》，頁361-362。

與往昔稍異其趣。惟講學貴有宗旨，教人不將舊道德盡廢者，亦教人
如何爲人之宗旨而已。爲人之道亦多矣，如宗、儒教人如何靜坐，如
何精修之語甚多，余雖不反對，卻不願如此說，因高談性命，似覺寬
泛，概說做人，亦無著落。」[74]依他之見，在當時應著重提倡的，是切
實可行的修己治人之道，能坐而言，起而行，將經書中所言者眞正付
諸實踐，以此砥礪民德，在民族危機日益加劇的日子裡有以自立，不
使國本喪失。因此他以平實之語教人，而不欲過多涉及抽象玄虛之
論。對宋代以來被列爲「四書」之一的《中庸》，他認爲：「蓋《中
庸》者，天學也，自天命之謂性起，至上天之載無聲無臭止，無一語
不言天學。以佛法譬之，佛法以內者，有大乘、小乘、聲聞獨覺乘；
佛法以外者，有天乘、人乘。天乘者，婆羅門之言也；人乘者，儒家
之言也。今言修己治人，只須闡明人乘，不必涉及天乘。故余以爲
〈《中庸》不必講也。」[75]

　　對於《大學》，章太炎所看重的便是其不涉玄虛、切近人事。他
說：「世之文化，先於中國者，有南方之印度，後於中國，有西方之
希臘。進路不同，方向亦異。中國學問，無不以人事爲根本……開物
成務諸聖哲，伏羲、神農，畜牧耕種，事事皆有，然均以人事爲根
本，不遑精研微末。人事以修己治人爲要，故《大學》之教，重是二
項。」[76]他總結《大學》中所言的治平之要：一爲好惡與人同，二爲不
忌賢才，三爲不專務財用。這三點並非空泛之論，他特別拈出，其實
有著其具體所指。在撰於晚年的《三民主義》中，孫中山認爲《大

74 章太炎，〈講學大旨與《孝經》要義〉，收入章念馳編訂，《章太炎演講
　　集》，頁369。
75 章太炎，〈國學之統宗〉，收入章念馳編訂，《章太炎演講集》，頁343。
76 章太炎，〈《大學》大義〉，收入章念馳編訂，《章太炎演講集》，頁333。

學》乃是古今中外「最系統的政治哲學」，將其重要性大爲抬高。[77]後來戴季陶本此義，視孫中山與堯、舜、禹這樣的上古聖王一脈相承，試圖讓國民黨的官方理論與中國傳統文化接榫。[78]而章太炎則對於北伐以後統一全國的南京國民政府，向來頗多微詞。1928年在招商局輪船公司股東大會上大罵孫中山之後的三民主義爲聯外主義、黨治主義、民不聊生主義。「九一八」事變之後，在與馬宗霍的信中，他痛斥當權主事者「愛國家不如愛自身，愛自身之人格尤不如愛自身之性命，復何言哉！乃知四維不張，國乃滅亡，非虛言也。」[79]所以提倡《大學》，同樣也是借此來針砭時政。他痛言：「今日軍政首領，於才之高於己者，必擠去以爲快，即下位之有才者，亦不能使之安於其位。《大學》之語雖平常，而今人不能及如此！他如『長國家而務財用者，必自小人矣』，《大學》所言，尤是爲國家務財用，非藉此斂財自肥者可比。王安石之流，猶不出此！而今之人，假國家之名，行貪婪之實，又出《大學》所譏下矣。」[80]或許在章太炎心中，《大學》所言者，不僅爲民眾所應實踐，更應爲居上位者借此來反觀自身，深爲自省，以求能有助於修己治人。

關於〈儒行〉，1928年章太炎與同樣提倡讀經的桐城派後勁馬其昶的信中說道：「《戴記‧儒行》一篇，昔與《大學》並重，所謂不盡中行。大抵狂狷之才，斐然成章者也。後代儒者，視爲豪氣不除，或有所訾議矣。不知豪氣之與善柔，相爲屈伸，豪氣除則善柔自至，欲其振起，豈可得邪？自魯連以逮漢之王烈、田疇，於十五儒者，財

---

77 孫中山，《三民主義》（臺北：正中書局，1952），頁67-68。
78 戴季陶，《孫文主義之哲學的基礎》（上海：上海書店，1991），頁33。
79 章太炎，〈與馬宗霍〉，收入馬勇編，《章太炎書信集》，頁897。
80 章太炎，〈《大學》大義〉，收入章念馳編校，《章太炎演講集》，頁332。

得一端。今視之，即邈乎不可及。宋、明諸賢行誼比於東漢，猶未
也。二程嘗謂子路亦是百世師，後儒視此，反漠如焉。故鄙意〈儒
行〉一篇，特宜甄表。」[81]

　　前文談到，章太炎表彰王學，看重後者與自己所宣導的「儒俠」
異曲同工。對於〈儒行〉，章氏亦如是觀。他指出：「〈儒行〉所說十
五儒，大抵艱苦卓絕，奮厲慷慨。」「〈儒行〉講解明白，養成習慣，
六國任俠之風，兩漢高尚之行，不難見之於今，轉弱為強，當可立
致。」可見在他看來，〈儒行〉中對於儒者的描述，包含著剛毅英
勇、獨立不屈的任俠精神。而這種精神，是深為當下之人所極度缺乏
者，所以應該大力提倡。特別是「近世毀譽無常，一入政界，更為混
淆。報紙所載，皆類不根之談，於此輕加信從，小則朋友破裂，大則
團體分散。人人敦任俠之行，庶幾朋友團體，均可保全。此今日之要
務也。」因此「吾人鑒於今日之情況，更覺〈儒行〉之言為有味
矣。」[82]章太炎向來認為，中國近世以來衰微之象，禍首不在文化與民
間，而在廟堂之上。所以他反復申說〈儒行〉要義，就是針對肉食者
流與有心從政的知識階層，希望他們能夠發揚超脫流俗、一介不取之
風，在濁世裡做到君子有所不為。王學與〈儒行〉，合而觀之，可見
章太炎晚年關於「修己」問題殫精竭慮處之所在。

　　如將視野擴大，近代許多與新思潮保持距離者，皆對〈儒行〉頗
為青睞。像林紓、劉咸炘、唐文治、蒙文通等人，都在不同論著中闡
釋〈儒行〉，表彰其中體現的剛毅獨立之風、堅持操守之志。這篇長
期隱而不彰的經學文獻，在近代被重新發掘出來。而熊十力更是對章

81 章太炎，〈與馬其昶〉，收入馬勇編，《章太炎書信集》，頁887。
82 章太炎，〈儒行要旨〉，收入章念馳編訂，《章太炎演講集》，頁339-341。

太炎論〈儒行〉深爲不滿，認爲後者「疾士習卑污，頗思提倡儒行。
然只以高隱任俠二種視之，則其窺儒行，亦太淺矣。」[83]指出〈儒行〉
所含至德要道甚夥，從一己之修身，到治平國家之道，皆有所論述，
因此應著重表彰。凡此種種，皆可顯現〈儒行〉在近代思想史上的重
要性，成爲學派各異的學人不約而同都注意到的經學文本。[84]

　　當許多人將中國未來的希望寄託在青年學生身上時，章太炎則指
出：「今則賊民之興，莠言之作，所以敗人紀毀國俗者，無不自太學
造端。」並質疑「今學校之教，縱不能率以德行，經其可廢邪？不能
遍六經，《論語》、《孝經》其可廢邪？」[85]新文化運動以來，反對傳
統孝道的呼聲塵囂直上，對青年一代影響極深。像吳虞就說：「儒家
以孝弟二字爲二千年來專制政治與家族制度聯接之根幹，而不可動
搖。徒令宗法社會牽制軍國社會，使不克完全發達，其流毒誠不減於
洪水猛獸矣。」[86]章太炎提倡《孝經》，很大程度上就是針對此類思潮
而發。

　　章太炎指出：「今日世風不變，豈特共產黨非孝，一輩新進青
年，亦往往非孝。豈知孝者人之天性，天性如此，即盡力壓制，亦不
能使其滅絕……今人奢言社會、國家，恥言家庭，因之言反對
『孝』。然《孝經》包含之意甚廣，所謂『戰陣無勇非孝也』，明明直
斥一輩見敵不抵抗不爲國家效命之徒爲不孝。孝之一字，所言甚廣，
豈於社會、國家有礙。且家庭如能打破，人類親親之義，相敬相愛之

---

83 熊十力，《讀經示要》（臺北：廣文書局，1994），頁129。
84 關於〈儒行〉在近代中國的被重視與各種詮釋，值得詳論，俟之另文。
85 章太炎，〈菿漢昌言〉，收入虞雲國校點，《菿漢三言》，頁103、104。
86 吳虞，〈家族制度爲專制主義之根據論〉，收入氏著《吳虞文錄》（合肥：
　　黃山書社，2008），頁3-4。

道，泯滅無遺，則社會中之一切組織，勢必停頓，社會何在？國家何在？亦不問而可知已」[87] 在這裡，他強調的是人類倫理應循序漸進，孝爲人之天性，故應爲修身之起點，先從愛家庭開始，之後方能推進至愛國家，修己治人，不外乎是。他提倡《孝經》，雖然對孝道反復講求，但並非大發迂腐之論，其立足點依然是民族國家之維繫。所以他說：「試問如何愛國？愛一國之人民耳。愛國之念，必由愛父母兄弟而起，父母兄弟不能愛，何能愛一國之人民哉！由此可知孝弟爲仁之本，語非虛作。」[88]

值得注意的是，章太炎在清季同樣極力鼓吹民族主義，但那時他卻將代表孝道的宗法社會視爲通往民族國家之路的障礙物。他說：「今之民族主義，非直與宗法社會不相一致，而其力又有足以促宗法社會之鎔解者。」一旦「民知國族，其亦夫有奮心，諦觀益習，以趨一致」，則「宗法社會棄之如脫屣耳矣。」[89] 而進入民國以後，特別是新文化運動以來，他目睹了社會一系列變革，開始思考傳統宗法倫理在凝聚人心、促進國家意識形成方面的積極意義，他對《孝經》的表彰，便是這一思路的體現。這也並非章氏一人的看法。像孫中山在《三民主義》中強調宗族意識有助於國民團結，王國維在〈殷周制度論〉中表彰周代宗法之制能合各階層爲一「道德團體」，梁啓超在所撰《中國文化史》中的「社會組織篇」裡對家族制度及其意義反復申說。在當時改造社會的呼聲塵囂直上之際，並非諸人有意逆時代潮流

---

87 章太炎，〈講學大旨與《孝經》要義〉，收入章念馳編訂，《章太炎演講集》，頁372。
88 章太炎，〈國學之統宗〉，收入章念馳編訂，《章太炎演講集》，頁344。
89 章太炎，〈《社會通詮》商兌〉，收入《章太炎全集：太炎文錄初編》，別錄卷2，頁348、349。

而行，而是在經歷了種種世變之後，重新思考中國發展道路，認識到單憑引進域外學說，實無助於國家發展，必須正視中國歷史與現狀，從其中總結利弊得失，這樣方能收到實際效果。

　　章太炎晚年曾言：「陽明論學，亦有所闕。蓋專爲高明者言，未及提倡禮教也。」[90]有論者從此入手，梳理自王陽明到章太炎，已有反禮教之暗流，直至周作人、錢玄同等人將其發揚光大。[91]實則章太炎在表彰王學同時，對禮教亦甚爲講求，這從他提倡〈喪服〉便可窺見。二者並觀，方能一探他所闡釋「修己治人」之學的究竟。章氏指出：「國家昏亂，禮教幾於墮地，然一二新學小生之言，固未能盡變民俗，如〈喪服〉一事，自禮俗以至今茲，二三千年，未有能廢者也。」[92]具體而言，「民國以來，交通繁盛之區，染濡歐風，〈喪服〉漸廢，居喪者僅懸墨紗於臂袖間，以爲了事，然此亦僅少數通商口岸之現象耳。以全國論，則內地各處，〈喪服〉制度，依然存在。且彼等濡染歐風者，訃告上尚赫然書斬衰、齊衰、大功、小功、緦麻之文，是實替而名猶在也，惟此一事，今尚葆存，然亦幾爲新學者反對。故余於〈喪服〉，不得不略事講述，以告諸學者。」[93]實則他之所以於古禮之中獨重〈喪服〉，還因爲〈喪服〉中所言者多爲家族內部的喪葬以及追悼儀式，從中可以顯示出家族的長幼親疏之秩序，對實行者收潛移默化之功。章太炎提倡《孝經》，而〈喪服〉正是將《孝

---

90 章太炎，〈菿漢昌言〉，收入虞雲國校點，《菿漢三言》，頁101頁。
91 金文兵，〈接著說「章太炎與王陽明」〉，《讀書》，2010：8（北京，2010），頁33-39。
92 章太炎，〈喪服概論〉，收入章念馳編訂，《章太炎演講集》，頁374。
93 章太炎，〈講學大旨與《孝經》要義〉，收入章念馳編訂，《章太炎演講集》，頁371。

經》中所言的抽象理論用具體的規範體現出來，通過具體儀節，達到
「修己」之效。[94]

四、讀史以致用

　　章太炎晚年表彰王學、提倡讀經，所測重者，多為「修己」之
道，鮮有涉及「治人」之方。關於後者，既然依章氏之見，晚近中國
諸多弊病，皆由歷史上各種因緣湊合而生，那麼洞悉與根治之道，最
為有效者便是熟識中國歷史。所以他強調經學當中「修己之道，衍而
為儒家之學，治人之道，則史家意有獨至。」[95]關於章太炎之史學，錢
穆在章氏去世不久，特意撰文強調：「今論太炎學之精神，其在史學
乎？」並指出章氏論史有民族主義之史學、平民主義之史學、文化主
義之史學三大要義。[96]這一認識，洞察章太炎學術之特色。他晚年在
許多文章與講演中，都在極力強調讀史的重要性。

---

94 其實章太炎非常清楚，由於社會形態已變，〈喪服〉中所言者難以一一行
　　於今日。所以應對之有所損益，並參考前代禮制，以為斟酌。他說：「今
　　不能盡復《禮經》者，以『尊降』、『厭降』諸條，獨可施於封建世卿之
　　時，非秦、漢以下而宜守其累代循行者，皆『尊降』、『厭降』以外之
　　事，諦審而不可革者也。而《開元禮》又頗有剟定，後之議者，多訾當時
　　君相，作聰明而變舊章，然校諸宋、明、清三家，尚頗嚴謹有法。所以然
　　者，六代禮書，訖唐世猶在，廷臣又多習禮家條例，故枉戾之言不能出諸
　　其口，非如後代三家，不以其事付白徒鄙儒，即付之刀筆吏也。《清禮》
　　既不可遵行，而輕議禮者又多破碎。擇善從之，宜取其稍完美者，莫尚於
　　《開元禮》矣。」參見章太炎，〈喪服概論〉，收入章念馳編訂，《章太炎演
　　講集》，頁374。
95 章太炎，〈論經史儒之分合〉，收入章念馳編訂，《章太炎演講集》，頁
　　425。
96 錢穆，〈余杭章氏學別記〉，收入氏著《中國學術思想史論叢（八）》，頁
　　384-385。

　　誠如錢穆所言，歷史之學，向來爲章太炎所重視。在清末，他曾立志以新體例撰寫一部《中國通史》，1906年東渡日本後，他視歷史爲國粹最主要的載體，可以藉以激發民眾愛國之心。對於古代經書，他以歷史視之，其意義在於將古代事狀詳細記錄，強調其中無微言大義，通經致用，純屬無稽之談。他指出：「孔氏之教，本以歷史爲宗，宗孔氏者，當沙汰其干祿致用之術，惟取前王成跡可以感懷者，流連弗替。《春秋》而上，則有六經，固孔氏歷史之學也。《春秋》而下，則有《史記》、《漢書》以至歷代書志、紀傳，亦孔氏歷史之學也。」所以「不言孔學則已，若言孔學，願甌以提倡歷史爲職。」[97]

　　及至晚年，章太炎再談讀史之道，其側重點較之先前已有不同。陳寅恪論清代經學興盛，「爲其學者，可不讀唐以後書，以求速效。聲譽既易致，而利祿亦隨之。於是一世之才士，能爲考據之學者，群舍史學而趨於經學之一途。」[98]在晚清迄於民初的許多討論清學史的文章裡，章太炎都極力表彰清人治學實事求是、言不空疏，其學術成果雖不能致用，但可收稽古之功，對民族文化的保存貢獻良多。但在晚年，章氏則認爲：「明世士人，不可與道古；然于朝章吏法，靡不周知。故雖弱冠釋褐，出宰遠縣，處分公事，晏然有餘。上至監司，亦未嘗特延幕僚也。清世士人，知古不知今，適相反矣。」[99]他對清代學風顯現出不滿之意的背後，就是強調治學應以致用爲旨歸。因此他在

---

97 章太炎，〈答鐵錚〉，收入《章太炎全集》，別錄卷2，頁388-389。

98 陳寅恪，〈陳垣元西域人華化考序〉，收入氏著《金明館叢稿二編》（上海：上海古籍出版社，1982），頁238。

99 章太炎，〈菿漢昌言〉，收入《章太炎全集：菿漢微言、菿漢昌言、菿漢雅言札記、劉子政左氏説、太史公古文尚書説、古文尚書拾遺定本、清建國別記、重訂三字經》（上海：上海人民出版社，2014），頁150。

那一時期所提倡的讀史之道，便是借讀史以求致用，使之成為「治
人」之學。當然，這也與他1906年東渡日本以來，強調中國未來建
設應以歷史為基礎的思路一脈相承。[100]

　　然歷史所指，至為廣泛，世間萬物，一經時間沉澱，無不成為歷
史陳跡。在章太炎看來，推崇歷史，尤當有所著重。在1920年於湖
南第一師範的演講中，他說道：「我們讀史，應知大體，全史三千多
卷，現在要人全讀，是不可能的事。《資治通鑒》和《通典》、《通
考》，卻合起來不過六、七百卷，可以讀完的，不可不讀。這個裡面
也有許多可以不讀的，如五行、天文等類，用處很少。至於兵制、官
制、食貨、地理等重要門類，應該熟覽詳考。其餘煩瑣的事，不考究
本不要緊，只講大體也不紛煩，這是讀史的途徑。」[101]在這裡，他提
出當今之世，讀史應識「大體」。所謂「大體」，包括了兵制、官
制、食貨制等，凡此皆屬傳統史學中的典章制度之學。章太炎論讀
史，於此處三致意焉，可見他希望通過閱讀中國歷史，能熟記古今治
亂興亡，進而在當時的社會環境下成為一個於國於民皆有益的人。他
晚年所提倡的「治人」之學，便是在這個思路之下具體展開。新文化
運動以來，一些人反對否定中國文化，這雖與章太炎立場相近，但其

---

100 關於這一點，章太炎1906年在東京演講時說道：「我們中國政治，總是
　　君權專制，本沒有什麼可貴，但是官制為甚麼要這樣建置？州郡為甚麼
　　要這樣分割？軍隊為甚麼要這樣編制？賦稅為甚麼要這樣征調？都有一
　　定的理由，不好將專制政府所行的事，一概抹殺。就是將來建設政府，
　　那項須要改良？那項須要復古？必得胸有成竹，才可見諸施行。」（章太
　　炎，〈在東京留學生歡迎會上之演說〉，收入章念馳編訂，《章太炎演講
　　集》，頁7）。已經開始主張典章制度在歷史當中之所以重要便是其可為
　　經世之參考，而晚年復對此反復申論。
101 章太炎，〈研究中國文學的途徑〉，收入《章太炎全集：演講集（上）》，
　　頁287。

觀點卻是：「吾民族之可寶貴者，乃此所以形成東方文化之精神（原理），而非其所演之事蹟。」[102]將歷代史事略而不談。後來出於愛護傳統而大談中國文化意義爲何、東西文化異同何在者，其思路與此少有二致。這種處理方法，雖有其苦心孤詣，但使中國歷史漸成一抽象名詞，文化云云，可任人描述，歷史上政治活動與政治制度之變遷所能給今人的借鑒，反而不被看重。[103]兩相比較，可見章太炎晚年對中國歷史與文化的闡釋，自有其特色存焉。

　　章太炎指出：「蓋歷史譬一國之賬籍，彼夫略有恆產者，孰不家置一簿，按其簿籍而即瞭然其產業多寡之數。爲國民者，豈可不一披自國之賬籍乎？以中國幅員之大，歷年之久，不讀史書及諸地志，何能知其梗概！且歷史非第賬籍比也，鑒往以知來，援古以證今，此如奕者觀譜，舊譜既熟，新局自創。天下事變雖繁，而吾人處之裕如，蓋應付之法，昔人言行往往有成例可資參證，史之有益於吾人如此。」[104]不特此也，「從古訖今，事變至賾，處之者有經有權，觀其得失而悟其會通，此讀史之益也。蓋人之閱歷廣則智識高，智識高則橫逆之來無所惴縮。故讀史須貫穿一事之本末，細審其癥結所在。前因後果，了然胸中。而一代之典章制度，亦須熟諳而詳識之。」[105]然古

---

102 陳嘉異，〈東方文化與吾人之大任〉，收入陳崧編，《五四前後東西文化問題論戰文選》（北京：中國社會科學出版社，1989），頁312。

103 其實這種觀點背後顯現的，便是已接受自清季以來關於中國歷史的主流論述，認爲後者秦漢以降，乃一「專制」之世，種種建置與史事，多與今世的民主自由理想大相違背，故爲了迴護傳統，遂不宜對此多談。這一襃揚「傳統」之道，影響甚遠，至今流風猶存。

104 章太炎，〈讀史與文化復興之關係〉，收入章念馳編訂，《章太炎演講集》，頁384。

105 章太炎，〈讀史與文化復興之關係〉，收入章念馳編訂，《章太炎演講集》，頁386。

人云，物之不齊，物之情也。人與人之間稟賦有異，對歷史的理解能力亦因之有過高下之分。關於教授之道，章太炎嘗言：「所教不同，而各以其才有所至，如河海之水然，隨所挹飲，皆以滿其腹也。」[106]因此在讀史方面，他將其分爲兩種境界：「讀史之士學力不同，見識亦異。高者知社會之變遷，方略之當否，如觀棋譜，知其運用，讀史之效可施於政治，此其上也。其次考制度，明沿革，備行政之採擇。」[107]總之，雖然境界有高下，然其目的皆爲經世致用，成爲體用兼具之學，而不僅僅是多識前言往行，上者自潤其身，下者自炫其博而已。

在晚年的許多演講中，章太炎以史爲鑒，指出治國經世，必須對中國歷史有所熟知，各種制度建制，必須與歷史情境相吻合，不能不顧一切，因熱衷某種學說而強行將其實踐，否則後患無窮，誤國敗身，失之甚矣。他指出：「宋之王荊公與現在國民黨之總理孫逸仙均中不明歷史之病，王荊公不許人讀史志，毀之曰『斷爛朝報』，孫逸仙似未精究歷史，卻也具有王氏之遺風，所以國民政府今日未有令名。王荊公與孫之國民黨同因不諳以往之史跡，以致愛國心衰。自王荊公倡不讀史未及四十年，而宋亡矣。今民國締造已二十一年，前後茫茫，亦可懼也。」[108]王安石推行新法以來，反對者日漸增多，朝堂之上，頓成黨爭之局面。司馬光執政後，悉廢新法，率由舊章。再後來宋哲宗以章惇爲相，後者以恢復新法爲號召，改年號爲「紹述」，

106 章太炎，〈王文成公全書題辭〉，收入《章太炎全集：太炎文錄續編》，卷2之上，頁110。
107 章太炎，〈略論讀史之法〉，收入章念馳編訂，《章太炎演講集》，頁441。
108 章太炎，〈論今日切要之學〉，收入章念馳編訂，《章太炎演講集》，頁302。

其黨羽有曾布、呂惠卿、蔡京等人，這些人都被時人以奸臣視之。後來蔡京掌權，更是假借新法之名，多行培克之政，並致使政風大壞，引導宋徽宗驕奢淫逸，最終導致北宋亡國。章太炎在此處所指的王安石不倡讀史，之後北宋朝廷愛國之心日衰，似指此而言。其實王安石是否有視《春秋》為「斷爛朝報」之論，歷來爭議甚多，不少人認為此乃反對新法者對王氏強加之罪。北宋末年黨爭，內情更是甚為復雜，遠非讀史與否便可判其功罪。然章太炎寧可將史事簡化為不讀史之弊，頗能彰顯他當時心中的塊壘，即認為讀史與致用之間關係緊密，不此之圖，河清之日，茫然難尋。

　　孫中山因為成長於海外，接受西方教育時間頗久，所以舊學根底稍顯單薄，對中國歷史有生疏之處也是在所難免。不過章太炎批評國民黨人因不明歷史而導致國步維艱，更多的還是指向宋教仁。在1933年為章氏國學講習會聽眾追憶辛亥往事時，章氏指出宋教仁不熟悉中國歷代官制變遷大勢，而去一味羨慕日本政治體制，認為日本政治制度中內閣可以副署首相命令，再由兩院議員決議是否付諸實行，遂欲將其移植於中國。但不悟中國當時所謂「議員」，實不具備憲政制度下應有之素質，致使民國以來，國會名譽掃地。宋教仁自己也由於呼籲政黨政治，因而侵袁世凱之權，最後慘遭暗殺。[109] 早在清末，當革命黨宣傳民主共和、立憲派鼓吹君主立憲之時，章太炎就在〈代議然否論〉等文章中反對這些呼聲。認為制度建設必須根植於本國歷史，不能盲目追慕他國，否則方枘圓鑿，在所難免，他對中國歷代典章制度多有論述，其現實意涵即在於此。他晚年再將此一舊事重提，目的或許是以過來人的身份追憶晚近中國的慘痛教訓，強調讀史

---

109 章太炎，〈民國光復〉，收入章念馳編訂，《章太炎演講集》，頁390。

的重要性，希望有經世之志者避免一誤再誤。

　　章太炎晚年提倡讀史，另一側重點便是希望借歷史激發起人們的民族主義，這一點雖爲章氏史學舊義，但在當時卻別有特殊意涵。1930年代日本侵華之跡日益明顯，章太炎認爲如果國民能對歷史有所瞭解，知道國家疆域沿革，這樣就不會輕易接受敵人宣傳，同時能激起同仇敵愾之心。1935年他對張季鸞說：「中國今後應永遠保存之國粹，即是史書，以民族主義所托在是。」[110] 在被自己視爲一生研究《左傳》之定本的《春秋左氏疑義答問》中，章太炎論孔子著《春秋》，緣由之一便是「四夷交侵，諸夏失統，奕世以後，必有左 之禍，欲存國性，獨賴史書，而百國散紀，難令久存，故不得不躬爲採集，使可行遠。」[111] 這一點雖爲其一貫認識，但晚年再次強調，或可顯現在他看來，孔子作《春秋》之志，是處於亡國邊緣的今人所應極力秉承者。[112]

　　1932年章太炎在燕京大學演講「論今日切要之學」，他說道：「現在的青年應當知道自己是什麼時候的人，現在的中國是處在什麼時期，自己對國家負有什麼責任。這一切在史志上面全部都可以找到明確的答覆。若是連歷史也不清楚，則只覺得眼前混沌萬狀，人類在那裡棲棲遑遑，彼此似無關係，展開地圖亦不知何地系我固有，何地

---

110 章太炎，〈與張季鸞〉，收入馬勇編，《章太炎書信集》，頁957。

111 章太炎，〈春秋左氏疑義答問〉，收入《章太炎全集：齊物論釋、齊物論釋定本、莊子解故、管子餘義、廣論語駢枝、體撰錄、春秋左氏疑義答問》（上海：上海人民出版社，2014），頁270。

112 章太炎去世前曾與先前問學於廖平、蒙文通的川籍弟子李源澄反復論辯《春秋》的性質，對後者說視《春秋》爲史書，久經世變後，自能體會其重要性，由此可見章太炎晚年的《左傳》研究，實有頗爲強烈的現實關懷。（參見王銳，〈章太炎學說對清末民初蜀學界的影響〉（待刊稿））。

系我國尚存者，何地已被異族侵佔？問之茫然無以對者，比比然也，則國之前途豈不危哉！一國之歷史正似一家之家譜，其中所載盡以往之事實，此事實即歷史也。若一國之歷史衰，可占其民族之愛國心亦必衰。」[113]同歷代典章制度、社會變遷一樣，明瞭歷代地理疆域沿革同樣非常重要。日本當時爲了侵佔東北，許多歷史學者致力於東北史地之學，通過一系列「論證」，稱關內之地爲「中國本部」，儼然視東北地區爲中國領土之外，以此來爲日軍侵略行爲辯護。章太炎提倡讀史應注重邊疆史事，便是爲了警醒國人認識到日本的侵略企圖，通過歷史事實來說明東北地區爲中國領土。因此他指出：「昔人讀史，注意一代之興亡。今日情勢有異，目光亦須變換，當注意全國之興亡。」[114]

　　但是民國以來的史學發展，卻並不像章太炎所期待的那樣。近代史學之發展，大致有學院化、專業化、獨立化三個基礎。這一形勢下的史學研究，講究培養專門人才，研究領域分工細密，研究成果乃是嚴謹的科學報告，而非訓誡式的敘事。[115]史學領域的革新是新文化運動中的一個重要組成部分，其方向主要便是以此爲準。1923年胡適在《國學季刊》的發刊宣言中提出，對於中國古史舊籍，應進行索引式的整理、結帳式的整理、專史式的整理，視歷代典籍爲未經整理、散亂無系統的「史料」，必須根據現代觀念重新將其編排組合，以成爲可讀之「史」。而其目標，是通過不同領域的人分工合作，各治一

113 章太炎，〈論今日切要之學〉，收入章念馳編訂，《章太炎演講集》，頁302。
114 章太炎，〈歷史之重要〉，收入章念馳編訂，《章太炎演講集》，頁351。
115 汪榮祖，〈五四與民國史學之發展〉，收入汪榮祖編，《五四研究論文集》（臺北：聯經出版事業公司，1979），頁221-222。

域，擴大研究範圍，最終編撰成一部體系完備的「中國文化史」。[116]
在這樣的風氣下，史學研究群起走向「用科學方法整理國故」一途。
在北大受教於胡適的顧頡剛，將古史辨僞作爲古史研究的重點，聲稱
中國古代歷史的記載皆是層累疊加而成，時代愈後，對古史的傳說愈
詳細，因此需要對上古史事進行全面的辨僞，寧可疑而過，不可信而
過，以此做到「使古人只成爲古人而不成爲現代的領導者；要使古史
只成爲古史而不成爲現代的倫理教條……總之，送它們到博物院
去。」[117]在整理國故與古史辨僞的思潮下，歷史研究越發流於瑣碎，
應斯風而起的青年一代多將焦點放在上古某一段史事的眞僞上。

　　此外，受到近代西洋與日本漢學的影響，不少中國學者研究歷
史，將眼光關注到邊疆四裔，認爲這是研究國史的新途徑，雖然其理
想多是預西洋學術之流，進而青出於藍，但是後果便是治史者多少忽
視了中國內地的歷史變遷與制度沿革。而說起與西洋漢學爭勝，這正
是傅斯年等人創辦的中央研究院歷史語言研究所的動力之一。在〈歷
史語言研究所工作之旨趣〉一文裡，傅斯年抨擊當時學界「坐看章炳
麟君一流人屍學問上的大權威」，認爲太炎學術，少足觀者。[118]在傅
斯年看來，史學研究應該避免大談史論與史觀，反對將史學視爲「國
故」或「國學」，而是將其作爲與生物、化學一樣的「科學」。在研
究領域上強調文集考訂與史料徵集，在具體而微的題目上進行研

---

116 胡適，〈《國學季刊》發刊宣言〉，收入歐陽哲生編，《胡適文集》，卷
　　3，頁11-17。
117 顧頡剛，〈顧序〉，收入羅根澤編，《古史辨》，冊4（海口：海南出版
　　社，2005），頁8。
118 傅斯年，〈歷史語言研究所工作之旨趣〉，收入《傅斯年全集》（臺北：
　　聯經出版事業公司，1980），冊4，頁255。

究。[119]此更與章太炎晚年所強調的讀史之道相差甚遠。

　　對於這些史學思潮，章太炎並未視而不見。1924年他在〈救學弊論〉一文中，強調當前學校文科教學「欲省功而易進，多識而發志者，其唯史乎？」[120]同時他批評當時學界研究歷史「尚文辭而忽事實」、「因疏漏而疑偽造」、「詳遠古而略近代」、「審邊塞而遺內治」、「重文學而輕政事」。[121]除去「尚文辭而忽事實」為針對當時在北大文科與太炎門生關係不洽的桐城派而發外，其他都是在批評新文化運動以來興起史學思潮。他在1930年代的演講中經常為讀史者計算通讀古今正史所用的時間，認為「全看二十四史，一日不輟，亦不過四年」，若加上制度、地理、歷代奏議等書，「有三年半之功程，史事可以爛熟。」[122]如此這般，多多少少有對抗中研院史語所學風的意味存焉。此外，他1930年代指出「考遠古」為「不能致用」之學，顯示出他認為當時的歷史研究中群趨於古史之風的不滿。[123]而在章太炎看來，這些思潮中危害最大者，莫過於顧頡剛等人宣導的古史辨偽。顧氏嘗言他的辨偽思想頗受康有為啟發，對此章太炎指出：「清世言《公羊》已亂視聽，今《公羊》之學雖廢，其餘毒遺　猶在。

---

119 傅斯年，〈歷史語言研究所工作之旨趣〉，收入《傅斯年全集》，冊4，頁256-266。

120 章太炎，〈救學弊論〉，收入《章太炎全集：太炎文錄續編》，卷1，頁94。

121 章太炎，〈救學弊論〉，收入《章太炎全集：太炎文錄續編》，卷1，頁94-95。

122 章太炎，〈歷史之重要〉，收入《章太炎全集：演講集（下）》（上海：上海人民出版社，2014），頁489。

123 章太炎，〈論今日切要之學〉，收入章念馳編訂，《章太炎演講集》，頁300。

人人以舊史爲不足信，而國之本實蹶矣。」[124]1935年他在章氏國學講習會中演講「論經史實錄不應無故懷疑」，系統批判古史辨派的相關理論。強調後者並非繼承了中國古代的辨僞傳統，而是師心自用，妄論古人，其學說有抹殺中國歷史的危害。[125]

　　雖然如此，章太炎所提倡的讀史之道，較之傅斯年等新派學人，其實並不像表面上學派之間的紛爭那樣涇渭分明。章太炎認爲研究歷史過於重視四裔，導致忽視中國內部狀況，這樣無助於了解中國的歷史與現狀。而傅斯年在1930年代也指出：「請看西洋人治中國史，最注意的是漢籍中的中外關係，經幾部成經典的旅行記，其所發明者也多在這些『半漢』的事情上。我們承認這些工作之大重要性，我們深信這些工作成就之後，中國史的視影要改動的。不過同時我們也覺得中國史之重要問題更有些『全漢』的，而這些問題更大更多，更是建造中國史學知識之骨架。」[126]他也在強調國史研究中應以中國內部爲主體，而不應一味步洋人後塵。在歷史教育方面，傅斯年更是強調將民族主義蘊於其中，應敘述「很足以啓發民族意識的事」。如冉閔「屠戮胡虜之行爲」，乃是「晉人民族意識之深刻化」。劉裕北伐中原，恢復失地，其功勳「實不在東羅馬帝茹斯丁下」。元末韓宋建國，雖冒稱宋裔，假託彌勒，「然建號承統，人心歸附，本是一場民族革命。」[127]這與章太炎所宣傳的借歷史激發民族意識異曲同工，甚至其激烈程度有過之而無不及。面對日益加劇的民族危機，顧頡剛也

124　章太炎，〈漢學論上〉，收入《章太炎全集：太炎文錄續編》，卷1，頁1。
125　章太炎，〈論經史實錄不應無故懷疑〉，收入章念馳編訂，《章太炎演講集》，頁412-418。
126　傅斯年，〈《城子崖》序〉，收入《傅斯年全集》，冊3，頁206-207。
127　傅斯年，〈閒談歷史教科書〉，收入《傅斯年全集》，冊4，頁322-323。

同樣認識到歷史對於激發國人愛國之心的重要性。全面抗戰爆發後，傅斯年復撰寫《中國民族革命史稿》，「以歷史爲根據，說明中華民族的整體性及其抵禦外侮百折不撓的民族精神，用以鼓勵民心士氣。」[128]他創辦《禹貢》雜誌，集合同志，討論邊疆史地，其眼光除了考古，更是基於現實的憂思。在與史念海合著的《中國疆域沿革史》一書裡，他自言著此書之目的爲「吾人處於今世，深感外侮之凌逼，國力之衰弱，不惟漢、唐盛業難期再現，即先民遺土亦岌岌莫保，衷心忡忡，無任憂懼！竊不自量，思欲檢討歷代疆域之盈虧，使知先民擴土之不易，雖一寸山河，亦不當輕輕付諸敵人，爰有是書之作。」[129]這與章太炎反復宣揚的讀史應識疆域變遷之論甚爲相近。由此可見，近代學術，雖有新舊之分，但是在同一時代背景之下，會有許多不約而同之處。

　　另一方面，章太炎將讀史作爲「治人」之學，其內涵一定程度已脫離傳統經學脈絡。在傳統經學話語裡，經典所代表的義理爲古今常道，歷百世而不磨其輝。但在章太炎看來，研究國學必須知曉古今人情變遷，不可像道學先生一般，「把古代的道德，比做日月經天，江河行地，墨守而不敢違背。」[130]因此他強調：「經學徒有其名，只可考古，與今世無干。」[131]將經學的應用範圍大爲減小，不認爲經學可以致用。這一點，否定了漢儒孜孜以求的「通經致用」之道。[132]此外還

---

128 傅樂成，《傅孟眞先生的民族思想》，收入胡適等著，《懷念傅斯年》，（台北：秀威諮詢科技股份有限公司，2014），頁21。
129 顧頡剛、史念海，《中國疆域沿革史》（北京：商務印書館，1999），頁3。
130 章太炎，〈國學十講〉，收入章念馳編訂，《章太炎演講集》，頁225。
131 章太炎，〈歷史的價值〉，收入章念馳編訂，《章太炎演講集》，頁207。
132 章太炎在晚清之時便指出，「通經致用，特漢儒所以干祿，過崇前聖，推爲萬能，則適爲桎梏也。」章太炎，〈與人論樸學報書〉，收入《章太炎

對宋代以來理學家所反復講求的從修身到治國一以貫之的思想產生極
大衝擊，將修身與治國分爲兩個部分，彼此並無一以貫之之道，這一
點顯示出他對傳統學術的取捨與改造。此正如楊樹達所觀察的那樣，
「太炎本以參合新舊起家」。[133]尤有進者，他在晚年對章學誠「六經皆
史」之論別作新解，認爲六經本是記載前言往行的史籍，以此抬高史
學在傳統學術體系中的位置。[134]並且他所提倡的讀史應注重制度沿革
與疆域變遷，了然於歷代興亡，而不是糾結於如何正心誠意，力辨忠
奸，這從理學的視角看，其中的「王霸之道」色彩極濃。因此致力於
繼承理學衣缽的馬一浮如是評論：「章太炎之尊經，即以經爲史，而
其本實出於章實齋『六經皆史』之論，眞可謂流毒天下，誤盡蒼生。
此其人未嘗知有身心性命之理，故有此說。」[135]熊十力也認爲：「太炎
博雅，能文章，經學實非其所深究也。」[136]由此觀之，章太炎雖然晚
年對傳統學術頗有闡揚，但在其他以「純儒」自命者看來，章氏絕非
自己的同志。這一點其實對理解章太炎晚年學術頗爲關鍵。

五、結語

　　1936年章太炎逝世。一年以後，在日軍進逼之下身處危城，正
在爲自己的《中國近三百年學術史》作序時，錢穆痛言：「今日者，
清社雖屋，屬階未去，言政則一以西國爲準繩，不問其與我國情政俗

　　　全集：太炎文錄初編》，文錄卷2，頁155。
[133] 楊樹達，《積微翁回憶錄》（北京：北京大學出版社，2007），頁55。
[134] 章太炎，〈歷史之重要〉，收入章念馳編訂，《章太炎演講集》，頁351。
[135] 馬一浮，〈語錄類編〉，收入吳光主編，《馬一浮全集》，冊1（下）（杭
　　　州：浙江古籍出版社，2013），頁60。
[136] 熊十力，《讀經示要》，頁8。

相洽否也。扞格而難通，則激而主『全盤西化』，以盡變故常爲快。至於風俗之流失，人心之陷溺，官方士習之日污日下，則以爲自古而固然，不以厝懷。言學則仍守故紙叢碎爲博實。」[137]他的這番感觀，與章太炎晚年之所思所慮甚爲相似。章氏入民國以來，耳聞目睹世風時局種種亂象，他不像許多人那樣，將這些現狀歸結於中國傳統不適應西方政治與文化，進而開始批評中國傳統文化，而是視此爲中國歷史演進中各種消極因素交織而成，在今日湊合呈現的結果。同時他迥異時流，對青年學生並不信任，認爲彼輩從道德到行爲缺點甚多，難以擔當重任。基於這樣的認識，章太炎晚年開始藉助傳統學術來思考醫治社會弊病之道，力倡「修己治人」之學的重要性。

　　在章太炎看來，今日提倡「修己」之學，實爲亂世裡的救急之術，而非借此修身成德，優入聖域。因此他一反晚清之時對王學的批評，開始表彰後者的積極作用，認爲服膺王學能使人一介不取，身處污世而有所不爲，此乃居於今世所最應提倡者。此外，章太炎認爲純佛法並不能真正化民成俗，開始重新思考儒家經典對修身的意義，他提倡讀經，主張使經書中所論的修己之道能坐而言，起而行，高妙玄遠之言，遠非今日急務。所以他揭出《大學》、〈儒行〉、《孝經》、〈喪服〉四部經典，在文章與演講中對之極力宣揚。希望能讓人們行有操守、剛毅英勇、超脫流俗，同時不忘故常，以禮持身，從敬宗收族出發，循序漸進，臻於對民族國家的熱愛。章氏對經典的詮釋，並非率由舊章，昧於時代潮流，其著眼點依然是強烈的民族主義關懷，借此促進國家意識形成與維繫，以及對國民道德的培育，雖然表現形

---

137 錢穆，〈自序〉，收入《中國近三百年學術史》（臺北，臺灣商務印書館，1995），頁（4）。

式上稍有差異，但本質上與他自晚清以來「借國粹激動種性」的思想
軌跡一脈相承，只是在對傳統思想的取捨上，他開始重新重視儒家經
典在修身方面的意義。而他選擇表彰經書中「平易可行」的修身之
語，將涉及談心說性的「形而上」部分減弱，認為非今日切要之學，
這顯然與他晚年所推崇的王學之本旨頗有差異，反而與近代以來"倫
理學"的興起，將傳統學術中的修身踐行部分納入其中的做法甚為相
似。[138]

　　在「治人」方面，章太炎既認為晚近中國之衰，乃是中國歷史內
部的問題，故主張應從中國歷史本身的演進中來認識現狀，並且目睹
當時國步維艱、民族危機日益加劇，因此在許多場合提倡讀歷史，視
此為致用之道。與清季一度嚮往借西方社會科學研究中國歷史不同，
他此時主張讀史應識大體，熟知歷代政治社會變遷，以及疆域沿革梗
概，通過對於歷代史事的稔熟於胸，能夠從中吸取足以為當下所借鑒
與取法之處。雖然在學派上分歧極大，但章太炎晚年對歷史的認識，
實則在1930年代國難當頭之際，其與新文化運動以來執史學界牛耳
者在很多方面相似處頗多。而他將經書局限於「修己」，否定其對
「治人」的作用，並且為了抬高史學地位，有意以史視經，強調中國
歷史事蹟才是傳統文化之關鍵，這實則對傳統經學體系衝擊極大，將
經學話語的適用性削減泰半，故而遭來有志紹述理學者的強烈批評。
由此可見，章太炎的「修己治人」之學，雖然沿用自古以來的名稱，
但其內容已遠非傳統學術之舊章，而是他自己身處中國近代思想史的
「轉型時代」裡，通過思考歷史與現狀，對中國傳統學術進行改造與

[138] 關於近代中國倫理學的此一特徵，參見黃進興，《從理學到倫理學：清末
民初道德意識的轉化》（臺北：允晨文化實業股份有限公司，2013），頁
173-175。

更新：一方面重新表彰儒家經典在不違背現代國家倫理的情形下，對修身的正面意義，一方面重拾中國傳統史學中的「經世」意涵，讓二者在新的時代裡有以自立，能成爲人們立身行事上的源頭活水。章氏國學，其「離經叛道」處在是，其自成一家之言者亦在是。

徵引書目

丁文江、趙豐田編，《梁任公先生年譜長編（初稿)》，北京：中華書局，
　　2010。
王汎森，〈近代知識份子自我形象的轉變〉，收入許紀霖編，《20世紀中國知
　　識份子史論》，北京：新星出版社，2005，頁128-161。
王銳，《章太炎晚年學術思想研究》，北京：商務印書館，2014年。
　　　，〈章太炎學說對清末民初蜀學界的影響〉待刊稿。
王樾，〈章太炎的儒俠觀及其歷史意義〉，收入淡江大學中文系主編，《俠與
　　中國文化》，臺北：學生書局，1993，頁269-285。
丘為君，《戴震學的形成：知識論述在近代中國的誕生》，北京：新星出版
　　社，2006。
朱維錚，〈章太炎與王陽明〉，收入章念馳編，《章太炎生平與思想研究文
　　選》，杭州：浙江人民出版社，1986，頁264-292。
但燾，〈學校大法論〉，《華國月刊》，2卷3期，上海，1925，頁16-22。
吳光主編，《馬一浮全集》，杭州：浙江古籍出版社，2013。
吳虞，〈家族制度為專制主義之根據論〉，收入氏著，《吳虞文錄》，合肥：
　　黃山書社，2008，頁1-8。
李大釗，〈孔子與憲法〉，收入《李大釗選集》，北京：人民出版社，1978，
　　頁77。
李源澄，〈章太炎先生學術述要〉，收入林慶彰等編，《李源澄著作集》，臺
　　北：中央研究院中國文哲研究所，2008，卷3，頁1457-1464。
汪榮祖，〈五四與民國史學之發展〉，收入汪榮祖編，《五四研究論文集》，
　　臺北：聯經出版事業公司，1979，頁221-222。
　　　，《章太炎散論》，北京：中華書局，2008年。
周予同，〈僵屍的出祟〉，收入朱維錚編，《周予同經學史論著選集增訂
　　本》，上海：上海古籍出版社，1996，頁591-604。
林毓生，〈五四式反傳統思想與中國意識的危機兼論五四精神、五四目標、
　　與五四思想〉，收入氏著，《思想與人物》，臺北：聯經出版事業有限公
　　司，1983，頁121-138。
金文兵，〈接著說「章太炎與王陽明」〉，《讀書》，2010：8（北京，2010），
　　頁33-39。
胡適，〈《國學季刊》發刊宣言〉，收入歐陽哲生編，《胡適文集》，卷3，頁
　　11-17。

　　，〈清代學者的治學方法〉，收入歐陽哲生編，《胡適文集》，北京：北京大學出版社，1998，卷2，頁282-304。

胡樸安，〈民國十二年國學之趨勢〉，收入桑兵等編，《國學的歷史》，北京：國家圖書館出版社，2010，頁301-304。

孫中山，《三民主義》，臺北：正中書局，1952。

孫萬國，〈也談章太炎與王陽明〉，收入章念馳編，《章太炎生平與思想研究文選》，頁298-368。

張灝，〈中國近代思想史的轉型時代〉，收入氏著，《幽暗意識與民主傳統》，北京：新星出版社，2006，頁134-152。

梁啓超，〈良心麻木之國民〉，收入《飲冰室合集·文集三十三》，北京：中華書局，1989，頁55-56。

　　，〈新民說〉，收入《飲冰室合集·專集四》，北京：中華書局，1989，頁1-162。

　　，〈德育鑒·知本〉，收入《飲冰室合集·專集二十六》，頁21-46。

章太炎，〈《大學》大義〉，收入章念馳編校，《章太炎演講集》，頁330-333。

　　，〈《孝經》《大學》《儒行》《喪服》概論〉，收入章念馳編訂，《章太炎演講集》，頁377-380。

　　，〈《社會通詮》商兌〉，收入《章太炎全集：太炎文錄初編》，上海：上海人民出版社，2014，別錄卷2，頁336-352。

　　，〈人無我論〉，收入《章太炎全集：太炎文錄初編》，別錄卷3，頁441-452。

　　，〈王文成公全書後序〉，收入《章太炎全集：太炎文錄續編》，上海：上海人民出版社，2014，卷2之上，頁114。

　　，〈王文成公全書題辭〉，收入《章太炎全集：太炎文錄續編》，卷2之上，頁110-113。

　　，〈王學〉，收入《章太炎全集：《訄書》初刻本、《訄書》重訂本、檢論》，上海：上海人民出版社，2014，頁146-149。

　　，〈民國光復〉，收入章念馳編訂，《章太炎演講集》，頁388-391。

　　，〈在四川演說之一說今日青年的弱點〉，收入章念馳編訂，《章太炎演講集》，頁180-181。

　　，〈在東京留學生歡迎會上之演說〉，收入章念馳編訂，《章太炎演講集》，頁1-8。

　　，〈春秋左氏疑義答問〉，收入《章太炎全集：齊物論釋、齊物論釋定本、莊子解故、管子餘義、廣論語駢枝、體撰錄、春秋左氏疑義答問》，上海：上海人民出版社，2014，卷6，頁265-370。

　　，〈研究中國文學的途徑〉，收入章念馳編訂，《章太炎演講集》，頁

188-287。

　　　　，〈訂孔〉，收入《章太炎全集：《訄書》初刻本、《訄書》重訂本、檢論》，上海：上海人民出版社，2014，卷3「《訄書》重訂本」，頁132-134。

　　　　，〈革命道德說〉，收入《章太炎全集：太炎文錄初編》，卷4，別錄卷1，頁284-296。

　　　　，〈國學十講〉，收入章念馳編訂，《章太炎演講集》，頁215-271。

　　　　，〈國學之統宗〉，收入章念馳編訂，《章太炎演講集》，頁343-348。

　　　　，〈救學弊論〉，收入《章太炎全集：太炎文錄續編》，卷1，頁88-96。

　　　　，〈略論讀史之法〉，收入章念馳編訂，《章太炎演講集》，頁436-442。

　　　　，〈喪服概論〉，收入章念馳編訂，《章太炎演講集》，頁374-376。

　　　　，〈答鐵錚〉，收入《章太炎全集：太炎文錄初編》，別錄卷2，頁386-393。

　　　　，〈菿漢昌言〉，收入虞雲國校點，《章太炎全集：菿漢微言、菿漢昌言、菿漢雅言札記、劉子政左氏說、太史公古文尚書說、古文尚書拾遺定本、清建國別記、重訂三字經菿漢三言》，上海：上海人民出版社，2014，頁73-152。

　　　　，〈論經史實錄不應無故懷疑〉，收入章念馳編訂，《章太炎演講集》，頁412-418。

　　　　，〈漢學論上〉，收入《章太炎全集：太炎文錄續編》，卷1，頁1-4。

　　　　，〈與王鶴鳴書〉，收入《章太炎全集：太炎文錄初編》，文錄卷2，頁152-154。

　　　　，〈與吳承仕〉，收入馬勇編，《章太炎書信集》，石家莊：河北人民出版社，2003，頁301-302。

　　　　，〈駁中國用萬國新語說〉，收入《章太炎全集：太炎文錄初編》，別錄卷2，頁353-369。

　　　　，〈適宜今日之理學〉，收入章念馳編訂，《章太炎演講集》，上海：上海人民出版社，2011，頁364-368。

　　　　，〈歷史之重要〉，收入章念馳編訂，《章太炎全演講集：演講集下》上海：上海人民出版社，2014，頁489-492。

　　　　，〈講學大旨與《孝經》要義〉，收入章念馳編訂，《章太炎演講集》，頁369-373。

　　　　，〈讀史與文化復興之關係〉，收入章念馳編訂，《章太炎演講集》，頁384-387。

_____，《國故論衡‧原學》，上海：上海古籍出版社，2011。
陳嘉異，〈東方文化與吾人之大任〉，收入陳崧編，《五四前後東西文化問題論戰文選》，北京：中國社會科學出版社，1989，頁294-331。
陳寅恪，〈陳垣元西域人華化考序〉，收入氏著《金明館叢稿二編》，上海：上海古籍出版社，1982，頁238-239。
_____，〈讀吳其昌撰梁啟超傳書後〉，收入氏著《寒柳堂集》，上海：上海古籍出版社，1980，頁148-151。
陳獨秀，〈孔子之道與現代生活〉，收入任建樹編，《陳獨秀著作選編》，上海：上海人民出版社，2009，卷1，頁230-237。
_____，〈吾人最後之覺悟〉，收入任建樹編，《陳獨秀著作選編》，卷1，頁175-179。
傅斯年，〈《城子崖》序〉，收入《傅斯年全集》，冊3，臺北：聯經出版事業公司，1980，頁206-211。
_____，〈閒談歷史教科書〉，收入《傅斯年全集》，冊4，頁309-324。
_____，〈歷史語言研究所工作之旨趣〉，收入《傅斯年全集》，冊4，頁252-266。
湯志鈞編，《章太炎年譜長編增訂本》，北京：中華書局，2013。
黃克武，《一個被放棄的選擇：梁啟超調適思想之研究》，北京：新星出版社，2006。
黃進興，《從理學到倫理學：清末民初道德意識的轉化》，臺北：允晨文化實業股份有限公司，2013。
楊樹達，《積微翁回憶錄》，北京：北京大學出版社，2007。
熊十力，《讀經示要》，臺北：廣文書局，1994。
魯迅，〈隨感錄四十一〉，收入《魯迅全集》，北京：人民文學出版社，2005，卷1，頁340-342。
錢穆，〈太炎論學述〉，收入氏著《中國學術思想史論叢八》，臺北：東大圖書公司，2006，頁348-363。
_____，〈余杭章氏學別記〉，收入氏著《中國學術思想史論叢八》，頁342-347。
_____，《中國近三百年學術史》，臺北，臺灣商務印書館，1995。
戴季陶，《孫文主義之哲學的基礎》，上海：上海書店，1991。
楊伯峻，《論語譯注》，北京：中華書局，1982。
顧頡剛、史念海，《中國疆域沿革史》，北京：商務印書館，1999。
_____，〈顧序〉，收入羅根澤編，《古史辨》，冊4，海口：海南出版社，2005，頁1-14。
傅樂成，《傅孟真先生的民族思想》，收入胡適等著，《懷念傅斯年》，臺

北：秀威諮詢科技股份有限公司，2014，頁10-37。

歐陽竟無，〈覆魏斯逸書〉，收入王雷泉選編，《歐陽漸文選》上海：上海遠
　　東出版社，2011，頁313-314。

蔡尚思，〈章太炎〉，收入傅傑編，《自述與印象：章太炎》，上海：上海三
　　聯書店，1997，頁174-177。

Zhang Taiyan's Interpretation on the Learning of "Self-Cultivation and Ruling People"

Wang Ru

Abstract

In his later years, Zhang Taiyan experienced all the chaotic political situation. Not like other people attributing this to the incongruity between Chinese tradition and Western politics and culture, Zhang taking this as a synthesis result of all kinds of negative fators formed in Chinese hisotrical evolution. Contrary to the tidal current, he could not trust the young students, considering they have too many weakness, from morality to behavior, to take the responsibility. Based on this cognition, Zhang Taiyan promoted the importance of the learning of "Self-Cultivation and Ruling People." He began to commend the learning of Wang Yangming, thinking it have a positive role on encouraging people keep incorruptible and unsophisticated in the troubled times. Zhang also denied that Buddism can influence the people and form moral customs. He started to consider the significance of Confucious classics to Self-Cultivation, and vigorously propagated *The Great Learning*, *Confucious Behavior*, *Book of Filial Piety* and *Mourning Apparel* in his essays and lectures, hoping these four classics can awake some traditional virtues like personal integrity and patriotism. Zhang's interpretation to the calssic was not just follow the established pattern, but expressed a strong concern of the nationalism to promote the forming and maintaining of national consciousness. This was his consistent thoughts since late Qing Period. As to "Ruling People," Zhang insisted to understand the current situation from the evolution of Chinese history. So He called for reading history in many ocsasions and taking this as a way to humanistic pragmatism. Although used the archaism, Zhang's learning of "Self-Cultivation and Ruling People" far could not covered by Chinese traditional academy. By reform and renewal Chinese traditional academy, Zhang set up his own learning in the new era.

Keywords: Zhang Taiyan, Self-Cultivation and Ruling People, the learning of Wang Yangming, reading Confucious classics, reading History

【論著】

Lu Xun and Zhang Binglin:

New Culture, Conservatism and Local Tradition

Sebastian Veg

Sebastian Veg（魏簡）is a Professor at the School of Advanced Studies in Social Science（EHESS）, Paris and an honorary assistant professor at the University of Hong Kong. His interests are in twentieth century Chinese intellectual history, literature, and political debates, as well as intellectual and cultural debates in Hong Kong.

Lu Xun and Zhang Binglin:
New Culture, Conservatism and Local Tradition

Abstract

One way of qualifying the May Fourth break with tradition is to look at
continuities with non-orthodox pre-modern traditions. While the connection
between Lu Xun and Zhang Binglin is well understood, this essay proposes a
more systematic investigation of how Zhang's ideas inspired some of Lu Xun's
fiction. In particular, it focuses on how Lu Xun reworked the themes of local
traditions as a form of "authentic" non-state culture, and the authenticity of
individual morality as the foundation of political emancipation and equality. Lu
Xun repeatedly returns to idealized childhood reminiscences of village life and
local folklore (in contrast with socially critical portraits in other works),
highlighting the subversive potential of local language and culture (for example
in "Village Theatre"). He also points out the moral authenticity of interior
resistance (for example in "The Loner"), which expresses itself in a uniquely
"authentic" local expression. In this sense, Lu Xun's fiction remains indebted to
cultural nostalgia and heterodox traditionalism.

Keywords: Lu Xun, Zhang Binglin, national essence (*guocui*),
          conservatism, heterodoxy, local culture

When analyzing the New Culture movement in early twentieth-century China, 1915 is an unjustly neglected date. The foundation of the journal *Youth* (*Qingnian zazhi*/ *La Jeunesse*) on 15 September 1915, which in the next issue changed its name to *New Youth* (*Xin Qingnian*), may not have the shock value of the patriotic demonstrations against the Versailles Treaty, but in some ways it more accurately reflects the "May Fourth spirit." By focusing on the patriotism of 1919, as much of the state-building historiography on both sides of the Strait has done, we risk forgetting the openness and diversity of the New Culture ideal. Popular ideas among New Culture intellectuals in the 1910s encompassed notions as diverse as anarchism and liberalism, but also ideas rooted in heterodox traditions like localism. The failure of the institutional revolution of 1911 led many activists to advocate cultural change in order to further democratization in China. In this sense, as many historians have pointed out – some of them as early as 1967[1] – the New Culture movement was not primarily a patriotic protest against Western double standards, but a wide-ranging and radical moment of soul-searching. But this idea, though well accepted in academia, continues to struggle to enter mainstream discourse.

The field of Lu Xun studies provides a good example of how the complexities of New Culture ideas were simplified to suit the needs of political agendas. Lu Xun's ambiguous attitude towards tradition has been long discussed by scholars,[2] but in mainstream discourse he is still usually

---

1 See in particular Benjamin Schwartz, ed., *Reflections on the May Fourth Movement: A Symposium* (Cambridge: Harvard University Press, 1972).

2 For an early example, see Wang Yao, *Lu Xun yu Zhongguo wenxue* (Shanghai:

described as a revolutionary fighter and patriot, advocating westernization and iconoclasm. There are of course reasons for such a characterization: Lu Xun's attacks against the concept of "national essence" or *guocui* 國粹 are well known: in a famous polemic text mocking anti-foreign sentiments, entitled "About photographs of children" 從孩子的照相說起（Aug. 1934, *Essays in a Semi-Concession*）, he writes:

> Because they have suffered invasion for many years, some people become hostile to "foreign style," or even oppose everything it entails. … As *they* value hygiene, *we* should eat flies; as *they* are healthy, *we* should be sick. Only in this way can China's ancient culture be preserved, patriotism enhanced, and slavishness avoided.
>
> …
>
> Actually, spouting patriotism and adopting national essence are not an obstacle to being a slave.[3]

Of course, by the 1930s, *guocui* was seen as a reactionary concept. But already in his May Fourth essay "Random thoughts no. 38" 隨感錄三十八（Nov. 1918, *Warm winds*) originally published in *Xin Qingnian*, Lu Xun equated the concept of *guocui* with "nationalist arrogance" (*aiguo de*

Pingming chubanshe, 1953）; in particular the chapter "Lu Xun dui Zhongguo wenxue yichan de taidu he ta suoshou Zhongguo gudian wenxue de yingxiang" （Lu Xun's attitude toward China's literary heritage and the influence of ancient literature on him).

3   Lu Xun, *Quanji* （Beijing: Renmin wenxue, 2005; 18 vols), vol. 6, p. 84.

zida 愛國的自大）and the attitude of Niu'er 牛二 in *Shuihuzhuan*.[4] Nevertheless, *guocui* remained a complex concept, and although Lu Xun showed little sympathy for most of its advocates, he more often directed his criticisms at what he perceived as hypocrisy and posturing by proponents of so-called "Chinese culture." A good example is the title character in "Master Gao" 高老夫子（May 1925, *Wandering*）, who lands a teaching job thanks to an article about *guocui* in a local newspaper, but lacks even elementary knowledge of Chinese history. As often, Lu Xun's target is not so much *guocui* as the people who use it for their own ends.

By contrast, Lu Xun's early biographical affinities with nationalist thinkers are well documented. During his years of study in Japan as of 1902, he was in close contact with a blend of anti-Manchu revolutionary nationalism, combined with calls for an essentially conservative cultural renaissance of Han China. In a much-commented poem written in 1903, entitled "Self-inscription on a small photograph" 自題小像, Lu Xun marked the day on which he cut his queue by a call to "offer my blood to the Yellow Emperor" 我以我血薦軒轅.[5] The Zhejiang revolutionaries that Lu Xun came into contact with in the Guangfu hui（Restoration Society, originally founded in 1904 by Cai Yuanpei and other Zhejiangese revolutionaries）, such as Qiu Jin, also combined revolutionary aspirations and preoccupations with traditional conceptions of moral authenticity, which determined their peculiar brand of utopian anarchism and their cult

---

4   Lu Xun, *Quanji*, vol. 1, p. 327.
5   Lu Xun, *Quanji*, vol. 7, p. 447.

of suicidal heroes. The very concept of *guocui* was in fact elaborated within this unique political constellation that crystallized around the conservative revolutionary Zhang Binglin and the traditionalist anarchist Liu Shipei, who were instrumental in shaping Lu Xun's understanding of politics and culture.[6]

Zhang Binglin's connection to the New Culture became an object of renewed scholarly attention in mainland China in the post-Tiananmen era. Rightly or wrongly, Zhang came to be seen as a revolutionary who was also an early critic of scientism, evolution, representative democracy, and wholesale Westernization in May Fourth times. After the humanistic 1980s, during which scholars mainly tried to rescue May Fourth from its interpretation (popular under Mao) as a proto-Marxist movement, the 1990s represented a decade of unprecedented questioning of the ideals of enlightenment and modernity, as New Left scholars engaged with various critical theories. Among mainland scholars, Wang Hui was the first to point out Lu Xun's hesitant attitude toward modernity (especially in *Wild Grass*), and to connect his skepticism with Zhang Binglin's influence.[7]

Zhang Binglin's connection with Lu Xun is well-established in academic inquiry. Earlier scholarship on Zhang typically originated

---

6 It can be tricky to characterize *guocui* as a "conservative" notion before 1911; however, Tze-ki Hon notes that members of the *Guocui xuebao* (1905-1911) generally supported the *Xinzheng* reforms and could thus be seen as conservative. Tze-ki Hon, *Revolution as Restoration:* Guocui xuebao *and China's Path to Modernity 1905-1911* (Leiden: Brill, 2013).

7 See Wang Hui, *Wudi Panghuang* (Hangzhou: Zhejiang wenyi, 1994).

outside mainland China. Shimada Kenji's monograph, originally published in 1970, was the first to devote a section to Zhang's influence on Lu Xun in which he referenced Lu Xun's two commemorative articles on Zhang, written in 1936, and provided the original biographical connection, noting that Lu Xun followed lectures given by Zhang Binglin on *guoxue* in Tokyo in 1908. He concludes that there must have been a kind of "bond of blood" as well as an affinity in literary style between the two.[8] Wang Fan-sen's seminal book-length study devotes a chapter to Zhang's influence on May Fourth thinkers, among them Lu Xun. He particularly focuses on Lu Xun's three 1907 essays published in the student journal *Henan*, edited by Liu Shipei ("The power of Mara poetry," "On the imbalanced development of culture," and "A refutation of malevolent voices") to highlight Lu Xun's radical individualism and distrust of the crowd and of democratic politics, which he believes to be inspired by Zhang. He also sees parallels in their respective critiques of Confucianism.[9] Later, Wang Hui, pursuing these leads, highlighted Zhang's critique of all concepts lacking "self-nature" (*zixing* 自性) and connected it with the idea of the individual as a centerpiece of Lu Xun's ethical and literary values.[10] Wang Hui then

---

8 Kenji Shimada, *Pioneer of the Chinese Revolution: Zhang Binglin and Confucianism*, trans. Joshua Fogel (Stanford: Stanford University Press, 1990), pp. 22-27.

9 Wang Fan-sen, *Zhang Taiyan de sixiang: Jian lun qi dui ruxue chuantong de chongji* (Zhang Taiyan's thought: A parallel discussion of its challenge to the tradition of Confucian learning), (Taipei: Shibao wenhua, 1985).

10 Wang Hui, *Xiandai Zhongguo sixiang de xingqi* (The rise of modern Chinese thought), (Beijing: Sanlian, 2004), vol. 3, chap. 10 "Wu wo zhi wo yu gongli

devoted a specific exegesis to these early essays by Lu Xun, in which he considerably qualified his belief in enlightenment and progress and points out Lu Xun's use of archaic *guwen*, a language Lu Xun considered equivalent to the vernacular of the ancients, and quite different from classical *wenyan*, much like Zhang Binglin.[11]

Two recent works have also taken up this connection. In a close reading of "Self-inscription on a small photograph," Eva Shan Chou draws new parallels between Lu Xun's and Zhang Binglin's cutting of their queues, their nationalism, and their poetic styles. In particular she highlights suggestive connections between this poem, Lu Xun's poem to commemorate the violent death of Rou Shi and the "Five martyrs" in 1931, and Zhang Binglin's poem commemorating the death of Zou Rong in 1905, pointing to a literary filiation between them.[12] Finally, drawing on her book-length study devoted to the influence of tradition on Lu Xun, Eileen Cheng points out, in an article devoted to Lu Xun and Zhang, how

---

de jiegou" (The selfless self and the deconstruction of *gongli*), pp. 1011-1103, especially 1012-1013. See also Wang Hui, "Zhang Taiyan's concept of the individual and modern Chinese identity," in Wen-hsin Yeh, ed. *Becoming Chinese: Passages to Modernity and Beyond* (Berkeley: University of California Press, 2000), pp. 231-259.

11 Wang Hui, "The Voices of Good and Evil: What is Enlightenment? Rereading Lu Xun's 'Toward a Refutation of Malevolent voices', " trans. T. Huters and Y. Zong, *Boundary 2*, vol. 38, no. 2, 2011, pp. 67-123, p. 81. Viren Murthy covers similar ground in the last chapter of *The Political Philosophy of Zhang Taiyan* (Leiden: Brill, 2011).

12 Eva Shan Chou, *Memory, Violence, Queues: Lu Xun Interprets China* (Ann Arbor: AAS, 2012), pp. 89-98.

Lu Xun used his commemorative essays on Zhang to portray him as a fellow eccentric (in the tradition of the *kuangshi* 狂士 or "enlightened madman") but also to affirm the value of traditional literati culture. As she points out, Lu Xun highlights the authenticity – in the moral and cultural traditional sense – of Zhang's political gesture in cutting his queue, contrasted with his own prosaic reasons of convenience.[13] Heterodox traditions could thus be reused to establish an alternative tradition in May Fourth times.

These studies have all highlighted important connections between Zhang Binglin and Lu Xun: Eva Shan Chou's study in particular has established important textual and biographical links between them. However, not many of them devote space to Lu Xun's literary fiction, as a depository and vector of the ideas he absorbed and developed in interaction with Zhang. The present essay, leaving aside the question of direct textual connections between Zhang and Lu, will attempt to use Lu Xun's fiction to explore two main aspects of his continued involvement with "national essence" themes when developing his own idea of democracy or emancipation. In his view, local Southern (Jiangnan)

---

13 Eileen Cheng, "Records of a Minor Historian: Lu Xun on Zhang Taiyan," *Frontiers of Literary Studies in China*, vol. 7, no. 3 (Special issue on Zhang Binglin), 2013, pp. 367-395. See also Eileen Cheng, *Literary Remains: Death, Trauma and Lu Xun's Refusal to Mourn* (Honolulu: Hawaii University Press, 2013). Cheng's view of the importance of tradition *in general* to Lu Xun is well-documented and convincing; the present essay by contrast attempts to highlight the specifically heterodox nature of the political tradition embodied by Zhang and which inspired Lu Xun.

tradition was not simply discarded as backward superstition, but stood as
an example of autonomous non-state culture that could play a role in the
emergence of a new understanding of politics, in stark contrast with the
"Northern" official culture associated with Beijing; beyond geography, his
preoccupation with the authenticity of morals and political motives, which
Jiangnan also stood for, echoes Zhang Binglin's distrust of organizations
and modern politics, and their upholding of the individual as the only
moral principle. In this way, the principle of the autonomy of local culture
is echoed by an even more radical form of autonomy of the individual,
withdrawn from power structures not only geographically, but also
morally. These themes are politically ambiguous, as the autonomy of the
individual may be associated with left-wing anarchism, while the notion of
cultural authenticity is easily enrolled by right-wing nativists. Lu Xun, like
most May Fourth thinkers, did not have a simple and unquestioning idea
of the democratic "emancipation" he hoped the New Culture movement
would bring about, and his fiction, so this essay argues, can be used to
illustrate this ambiguous stance.

Lu Xun's early engagement with Zhang Binglin and national essence

The term of *guocui*, which had been coined by conservative Japanese
intellectuals opposing Meiji reforms in the 1880s,[14] was probably first

---

[14] The Japanese society for Political Education (*Seikyōsha*) was founded in 1888
by Miyake Yūjirō and Shiga Shigetaka to preserve "national essence."

used in Chinese by Liang Qichao around 1902, taken up by Zhang Binglin in his prison diary in 1903[15] and by Liu Shipei in 1905 when he founded the Society for Protection of National Studies (*Guoxue baocun hui* 國學保存會) and its journal *National Essence Studies* (*Guocui xuebao* 國粹學報) with Deng Shi and Huang Jie.[16] After Zhang Binglin's release from prison and arrival to Japan in 1906 (after serving three years in prison for insulting the Guangxu emperor in the notorious *Subao* incident), he became the editor of the anti-Manchu *Minbao* 民報, connected to the Tongmenghui, in which he wrote many influential articles. The *Minbao* was at this time seen as a platform for revolution, republicanism, and democracy, while Liang Qichao's *New Citizen* (*Xinmin congbao* 新民叢報) supported reformism and constitutional monarchy. In 1907 Zhang broke with Sun Yat-sen over questions of money and morality, and the *Minbao* was closed down in October 1908 by the Japanese government, under pressure from the Qing court. From 1906, Zhang gave several series of lectures in the National Studies Lecture society (*Guoxue Jiangxi hui* 國學講習會) and other groups, attended by many Chinese students, which

---

However, *kokugaku* (*guoxue*) in Japan was mainly defined by opposition to *kangaku* (*hanxue* or "Chinese learning"). See Shimada, pp. 70ff.

[15] See Jer-Shiarn Lee, *Chang Ping-lin* (*1869-1936*): *A Political Radical and A Cultural Conservative* (Taipei: Liberal Arts Press, 1993), p. 76.

[16] Tze-ki Hon describes the journal's ideology as a specific theory of "anti-Western Westernization," the belief in a special role for the intellectual elite, and the idealization of the political system of the Western Zhou (*Revolution as Restoration, op. cit.*).

took place in Taisei 大成 High School.[17] In August 1907, he also founded
the Association for lectures on Socialism (*Shehui zhuyi jiangxi hui* 社會主
義講習會), with Liu Shipei, Zhang Ji, and the support of Japanese
anarchist Kōtoku Shūsui 幸德秋水.[18] As Xu Shoushang recalls, at the
request of several students, Zhang also agreed to give special lectures on
philology and the *Shuowen jiezi* 說文解字, which took place between
April and September 1908, on Sunday mornings from 8 to 12 at his home
(and *Minbao* office), attended by eight students, including Lu Xun. These
lectures consisted of detailed philological and philosophical explanations
of hundreds of Chinese characters, organized by radical.[19]

Conservative and revolutionary or utopian elements of Zhang's
thinking were not clearly separated: much rather the network of informal
groups and societies around him connects anti-state, anti-central, and anti-
Manchu activism with a utopian agrarian strain represented by Liu Shipei,
and Zhang Binglin's own erudite nativism, based on the philology of Dai

---

[17] For example, an advertisement for a Society for the Revival of National Studies
(*Guoxue zhenqishe* 國學振起社), headed by Zhang Binglin, appears in issue 8
of the *Minbao* (8 October 1906), with rates for several lecture handbooks on
subjects like the Zhuzi, history, philology, etc. In other sources, it is also called
the *Guoxue zhenxingshe* 國學振興社. Lu Xun may have been a member.

[18] Wang Fan-sen, *Zhang Taiyan de sixiang*, pp. 8-9.

[19] A beautiful facsimile edition of Lu Xun, Qian Xuantong and Zhu Xizu's
handwritten notes on the *Shuowen Jiezi* lectures was recently published under
the editorship of Wang Ning: *Zhang Taiyan Shuowen Jiezi shouke biji* (Notes
from Zhang Taiyan's lectures on the *Shuowen Jiezi*) (Beijing, Zhonghua shuju,
2008). In the introduction, Wang Ning provides the relevant biographical
sources documenting the circumstances of the lecture series (see "Qianyan," p.
8-10).

Zhen 戴震（1724-1777）as a foundation for an "authentically Chinese" tradition.[20] In 1909, the Southern Society（Nanshe 南社）was founded, representing a shift towards growing conservatism, with the call to "Preserve our Southern accent to keep alive the memory of our ancestors."[21] The Nanshe, whose membership largely overlapped with the *Guocui xuebao*, stressed writers' responsibility to keep alive Chinese culture, and republished anthologies and biographies of literati associated with Ming loyalism. Several members also wrote heroic poetry, like Su Manshu or Deng Jie, or epitaphs for fallen martyrs, like Liu Yazi for Qiu Jin. Overall, it is difficult to separate politically revolutionary and culturally conservative themes before 1911. As Wang Fan-sen writes: "The revolutionaries were not necessarily opposed to tradition and the opponents of tradition were not necessarily in favor of Western ideas or a modern system of representative democracy. Those who despised the past did not necessarily support or call for a new revolution, and those who despised the present and were wary of the future were not necessarily nostalgic; just as the enemies of Qin did not necessarily regret the Six Kingdoms."[22]

---

[20] See Martin Bernal, "Liu Shih-p'ei and National Essence," in Charlotte Furth. ed., *The Limits of Change: Essays on Conservative Alternatives in Republican China* (Cambridge: Harvard University Press, 1976), esp. pp. 104-112. Zhang Binglin went so far as to say that the primary goal of revolution was to preserve China's *guocui*.

[21] See Laurence Schneider, "National Essence and the New Intelligentsia," in Charlotte Furth, *The Limits of Change*, p. 62.

[22] Wang Fan-sen, *Zhang Taiyan de sixiang*, p. 5.

There are distinct connections between this early form of ideologically hybrid cultural criticism and certain aspects of the New Culture Movement, ten years later. Cai Yuanpei, who was involved with utopian anarchists of the agrarian Tokyo branch around Liu Shipei in the early years of the century, invited to Peking University a number of former leaders of the early National Essence and Southern Society circle in 1917, including Liu Shipei himself. Liu by this time had clearly become a conservative, attacking New Culture and the May Fourth movement in *Guogu* 國故（National Heritage）in 1919, in which he portrayed the heroic scholar as bearing the burden of saving China's past. At this point, *guocui* had become synonymous with political reaction and a high-culture, anti-democratic agenda. By contrast, Lu Xun, who had briefly flirted with a type of Nietzschean hostility to democracy as "dictatorship of the masses" in his early years in Japan（for example in his essay "On the imbalanced development of culture" 文化偏至論 ）, remained attached to a democratic ideal; however, even in May Fourth times, his idea of democracy arguably owed more to agrarian anarchist utopias than to industrial and institutional modernization.[23]

While the present essay's main focus is on Lu Xun, and therefore does not purport to undertake a first hand study of Zhang Binglin's texts, there is a need to briefly summarize his main concepts. Zhang's notoriously

---

23 Such a utopian vein certainly exists in Lu Xun and Zhang Binglin's writing. However, contrary to Viren Murthy, this essay does not take the view that the critique of capitalism is Zhang and Lu's main intellectual target. *The Political Philosophy of Zhang Taiyan*, pp. 223-242.

complex and contradictory thought is greatly clarified in Wang Fan-sen's study, which stresses four main aspects. The beginnings of Zhang's intellectual itinerary are situated in the rehabilitation of the *kaozheng* 考證 (evidential scholarship) tradition of philology and Zhuzi 諸子 (non-canonical) studies, relativizing Confucius as simply one among many early thinkers, in direct opposition to Kang Youwei and other neo-Confucian followers of the New Text tradition.[24] Zhang took a completely philological and historicist approach to the classics, refusing the idea of a transcendent Dao, and defending the position that "the six classics are all history" (*Liu jing jie shi* 六經皆史). His second characteristic is his national/racial thinking. Zhang's idea of *guocui* as the essence of national identity is sometimes formulated in ethnic vocabulary but remains within the orbit of his historicist approach to nations and cultures, encapsulated in the formula of a *lishi minzu* 歷史民族 or "historical nation."[25] Third, he opposed the idea of both natural and social evolutionism, refusing the principles of both *gongli* 公理 (social reason) and *tianli* 天理 (natural/heavenly reason). Zhang believed that there was no normative orientation

---

[24] See Wang Fan-sen, *Zhang Taiyan de sixiang*, pp. 23-33. Shimada points out that while the mainstream of Qing scholarship was *kaozheng* philology, the New Text scholars (like Kang Youwei), claiming that all pre-Qin classics (in particular the *Zuozhuan*) were forgeries by Liu Xin 劉歆 (53 BCE?-23 CE), affirmed the sacred value of Confucius' teachings. By contrast, the Old Text tradition, which Zhang Binglin followed, affirmed both Liu Xin as a heterodox thinker and the authority of all pre-Qin texts, relativizing the doctrine of Confucian teachings. *Pioneer of the Chinese Revolution*, pp. 3-13.

[25] Wang Fan-sen, *Zhang Taiyan de sixiang*, p. 69.

in history towards more advanced forms of biological life or social organization. In a similar vein, he criticized all "artificial" forms of political or social organization that did not adequately reflect the absolute autonomy of the individual.[26] Finally, he believed in an absolute form of philosophical egalitarianism inspired by Zhuangzi's *Qi wu lun* 齊物論 (On the equalization of all things): in his view all beings, objects, and ultimately cultures, had their own "reason" or "principle" (*li*) and were therefore equal and to some extent incommensurable.[27]

Two main ideas can be hypothesized to have held particular attraction for Lu Xun, encapsulating what he and Zhang had in common. The first is Zhang's idea of democracy as equality, grounded in traditional institutions (the *juntian* system) and of local culture (variant etymologies and characters) as the popular essence of the Chinese nation. Heterodox philology can reconstruct these parallel traditions. Lu Xun's childhood memories and reflections on "authentic" village life in essays like "Village Theatre" can be seen as a literary elaboration on Zhang's ideas (just like some of Zhou Zuoren's folkloristic writing). Zhang's contention that all teachings are history, that everything is *guoxue*, and there is no sacred Dao probably informed Lu Xun's anti-Confucianism, which was mainly anti-hierarchical. The other idea is the primacy of an individual endowed with moral and cultural authenticity. With this idea of the individual at the top of his scale of values, political institutions always appear as second-best:

---

[26] Wang Fan-sen, *Zhang Taiyan de sixiang*, pp. 108-131.
[27] Wang Fan-sen, *Zhang Taiyan de sixiang*, pp. 155-175.

Lu Xun shared Zhang Binglin's wariness of the state and its tendency to subject individuals to sacrifices in the name of questionable ideals. These influence of these two notions will be explicated and illustrated using Lu Xun's fiction in the following sections.

Authenticity and local culture

Lu Xun still clearly recalled Zhang Binglin's Tokyo lectures when he wrote commemorative essays for Zhang (who had died in June 1936) two weeks before Lu Xun's own death in October, although he purports not to have understood much of Zhang's philology. However, it can be argued that its influence found its way into Lu Xun's collection *Wandering* (*Panghuang*), written in Beijing in the 1920s, which may be read as a May Fourth intellectual's reminiscence of the local, especially Southern, tradition that modernization has come to eradicate and the intellectual's duty to it. It should be noted that Lu Xun's entire literary activity took place while he was living in the north, separated from what he perceived as his culture and his language, in intellectual (and also personal) isolation. His final return south after 1927 (and his involvement with Xu Guangping) closely coincided with his renunciation of fiction writing, as if the practice of fiction was a vicarious way of shaping his cultural identity in exile, which was no longer needed after his return south. *Wandering* is remarkable in that its entire structure is informed by this contrast between the inspiring, essentially cultural and romantic, sometimes romanticized, south, and the official north, where politics and public appearance, in particular the outrageous "Westernized" behavior of young urban intellectuals, create an environment of pervasive hypocrisy.

Zhang Binglin's assertion of *guocui* derived from precisely this kind of dichotomy. In his 1906 Tokyo speech, he sets out three aspects of *guocui*: language and literature, native institutions, and the great men outside the state tradition. For example: "The Chinese writing system is completely different from that of all other countries in the world. Each Chinese character has its own original meaning, as well as transformed meanings."[28] For him the "true" Chinese culture was situated in parallel traditions and rare words, uncontaminated by politics, the state, invasions by Manchus and other barbarians, and modernization; it was the role of the writer to preserve this "other" cultural tradition. Therefore, although he coined large parts of China's first syllabic writing system (*zhuyin zimu* 注音字母), he insisted that it would not abolish characters: "I intend that my piecing together characters is only a matter of noting their origins and making the sounds easy to apprehend; it is not to do away with the character and replace it with something pieced together."[29] At a time when

---

28 Zhang Binglin, "Dongjing liuxuesheng huanyinghui yanshuo ci" (Speech at the Tokyo foreign student welcome meeting), *Minbao* no. 6, 25 July 1906, trans. "Zhang Binglin's Speech in Tokyo, July 15, 1906," in Shimada, *Pioneer of the Revolution*, p. 137.

29 Zhang Binglin, "Bo Zhongguo gaiyong wanguo xinyu shuo" (Refuting the idea that China should use Esperanto), *Guocui xuebao*, no. 41-42, 1908, trans. Wang Hui, "The Voices of Good and Evil," p. 98. It is interesting to note that Zhang Binglin dismissed the debate about classical language and *baihua* as the product of limited minds, stressing the organic unity of both throughout history. He also refused to use any characters that were not documented in pre-Tang times.

the standard vocabulary of written vernacular was not yet stabilized, Lu Xun sometimes liked to quote expressions in local dialect, together with explanatory footnotes: for example in the story "Divorce" (*Lihun*), where *taoshengzi* 逃生子 refers to an illegitimate child;[30] in "The Eternal Lamp," where "dead ghost" *wojia de sigui* 我家的死鬼 refers to a deceased husband; and "holding a stamp target" *nie yin bazi* 捏印靶子 to possessing a nominal position as an official.[31] As Lu Xun wrote in his "Response to the Editor of *Theatre*" 答「戲」週刊編輯 (1934, *Essays in a Semi-Concession*), in the proposed stage adaptation of his novella, Lu Xun suggests that the role of Ah-Q should be played in local dialect. This can be noted even in the written text with the use of expressions such as "zao le wen" 遭了瘟 ("taught him a lesson"), taken from southern dialect, and which contrasts with the insults in "pure mandarin" (*wang ba dan* 忘八蛋)[32] proffered by the Village laureate.

Traces of the cultural nostalgia that is at the origin of Zhang Binglin's nativism can be located in Lu Xun's fiction. *Panghuang* refers several times to a situation probably inspired by Lu Xun's biography: a young urban intellectual, a former exponent of enlightenment and progress, returns to his hometown in the south a decade after the 1911 Revolution, and, finding this world largely unchanged, falls prey to contradictory feelings. This situation can be found in "Wishes of Happiness" (*Zhufu* 祝福), "In the Wineshop" (*Zai jiulou shang* 在酒樓上), and in the last

---

[30] Lu Xun, *Quanji*, vol. 2, p. 155.
[31] Lu Xun, *Quanji*, vol. 2, p. 60.
[32] Lu Xun, *Quanji*, vol. 1, p. 517 and 526.

chapter of "The Loner" (*Guduzhe* 孤獨者). It is also echoed in "My Hometown" (*Guxiang* 故鄉) and "Village Opera" (*Shexi* 社戲), the concluding story of *Nahan*, in which Lu Xun reminisces about performances of plays in Shaoxing dialect he saw as a child on a boat, representing Wuchang 無常 and other figures from local folklore, the poetic beauty of which contrasts starkly with the official culture he denounces in Peking Opera.[33] These stories are fictional variations on an episode that occurred in Lu Xun's life: in the winter of 1919-1920, he returned to Shaoxing to move his youngest brother's tomb, bring his mother to Beijing, and sell the furniture of the old family mansion, a situation described in "My Hometown" and echoed in "In the Wineshop," as the protagonist Lü Weifu has also come back for such a purpose. Nevertheless, Lu Xun does not exploit the episode in an autobiographical way, but uses it as a metaphor or a symbol of post-revolutionary China: the old furniture must be auctioned off, the old graves displaced, but no one knows where the move will lead to.

The story "In the Wineshop" builds a clear opposition between the rural, southern past and the urban, modern north. The narrator returns to his home town to find it buried in snow, a snow that, unlike the northern snow, contains a promise of beauty and rebirth. As Lu Xun wrote in the poem "Snow" *Xue* 雪 (Jan. 1925, *Wild Grass*), closely linked with this story:

---

[33] On the connotations of Mulian opera, see Ellen Judd, "Mulian saves his Mother in 1989," in Rubie Watson, ed., *Memory, History, and Opposition under State Socialism* (Santa Fe, NM: School of American Research Advanced Seminar Series, 1994), pp. 105-126.

The snow south of the River has a softness and extreme delicacy; it brings news of a still hidden regeneration, it suggests the supreme vitality of a young woman's skin.

江南的雪，可是滋潤美艷之至了；那是還在隱約着的青春的消息，是極壯健的處子的皮膚。[34]

In the story also, the southern variety of snow possesses this softness, just as the food and the yellow wine have an inimitable flavor, which are described at length. When, in the middle of the narrator's conversation with Lü Weifu, a branch suddenly liberates itself from the snow piled on it and reveals dramatic red flowers set off against a dark green foliage, the author seems to be pointing to the possibility of a rebirth of the southern tradition in the midst of the snowy wasteland of modernity. Lü Weifu's renunciation of the teaching of modern knowledge (the alphabet), and his confession that he is but a bee that, after having flown a small circle, returns to the same spot, seem to suggest that, notwithstanding May Fourth iconoclasm, there is no escape from traditional culture. Lü Weifu is no hero: he comes out of the story as a renegade who has betrayed the ideals of emancipation, looking for a past that no longer exists, just as the bones in his brother's grave have already decayed, and which he can only resurrect by lying to his mother about what he has found in it. Yet there is no escape from these memories, as the narrator too, become ensnared in the "thick snow's pure white yet elusive net" 織在密雪的純白而不定的

---

[34] Lu Xun, *Quanji*, vol. 2, p. 185.

羅網[35] of reminiscences, which ultimately engulfs him; he has nothing to reply to Lü whose political ideals have led only to solitude, confusion and poverty, and his own sympathies remain unclear. This story shows the power that cultural nostalgia continued to exercise on Lu Xun's generation: for him, as for the narrator of the story, the source of Chinese culture lies, as asserted by Zhang Binglin, not in Confucianism but in the "small customs," the food, yellow wine, and red flowers of the lower Yangzi, which remain after the high tide of modernization has subsided.

Conversely, in "The Eternal Lamp" (*Changming deng* 長明燈), Lu Xun portrays an unnamed young village rebel, who has decided to extinguish the lucky lamp burning in a village temple for time immemorial. Although the young man is described as "mad" *feng* 瘋 by the villagers, his "madness" cannot be reversed into lucidity as easily as in "Diary of a Madman" 狂人日記. Here the target of the rebel's attack is not Confucian literati tradition, as expressed in the history books and the precepts of *ren yi dao de* 仁義道德, but rather the obscure village customs sustained by Daoism. The main character focuses on the lamp as the symbol of such superstitions, asserting that "if it is blown out, there will be no more grasshoppers in the crops, the pigs will no longer have ulcers." But later, he recognizes in the discussion with the villagers that "even if it is blown out, these things will still exist". He justifies himself by arguing that "for the moment there is no other way" [36], threatening to burn down

---

35 Lu Xun, *Quanji*, vol. 2, p. 34.
36 Lu Xun, *Quanji*, vol. 2, p. 62-63.

the whole temple. This character, who physically resembles a self-portrait of Lu Xun, is hard pressed to justify his political commitment to eradicating superstition, which he himself does not seem to entirely believe in. Lu Xun constructs a kind of dilemma: by attacking Daoist beliefs rather than Confucian state culture, the rebel seems misguided, and conscious of his own shortcomings. Is the madman's gratuitous attack against the temple and its quaint deities ("the blue one with three heads and six arms, the three-eyed one, the one with the high hat, the half-headed one, and the ox-head with boar tusks"), which he is willing to burn down although he knows it will not improve the villagers conditions, condoned by the author? Is the protagonist empowered, as a vanguard intellectual, to enlighten the villagers against their will? Quoting Lu Xun's early essay "On the Imbalanced Development of Culture," Wang Hui highlights the importance of Lu Xun's view: "the urgent task before us is to rid ourselves of the hypocritical gentry; 'superstition' itself may remain" 僞士當去，迷信可存，今日之急也. Wang Hui adds that "The Enlightenment idea of 'eradicating superstition' was one of the 'malevolent voices' he intended to refute,"[37] a point that seems illustrated in "The Eternal Lamp" two decades later. Lu Xun's essential critique against Confucianism is its use to justify a hierarchical social structure. If superstition can be separated from this oppressive apparatus, it can also be liberating.

On the other hand, village culture, as it is represented in this story,

---

[37] Wang Hui, "The Voices of Good and Evil: What is Enlightenment?" p. 104. Wang Hui quotes Ito Toramaru's research as the source of this idea.

does not provide a viable alternative in the specific area of politics: it is
shown to be dominated by benighted old men like Guo Laowa 郭老娃,
who are always eager to quote filial piety in defense of their hierarchical
advantage. The village council appears as a sham of democracy, in which
old men dictate their laws by bluffing younger people. The same
conclusion could be drawn regarding the settlement of Aigu's divorce case
by Seventh Master in "Divorce" 離婚. Nevertheless, insofar as village
culture does not simply replicate State Confucianism and its values, it is
perhaps worth devoting some thought to its political potential. For Lu Xun,
Confucianism essentially refers to hierarchy: other stories repeatedly
describe village culture as non-hierarchal, like "My Hometown," where
Runtu and the young narrator play together on equal footing in carefree
childhood, and especially "Village Opera." When the narrator recalls his
maternal grandmother's village of Pingqiao (Lu Xun's grandmother was
from a village named Anqiao), he underscores that in this village there
was no hierarchy between children of different ages, that women were
allowed to return to their maternal families to visit, and the Confucian
classics (the *Book of Songs*) are worthless compared to the authentic
magic of local opera performances like the one attended by the narrator.

In the way he addressed the problem of rural reform and democracy
Lu Xun was certainly inspired by thinkers like Liu Shipei, and also
directly by Russian sources like Tolstoy. Tokyo anarchism was anti-
modernist and agrarian, inspired by Tolstoy and rural communities, unlike
the Paris group inspired by Kropotkin, closer to the Guomindang and led
by Wu Zhihui, who was, characteristically, violently attacked by both

Zhang Binglin and Lu Xun.[38] Liu Shipei referred to the 3rd c. BC agrarian utopian Xu Xing 許行 in defining his theory of rural utopia in which all forms of inequality would disappear: government, private property (peasant revolution would redistribute land), domination of men over women (his partner He Zhen was a well-known feminist), borders between countries, and racial discrimination.[39] Similarly, Lu Xun was in the habit of quoting Wei-Jin poets like Xi Kang to prove that Chinese tradition contained distinct anti-hierarchical elements. In his 1906 Tokyo speech, Zhang Binglin similarly commended socialist elements in Chinese tradition:

> What China has been particularly superb at, something the countries of the West can absolutely not approach, is the equitable-field (*juntian* 均田) system; this institution conforms to socialism, to say nothing of the well-field (*jingtian* 井田) system of the Three Dynasties of High Antiquity. From the Wei and Jin eras through the Tang, the equitable field-well system

---

[38] See the excellent chapter on Zhang Binglin in Michael Gasster, *Chinese Intellectuals and the Revolution of 1911* (Seattle: University of Washington Press, 1969), pp. 169-177 and the account of the verbal fight between Zhang Binglin and Wu Zhihui in 1909-1910, pp. 182-190. On Lu Xun and Wu Zhihui, see Kirk Denton's "Lu Xun Biography," Modern Chinese Literature and Culture website (http://u.osu.edu/mclc/online-series/lu-xun/).

[39] See Peter Zarrow, *Anarchism and Chinese Political Culture* (New York: Columbia University Press, 1990), pp. 32-45 on Liu Shipei, and "He Zhen and Anarcho-Feminism in China," *Journal of Asian Studies*, vol. 47 no. 4, 1988, pp. 796-813 on He Zhen.

was in effect. As a result there were no great differences in wealth and local government was smoothly administered.[40]

Anarchism, which represented the strain of Chinese socialism most preoccupied with democracy, was imbued with the themes of local autonomy (*zizhi* 自治), including writings by close associates of Lu Xun like Cai Yuanpei—for example his 1904 utopian narrative *New Year's Dream*. [41] Lu Xun no doubt inherited from Liu Shipei and Zhang Binglin a preoccupation with local democracy and the autonomy of rural culture from centralized Confucianism, but at the same he remained a critical observer, underlining that there was nothing utopian about rural China as it existed in his time. In this sense, the non-hierarchical village culture described in his nostalgic pieces can never translate into political institutions. The only such institutions that appear in his fiction are corrupt village councils dominated by Confucian patriarchs like the one in "The Eternal Lamp." Rural egalitarianism never translates into democratic politics. Here again, one may perceive echoes of Zhang Binglin's philosophical belief in absolute equality of all things (as laid out in his *Qi wu lun*), or interest in the *juntian* system, but coupled with the impossibility of translating them into modern institutions.

---

[40] Zhang Binglin, "Dongjing liuxuesheng huanyinghui yanshuo ci," trans. "Zhang Binglin's Speech in Tokyo," in Shimada, *Pioneer of the Chinese Revolution*, p. 40.

[41] For an analysis of "The New Year's Dream" (*Xinnian Meng*), see Arif Dirlik, *Anarchism in the Chinese Revolution* (Berkeley: University of California Press, 1991), p. 68.

This dilemma is formulated most famously in "The True story of Ah-Q" (*A-Q zhengzhuan* 阿Q正傳). The character Ah-Q, still Lu Xun's most ambiguous creation, can be viewed simultaneously as the eternal victim of Confucian hierarchy and its most zealous proponent. Although some Marxist interpretations of the text have contended otherwise, Ah-Q appears useless as the foundation of a new democratic community in Chinese villages, because he is himself so largely infused with Confucian spirit, especially of hierarchy, as demonstrated comically by his flea-counting competition with Wang Huzi. The control of local culture by the central state is also symbolized by the importance of the *dibao*, who literally controls Ah-Q's existence and livelihood.[42] Nevertheless, one can argue that Ah-Q simultaneously maintains an anti-Confucian spirit of rebellion encapsulated in local culture, especially when singing verses of local opera in dialect. The episode of his "rebellion" (chapter 7), when he rejoices at being able to submit all villagers to his whims, thanks to the irruption of revolution, is a unique blend of these two aspects: Ah-Q parades down the main street of Weizhuang singing verses from local opera: "A grave mistake! In drunken state I killed my sworn brother. A grave mistake! [...] My hand brandishes an iron mace to slay you!" He expresses both the truculent resistance to any form of authority that local culture embodies, and the immersion of this local culture in the spirit of Confucian hierarchy, which reappears as soon as Ah-Q realizes that "Revolution" would simply

---

[42] On how the *dibao* was used by the Qing State to exercise power over the local sphere, see Prasenjit Duara, *Culture, Power and the State: Rural Society in Northern China, 1900-1942* (Stanford: Stanford University Press, 1988).

be an occasion for him to turn this hierarchy around, shouting:
"'Rebellion! Rebellion! [...] Whatever I want, I'll take; whomever I like,
I'll have.'"[43] Revolution is therefore equated with traditional rebellion
(*zaofan* 造反), as a simple outburst of violence and revenge on those who
have oppressed Ah-Q in the old system, in other words, as a simple
reversal of hierarchy rather than its abolishment, yet another peasant
rebellion to be forgotten by history. Ah-Q has no political program;
revolution is simply the institutionalization, in the name of a new
hierarchy, of rape, pillage and renewed oppression.[44]

Nevertheless, Ah-Q retains his proximity with the world of local
culture, and of the *duomin* 墮民 or the "Fallen," a community of outcasts
in Shaoxing who, like Ah-Q were characterized by their absence of land
ownership and their practice of local opera (as well as shamanism and
prostitution).[45] Notwithstanding his obsession with hierarchy, Ah-Q
demonstrates the existence of remains of other forms of political
legitimacy than those endorsed by the State. "Ah-Q" could be read
together with Qin Hui's influential analysis of three spheres of Chinese
culture: central government, local government, and popular culture. For
Qin Hui, democratization in China has historically taken place though the
alliance of the "non-official" or *minjian* 民間 sphere with local

[43] Lu Xun, *Quanji*, vol. 1, p. 539.
[44] I have developed this argument more fully in S. Veg, "Democratic Modernism:
Rethinking the Politics of Early 20th Century Fiction in China and Europe,"
Boundary 2, vol. 38, no. 3 (Fall 2011), pp. 27-65.
[45] See Lu Xun, "Wo tan *duomin*" (My views on *duomin*, 1933), *Quanji*, vol. 5, p. 227.

government, rather than between the centre and the people against local feudal lords as in Europe.[46] Lu Xun, in a similar spirit, points to the mediating role not of local institutions, which are already contaminated by Confucianism (the "hypocritical gentry"), but of critical intellectuals, attempting to uncover the pre-Confucian and anti-hierarchical potentialities of local culture. This direct connection between an inspired intellectual elite and rural non-Confucian, non-state culture, as incarnated over generations in the lower Yangzi area, is reminiscent of the worldview held by Nanshe members in connection with Ming loyalism. Although Lu Xun rarely romanticizes local popular culture, he follows Zhang Binglin in attempting to philologically exploit non-Confucian heterodox traditions to establish different orders of legitimacy within traditional China and advance the possibilities of an indigenous democratic tradition. As Charlotte Furth remarks in *The Limits of Change*, the idea of *guocui* marked the birth of a new intelligentsia, in that it asserted the detachment of culture from the traditional political order, that is, from the central State. Conservative thinkers shared with modernists the idea of a continuity of Chinese tradition as a body of values independent from Confucian State culture. In this respect, at least some of the May Fourth intellectuals remain indebted to the "national essence" movement, insofar as it proposed an alternative form of political legitimacy.

---

[46] See for example Qin Hui, "Dazao tianping haishi weiyang 'chihuo'" (Building a scale or feeding a 'caterpillar'), *Jingji guancha bao*, 9 January 2006, http://www.aisixiang.com/data/46726.html.

Moral integrity and the role of the intellectual

If the influence of the *guocui* proponents continues to be felt in May Fourth times through preoccupations with the authenticity of local culture, there is another aspect that must be more fully explored. The authenticity of non-Confucian expressions of Chinese culture was not only guaranteed by its geographical location in rural Jiangnan, but also had a moral dimension. Democratic politics, a politics of equality that opposes Confucian hierarchy as well as inauthentic expressions of culture, thus came to be defined as a moral politics.

In the story "Wishes of Happiness" (*Zhufu*), the first piece in *Wandering*, the narrator is again an urban intellectual returning to his hometown and confronted with a very Ah-Q-like character, Xianglin Sao, "Sister-in-law Xianglin," the former servant of his neo-Confucian, Zhu Xi-quoting relative, Fourth Master Lu. Yet Xianglin Sao retains some form of conscience, as compared with Ah-Q who mindlessly precipitates his own execution. Having been ostracized by her former masters for being a widow, she donates a step to the temple, and closely questions the narrator as to the existence of life after death. Fourth Master Lu demonstrates only callousness and indifference, handing over Xianglin Sao's years of wages to her mother-in-law who kidnaps her, refusing to let her touch the ritual vessels, and finally complaining about her inauspicious death. Yet, for all her superstitions, Xianglin Sao retains some capacity to throw the ritual hierarchy off track, if only by her death at the worst possible time. Could one not, therefore, make a case for a reading of sister Xianglin Sao's death as a suicide in the tradition of Shaoxing women, as described by Lu Xun in one of his last essays, "The Hanging Woman" *Nüdiao* 女吊 (1936, *Last Essays from a Semi-Concession*), as the expression of the resistance of the peasant spirit against Confucian hierarchy and formalism embodied by Fourth Uncle Lu? The timing of her death at least raises the question of her suicide as the only possible act of revolt against the system left to her, all the more tragic as suicide could also be expected in a Confucian perspective of widows or dishonored women, as recalled in chapter 4 of "Ah-Q". Like Ah-Q, Xianglin Sao is both the incarnation of peasant revolt (with a Buddhist touch) and its perversion by Confucianism. Suicide and self-sacrifice as the ultimate expression of the "purity of motive" and of moral revolt against the political order were also closely related to the ideological matrix of revolutionary anarchism in Japan around Qiu Jin in the early years of the century, and the cult of suicidal heroes continued among members of the *Nanshe*, confirming the association with the "south" as a moral essence.

In contrast with the moral hypocrisy of the Confucian gentry, peasant superstition, as suggested by Wang Hui, seems to encapsulate a form of moral authenticity, just as the character of Nüdiao (the "hanging woman") in Shaoxing local opera, described at length in Lu Xun's essay, contrasts with the Confucians who "drink people's blood and eat people's flesh".[47] While the gentry has always advocated social rationality (*gongli*), authentic religious belief was embedded in peasants' lives. In this case,

---

[47] Lu Xun, *Quanji*, vol. 6, p. 642.

suicide, while condemned by Confucians, could be understood as the authentic affirmation of the protagonist's innocence. In "On Refuting Malevolent voices," Lu Xun writes that, while myths are not historical truth and should not be believed literally, it is a far greater mistake to ridicule them（雖信之失當，而嘲之則大惑也）.[48] Wang Hui points out that superstition can be rehabilitated because it is the expression of a human need and of the "voices of the heart" 心聲, or in other words an expression of moral authenticity, as in the case of Xianglin Sao. Local culture is the depository of this authentic form of individual resistance in Lu Xun's writing, rather than for example, class consciousness or urban workers' organizations, just as national identity as expressed in *guocui* rather than in class identity was Zhang Binglin's political principle.

"Zhufu" also seems to contrast the purity or authenticity of Xianglin Sao's revolt with the hypocrisy of the modern intellectual. While the narrator waffles, and finally decides to humor what he perceives as Xianglin Sao's "superstitions," failing to tell her that hell and life after death do not exist, even holding forth at length to the reader about his ability to avoid uncomfortable questions thanks to the expression "I couldn't say" (*shuo bu qing* 說不清), he discovers in the story that his answer has not prevented, or at worst even precipitated her death. Although Lu Xun carefully avoids idealization of rural values and local superstitions, he remains intent on revealing a different set of "morally

---

[48] Lu Xun, "Po e'sheng lun" (Refuting malevolent voices), trans. in Wang Hui, "The Voices of Good and Evil," p. 116.

authentic" values that contrast starkly not only with Confucian rigorism, but also with the indecisiveness of the modern intellectual who is unable to chose between tradition and enlightenment.

For Lu Xun, the democratization of China can be seen as a moral rather than an institutional or socio-economic problem. This point can be further illustrated through the character of Wei Lianshu in "The Loner" (*Guduzhe*), another of the stories in *Wandering* based on the return to his village of a modern urbanized narrator. This story illustrates Lu Xun's understanding of the moral individual as a principle of political resistance. Wei refuses to openly oppose the villagers who deride him for his eccentric modernist views, and performs all the Confucian rituals required of him at his grandmother's funeral, affecting indifference (*wo dou keyi* 我都可以). Just like Lü Weifu, he ends up renouncing any intention to reform and, to alleviate his extreme poverty, becomes an advisor to a reactionary warlord, writing a long and contradictory letter to the narrator in which he suggests that he has "gone mad" (*fa le feng* 發了瘋). The narrator, who bears one of Lu Xun's own pennames "Shenfei," is no better in this respect, as he gradually forgets about the "burden" of thinking of his impoverished and desperate friend, only to find that, when he finally gets around to visiting him, he has died. However, the story outlines a form of interior resistance, embedded in moral authenticity, which moves Wei to live virtually as a hermit, and villagers to brand him as a "misanthrope." Yet Wei suggests to the narrator that he does not despise mankind, no more than his eccentric grandmother. Both of them have simply weaved around themselves the "a cocoon of solitude" (*qinshou zaole dutou jian* 親手造了獨頭繭）in order to preserve their moral ideals. According to the editors, *dutou jian* is also a term taken from Shaoxing dialect and, we may add, *jian* 繭 is a graphically particularly evocative character, preserving the "authentic" meaning of language in an ideogrammatic form that combines an insect and a silk thread inside an enclosure.[49] Wei practices a form of interior resistance even against the warlord Du, for example by writing to his friend Shenfei in a way reminiscent of Qu Yuan and traditional critical literati, because it appears as the only way to preserve his moral integrity without sacrificing his life. As he writes in the letter, it is important to "keep on living" if only to upset those people who wish to see him dead. This stance stems from a moral view of politics, echoing both traditional Buddhist themes and the anarchist "politics of authenticity" through the idea that an authentic commitment can only be achieved outside politics.

Zhang Binglin's doctrine of "pure individualism," as outlined in his essays "On the five non-existences" (*Wu wu lun* 五無論）and "On the four delusions" (*Si huo lun* 四惑論）, is based on a Buddhist rejection of all concepts lacking "self-nature" (*zixing* 自性）, such as the State or any other collective structure, even the family, with the sole exception of the individual and his morality (although he mentions a transcendent "supreme publicness" termed *dagong* 大公）. Like certain Buddhists, Zhang believed that the complexity of forms of life enmeshes human beings in illusion. His anti-hierarchical form of individualism was based

---

[49] Lu Xun, *Quanji*, vol. 2, p. 98.

on a binary opposition between the individual and the State, in which individuals are dependent only on their place in the cosmos, not society, and all collective structures are emanations of the State and its Confucian ideology, in particular the idea of family. In "On the four delusions," he writes: "The individual does not come into being because of the world, the society, the nation, or other people. Thus the individual fundamentally has no responsibility to the world, the society, the nation, and toward people."[50] In a Foucauldian reading, with the substitution of "social reason" (*gongli*) for "natural reason" (*tianli*), modern society has increasingly repressed the individual: "In other words modern society and its organizational ideology are far more suppressive than traditional authoritarian society, which grounded its ethical system in the concept of heavenly principle."[51] Modern organizations, such as parties, or political institutions, have estranged individuals from their moral nature.

One can easily see how these themes resonated in Lu Xun's fiction, in which political modernization almost always appears as an illusion that simply reproduces the hierarchies of traditional society in a new way, always precluding the emancipation of the individual. As Wang Hui writes, "The concept of individual put forward by Zhang Binglin on the basis of his critique of modernity … became the central idea in his student Lu

---

[50] Zhang Binglin, "Si huo lun" (The Four delusions), trans. in Wang Hui, "Zhang Taiyan's Concept of the Self," in Wen-hsin Yeh, ed., *Becoming Chinese: Passages to Modernity and Beyond* (Berkeley: University of California Press, 2000), p. 234.

[51] Zhang Binglin, "Si huo lun," pp. 234-235.

Xun's conception of ethics and literature."[52] Lu Xun shared Zhang's distrust of social groups and political institutions: although his fiction continuously deals with the possible democratization of rural society, he never mentions any institutional aspect of this process or any intermediate structures, except to mock them, for example when he mentions the "Freedom" *ziyou* 自由 or the "persimmon oil" *shiyou* 柿油 party in "Ah-Q." This is certainly one of the features of the May Fourth movement as a whole, which tended to understand democratization as purely individual emancipation, at best in utopian communities, as they appeared around the time. In this respect the final cry of "Guduzhe," which echoes the many inarticulate cries in Lu Xun's fiction, is characteristic of the narrator's fixation on the preservation of individual moral integrity, as this cry allows him to express his inner revolt in a purely asocial way, just like a "wolf," for the sole benefit of the snowy landscape he is walking through and the reader. A similar scream of protest without words can be found in the prose poem "Tremors of Degradation" *Tuibai xian de zhandong* 頹敗線的顫動 (1925, *Wild Grass*), in which a humiliated wife and mother finally leaves her nagging family and becomes one with the cosmos through such a wordless scream. These inarticulate cries ultimately stand for the inadequacy of language to express the innermost moral revolt of the authentic individual.[53]

---

[52] Wang Hui, "Wu wo zhi wo yu gongli de jiegou" (The selfless self and the deconstruction of *gongli*), p. 1013.

[53] See also Gloria Davies' reading of this poem in *Lu Xun's Revolution: Writing in a Time of Violence* (Cambridge, MA: Harvard Univerity Press, 2013), p. 257.

Despite its attractiveness for Lu Xun, the idea of authenticity remains a problematic one. Authenticity is a vague notion, and Wang Hui successively proposes to define it as the "voices of the heart" (*xinsheng* 心 聲) or, in a formulation inspired by Li Zhi via Zhou Zuoren, as the "child-heart" (*tongxin* 童心), or, using a term from *Zhuangzi*, as the expression of the self *zhen* 朕 (in opposition to the group or *qun* 群) becoming the master of its own soul. As I noted in another essay, in all of these exegeses, "authenticity" is "both moral and epistemological, referring to both a purity of intention and a sense of single cultural belonging in the Romantic vein." [54] However, how this authenticity, whether cultural or moral, can be translated from an individual into a public sphere, remains doubtful. While Zhang Binglin, who probably viewed ethics and politics as two different and irreconcilable spheres, was able to advocate national survival as a "public good," detached from private good as a purely subjective matter, the relation between moral autonomy in the private sphere and democratization of the public sphere remained problematic for Lu Xun. His belief in individual moral autonomy, which resonated closely with conservative ideas of political action, did not solve the problem of public or general interest in his eyes. For this reason, his understanding of the relation between politics and fiction writing remained tragic: writing appeared to him as useless compared with political action, a position equally influenced by anarchism and its refusal of discourse, but political

---

[54] S. Veg, "New readings of Lu Xun: Critic of Modernity and Re-inventor of Heterodoxy," *China Perspectives*, no. 2014/3, pp. 49-56.

action conversely always seems to be undertaken without the consent or even against the will of those it purports to defend. Nevertheless, he wrote and published fiction with concrete consequences in the field of politics. But his ideal of authenticity of motive, and his doubts about the legitimacy of political activism in favor of rural masses that had not asked for it, only allowed him to write the contradictory and inconclusive fiction he wrote. This is ultimately the source for his reiterated preoccupation with nothingness or nihilism (*xuwu* 虛無) in *Wild Grass*.

Conclusion

The influence that national essence and other conservative thinkers exercised on Lu Xun in his youth continued to shape his fiction writing for as long as it lasted, until 1927. His views of revolution and cultural renewal for China are imbued with reflections about the importance of a rural anti-Confucian "second sphere" of Chinese culture, a sphere that critical intellectuals, following in the steps of Dai Zhen's *xiaoxue*, had the responsibility to discuss and preserve. This worldview informed his understanding of democracy as individual emancipation and equality (as opposed to Confucianism as hierarchy and inequality), as well as a strong connection between the moral authenticity of the individual and *guoxue* as the preservation of popular traditions and morality.

However, Lu Xun parted both with what he saw as Zhang Binglin's fossilization of this local culture and with Liu Shipei's anarchist idealization of traditional agrarian communities, notably by showing that local culture was already infused with Confucianism. He therefore gave no response to the question of where political legitimacy for democratization was to be found, simply underlining the importance of non-State traditions in the search for such legitimacy. For this reason, he remained divided about political activism, and its moral justification for an intellectual. The figures portrayed in his fiction remain true to individualistic conceptions of individual sovereignty, inspired by European philosophers like Max Stirner, and elements of Buddhist tradition, reflected in Zhang Binglin's denunciation of the illusory nature of all social structures. Ultimately, the justification for political action rests in the individual's moral autonomy, a position far removed from Chen Duxiu's later highlighting of class consciousness and party organization. The use of an expression like *dutou jian*, bringing together a local expression, a graphically particularly evocative character (*jian* 繭), and the moral implications of spinning a "cocoon" around the isolated individual, encapsulates the inseparably cultural and moral dimensions of authenticity. Therefore, whereas Lu Xun should not simply be viewed as a conservative or a proponent of tradition, any more than as simply progressive and pro-"Western," it is important to recognize the existence of conservative strains and influence in his thoughts and political conceptions throughout his life. While it is perhaps difficult to wholly endorse Martin Bernal's judgment that Republican intellectuals are "almost as much heirs of the National Essence Group as they are of May Fourth,"[55] the study of Lu Xun's ideology points to a

---

[55] Martin Bernal, "Liu Shih-p'ei and National Essence," p. 112.

unique and rich synthesis of conservative, traditional, progressive, and anarchist themes in defining the democracy that this generation of intellectuals advocated.

魯迅與章炳麟：
新文化、保守主義與地方傳統

魏簡

摘要

　　通過魯迅與章炳麟，本文試圖強調五四思想與非正統傳統的連續性，以免高估五四與傳統的「斷裂」。魯迅與章炳麟的關係已經得到了充分的重視，所以本文試圖更系統地探討章炳麟的思想對魯迅小說的影響。魯迅在小說裡重構了地方傳統，將它視爲一種「眞實」的非官方文化，又將個人倫理視爲政治解放和平等的基礎。他的小說也經常回到童年記憶中的理想村莊群體和地方習俗（雖然魯迅另外也批評過村莊生活的黑暗面），強調地方文化和語言的顛覆性能力（〈社戲〉）。他也提出内心抵抗的倫理眞實性（例如在〈孤獨者〉一文），用一個特別的字表達這眞實性。從這一角度，魯迅的小說脱不開文化鄉愁和對異統的想念。

關鍵詞：魯迅、章炳麟、國粹、保守主義、非正統、地方傳統

Bibliography

Bernal, Martin. "Liu Shih-p'ei and National Essence," in Charlotte Furth, ed., *The Limits of Change: Essays on Conservative Alternatives in Republican China.* Cambridge, MA: Harvard University Press, 1976, pp. 104-112.

Cheng, Eileen. "Records of a Minor Historian: Lu Xun on Zhang Taiyan," *Frontiers of Literary Studies in China*, 7:3 (Special issue on Zhang Binglin), 2013, pp. 367-395.

——. *Literary Remains: Death, Trauma and Lu Xun's Refusal to Mourn.* Honolulu: Hawaii University Press, 2013.

Chou, Eva Shan. *Memory, Violence, Queues: Lu Xun Interprets China.* Ann Arbor: AAS, 2012.

Davies, Gloria. *Lu Xun's Revolution: Writing in a Time of Violence.* Cambridge, MA: Harvard University Press, 2013.

Denton, Kirk. "Lu Xun Biography," Modern Chinese Literature and Culture Website (http://u.osu.edu/mclc/online-series/lu-xun/). Accessed March 15, 2016.

Dirlik, Arif. *Anarchism in the Chinese Revolution.* Berkeley: University of California Press, 1991.

Duara, Prasenjit. *Culture, Power and the State: Rural Society in Northern China, 1900-1942.* Stanford: Stanford University Press, 1988.

Gasster, Michael. *Chinese Intellectuals and the Revolution of 1911.* Seattle: University of Washington Press, 1969.

Hon, Tze-ki. *Revolution as Restoration:* Guocui xuebao *and China's Path to Modernity, 1905-1911.* Leiden: Brill, 2013.

Judd, Ellen. "Mulian saves his Mother in 1989," in Rubie Watson, ed., *Memory, History, and Opposition under State Socialism.* Santa Fe, NM: School of American Research Advanced Seminar Series, 1994, pp.105-126.

Lee, Jer-Shiarn. *Chang Ping-lin (1869-1936): A Political Radical and A Cultural Conservative.* Taipei: Liberal Arts Press, 1993.

Lu, Xun. *Lu Xun Quanji.* Beijing: Renmin wenxue, 2005.

Murthy, Viren. *The Political Philosophy of Zhang Taiyan: The Resistance of Consciousness.* Leiden: Brill, 2011.

Qin, Hui. "Dazao tianping haishi weiyang 'chihuo'" (Building a scale or feeding a 'caterpillar'), *Jingji guancha bao*, 9 January 2006, http://www.aisixiang.com/data/46726.html (Accessed March 15, 2016).

Schneider, Laurence. "National Essence and the New Intelligentsia," in Charlotte Furth, ed., *The Limits of Change: Essays on Conservative Alternatives in Republican China*. Cambridge: Harvard University Press, 1976, pp.57-89.

Schwartz, Benjamin, ed., *Reflections on the May Fourth Movement: A Symposium*. Cambridge: Harvard University Press, 1972.

Shimada, Kenji. *Pioneer of the Chinese Revolution: Zhang Binglin and Confucianism*, trans. Joshua Fogel. Stanford: Stanford University Press, 1990.

Veg, Sebastian. "Democratic Modernism: Rethinking the Politics of Early 20th Century Fiction in China and Europe," *Boundary 2*, 38:3 (Fall 2011), pp. 27-65.

——. "New readings of Lu Xun: Critic of Modernity and Re-inventor of Heterodoxy," *China Perspectives*, no. 2014/3, pp. 49-56.

Wang, Fan-sen, *Zhang Taiyan de sixiang: Jian lun qi dui ruxue chuantong de chongji* (Zhang Taiyan's thought: A parallel discussion of its challenge to the tradition of Confucian learning). Taipei: Shibao wenhua, 1985.

Wang, Hui, "The Voices of Good and Evil: What is Enlightenment? Rereading Lu Xun's 'Toward a Refutation of Malevolent voices', " trans. T. Huters and Y. Zong, *Boundary 2*, 38:2, 2011, pp. 67-123.

——. "Zhang Taiyan's concept of the individual and modern Chinese identity," in Wen-hsin Yeh, ed., *Becoming Chinese: Passages to Modernity and Beyond*. Berkeley: University of California Press, 2000, pp. 231-259.

——. *Wudi Panghuang* (Wandering Nowhere). Hangzhou: Zhejiang wenyi, 1994.

——. *Xiandai Zhongguo sixiang de xingqi* (The rise of modern Chinese thought). Beijing: Sanlian, 2004.

Wang, Ning. *Zhang Taiyan Shuowen Jiezi shouke biji* (Notes from Zhang Taiyan's lectures on the *Shuowen Jiezi*). Beijing, Zhonghua shuju, 2008.

Wang, Yao. *Lu Xun yu Zhongguo wenxue* (Lu Xun and Chinese literature). Shanghai: Pingming chubanshe, 1953.

Zarrow, Peter. "He Zhen and Anarcho-Feminism in China," *Journal of Asian Studies*, 47:4, 1988, pp.796-813.

——. *Anarchism and Chinese Political Culture*. New York: Columbia University Press, 1990.

【論著】

Picturing Revolution:

Visual Commemorations Of China's May Fourth Movement

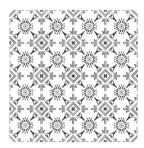

Shakhar Rahav

Shakhar Rahav is Lecturer (equivalent to Assistant Professor) in Asian Studies at the University of Haifa, Israel. He has written about intellectuals and politics in modern China and is the author of *The Rise of Political Intellectuals in Modern China: May Fourth Societies and the Roots of Mass-Party Politics* (New York: Oxford University Press, 2015).

Picturing Revolution:
Visual Commemorations Of China's May Fourth Movement

Shakhar Rahav

Abstract

This article explores visual commemorations of the famous May Fourth Movement (1915-1923) in the People's Republic of China (PRC). PRC historiography has portrayed May Fourth as a harbinger of the Chinese Communist Party and of the new China, and this article demonstrates how these later images reflected changing visions of China. This article highlights a change in commemorations of May Fourth from idealized pictures of generic activists and masses following collective policies of the state to images of historical individuals that raises questions about China's trajectory of development and the consequences of embracing market economics.

Keywords: May Fourth Movement, Commemoration, Visual representations, Paintings, Postage stamps, Monuments

"The true picture of the past flits by. The past can be seized only as an image which flashes up at the instant when it can be recognized and is never seen again ... For every image of the past that is not recognized by the present as one of its own concerns, threatens to disappear irretrievably."

Walter Benjamin, "Theses on the Philosophy of History"

"... a revolution is not like inviting people to dinner or writing an essay or, or painting a picture, or doing embroidery ..."

Mao Zedong, "Report on the Peasant Movement in Hunan" February 1927 [1]

This essay examines visual commemorations of China's May Fourth Movement in the People's Republic of China (PRC). The Chinese Communist Party (CCP) has traced its own origins to May Fourth, and historiography in the PRC has consequently portrayed the movement as the harbinger of the new China. Because of the movement's importance in CCP accounts of its own genesis, examining the ways in which the movement has been commemorated tells us something about the ways in

---

[1] Walter Benjamin, *Illuminations* (New York: Schocken Books, 1969), p. 255; Mao Zedong. "Report on the Peasant Movement in Hunan," in *Mao's Road to Power: Revolutionary Writings 1912-1949* (Armonk: M.E. Sharpe, 1994), p. 434. I wish to thank Vera Schwarcz for her comments and support and to the anonymous reviewers whose suggestions improved the article. I am especially grateful to Shen Jiawei for a copy of "Tolerance" and a copy of his manuscript about the painting.

which the party has interpreted its past and the way it has conceived of its present position at any given point in time, as well as the shape it wished to give the future.[2] Scholars have pointed out the symbolic importance of May Fourth in the PRC, and the ways in which intellectuals have discussed the movement's significance ever since it erupted.[3] At the same time, ever since the 1990s a growing body of work has explored visual culture in the PRC.[4] This essay brings these prisms together and explores the visual commemoration of May Fourth.

This essay does not attempt to catalogue all existing visual commemorations or visual representations of May Fourth (although my research suggests that fewer images of May Fourth circulated in the public

2   See, for example, Paul Cohen, "Preface," in Paul A. Cohen, *Discovering History in China: American Historical Writing on the Recent Chinese Past* (New York: Columbia University Press, 1984).

3   See for Example Vera Schwarcz, *The Chinese Enlightenment: Intellectuals and the Legacy of the May Fourth Movement of 1919* (Berkeley: University of California Press, 1986); Vera Schwarcz, *Time for Telling Truth Is Running Out: Conversations With Zhang Shenfu* (New Haven: Yale University Press, 1992); Also, Fabio Lanza, *Behind the Gate: Inventing Students in Beijing* (New York: Columbia University Press, 2010).

4   See for example Julia F. Andrews, *Painters and Politics in the People's Republic of China, 1949-1979* (Berkeley: University of California Press, 1994); Kirk A. Denton, "Visual Memory and the Construction of a Revolutionary Past: Paintings from the Museum of the Chinese Revolution." *Modern Chinese Literature and Culture*, 12:2 (Fall 2000), pp. 203-35; Chang-tai Hung, *Mao's New World: Political Culture in the Early People's Republic* (Ithaca: Cornell University Press, 2011); Xiaobing Tang. *Visual Culture in Contemporary China: Paradigms and Shifts* (Cambridge: Cambridge University Press, 2015).

sphere than one might imagine). Rather, this essay focuses on public commemoration. As Vera Schwarcz notes, there is a difference between personal recollection, or remembrance, and public commemoration. Even under regimes where public expression is carefully scrutinized, there is a difference between what is put forth by the state, in the form of official works, and what it merely allows. Yet this distinction blurs when state commissions allow for individual expression or when independently created works are adopted by the state (as we will see in the case of Shen Jiawei). The commemorations examined here all enjoyed wide public exposure, whether in reproductions, as propaganda posters or postage stamps, or as exhibitions of public art. As Hung Chang-tai has pointed out, the visual arts attracted particular attention from early PRC propagandists because of their accessibility to the masses in a country where much of the population was illiterate.[5] This article thus focuses on the images that members of the public in the PRC might have associated with the term "May Fourth" (*wusi yundong*) and by extension the ways in which the movement and its significance were conceived.

Mao's View of May Fourth:

The importance accorded to May Fourth in PRC political culture stems to a large degree from the interpretation of modern Chinese history

---

5 Chang-tai Hung, "Oil Paintings and Politics: Weaving a Heroic Tale of the Chinese Communist Revolution," *Comparative Studies in Society and History*, 49:4 (October 2007), pp. 784, 786.

put forth by Mao Zedong. This vision was articulated by Mao in speeches and writings by the time of the movement's twentieth anniversary in 1939, and was most elaborately presented in his speech "On New Democracy" at the beginning of 1940. Mao's historical interpretation of China's revolutionary stage began with the Opium War a century earlier but accorded May Fourth a special role, for in contrast to earlier movements, it created for the first time an alliance between the bourgeoisie, working class (*gongren jieji*), and intellectuals. While the intellectuals (*zhishi fenzi*) had an essential role as the first to "awaken," first in 1911 and then in 1919, May Fourth augured the stage of "New Democracy" which brought in the Chinese proletariat and created a new revolutionary force that enabled the rise of a social revolution.[6] As Mao noted:

> "But since the May Fourth Movement things have been different. A brand-new cultural force came into being in China, that is, the Communist culture and ideology guided by the Chinese Communist, or the Communist world outlook and theory of social revolution. The May Fourth Movement occurred in 1919, and in 1921 came the founding of the Chinese Communist Party and the real beginning of China's labor movement ..."[7]

---

[6] Mao Zedong, "The May Fourth Movement," *Mao's Road to Power: Revolutionary Writings 1912-1949*, vol. 7, p. 67

[7] Mao Zedong, "On New Democracy," in *Mao's Road to Power: Revolutionary Writings 1912-1949*, vol. 7, p. 359.

As the CCP consolidated its power, and Mao's stature grew, Mao's interpretations formed the basis for subsequent interpretations of May Fourth. Official commemorative publications since Mao have expressed these views. For example, a commemorative booklet from 1959 opens with an excerpt from Mao's "On New Democracy" that expresses this view. Similarly, a commemorative album from 2011 opens with the founding of the periodical *New Youth*—taken to mark the launching of the New Culture Movement in 1915—and ends with the founding of the party, signifying a clear causal link between the two events on the one hand, and demarcating them from what precedes and what follows, on the other hand.[8] May Fourth then is not merely one event of importance, among others, but a foundational event, even a point of genesis, of the Chinese revolution and the new China.

Attributes and Challenges:

Before examining particular instances of commemoration I pause to point out several basic attributes that characterize the following visual images, and challenges that such commemoration had to contend with.

One important attribute of the following visual commemorations of May Fourth is that the movement has, in fact, been commemorated to the

---

[8] Beijing daxue wusi yundong huace bianji xiaozu, ed., *Wusi yundong* (Beijing: Wenwu chubanshe, 1959); Beijing xinwenhua yundong jinian guan, ed., *Xin shidai de xiansheng: wusi xin wenhua yundong zhanlan tulu* (Beijing: Bejining chubanshe, 2011).

degree that it has been. As the challenges listed below show, this is not to be taken for granted, and stems from the Communist Party historiography emphasis on May Fourth, as laid down by Mao Zedong. By contrast, although the 1911 revolution toppled the two thousand year imperial regime, it was portrayed by Mao Zedong as less important (a view which is reflected in subsequent historiography of the period).[9] As Hung Chang-tai has shown, decisions on which events to commemorate indicated that they were viewed as important and therefore sensitive.[10]

A second basic attribute of artistic representations of May Fourth is that they were created in retrospect rather than in the throes of the movement or shortly after the events. This returns us to the commemorative purpose of the works: they were not designed to reflect the viewer's present society, nor perhaps to intervene in it, but rather to educate the viewer about her or his past. As mentioned above, however, views of the past are often governed by the present and hopes for the future.

This leads to a third attribute of most of the images of May Fourth: the state had a major role in determining it as an object of commemoration and

---

9   Mao Zedong, "Speech at the Meeting in Yan'an in Commemoration of the Twentieth Anniversary of the May Fourth Movement (May 4, 1939)," *Mao's Road to Power*, vol. 7, pp. 330-369, especially 360-362.

10 Chang-tai Hung, "Oil Paintings and Politics: Weaving a Heroic Tale of the Chinese Communist Revolution," *Comparative Studies in Society and History*, 49:4 (2007), pp. 783-814, especially pp. 783-795, 791-802; and Chang-tai Hung, *Mao's New World: Political Culture in the Early People's Republic* (Ithaca: Cornell University Press, 2011), pp. 117-126.

thus of re-presentation. Most visual representations of the movement were therefore created by the state and convey interpretations designed or sanctioned by the state. After the Maoist era, the liberalization of economy and culturè gave rise to alternative interpretations of the movement that could compete with official, state sanctioned representations of it.

Despite the movement's importance in narratives of CCP history, commemorating it has posed several challenges. First, the movement was not a single monolithic event. Instead, it was rather vague, and its outlines are clearer in retrospect than at the actual time. Protesters were united mainly by nationalist sentiments, brought into relief by the news from Paris, and although by and large the movement urged social, cultural, and political change, there was no widespread agreement about the direction change should take.[11]

Another challenge is the dissenting nature of the movement, which positioned itself against the government of the time. The CCP appropriated the movement as important to its own history during the 1920s, while it opposed the reigning government. However, once the party gained power and became the hegemonic political force, the rebellious character of the movement had a problematic side to it. The CCP was thus increasingly pressed to emphasize other facets of the movement, such as the movement's promotion of science, or its patriotism.

One further challenge facing commemorations of the movement has

---

[11] Tse-tsung Chow, *The May Fourth Movement: Intellectual Revolution in Modern China* (Stanford: Stanford University Press, 1967), and Schwarcz, *The Chinese Enlightenment* provide ample examples.

been the problem of accounting for policy change in the PRC. As a single-party state, with no mechanism legitimating political change, the PRC has claimed to draw legitimacy from a single set of ideals (leading ostensibly to a socialist or communist society). Yet, like all states, the state has continuously changed its policies and outlooks, from the collectivist years of the 1950s through the militant idealism of the late 1960s, and eventually into the "reform and opening policies" of the 1980s and embrace of markets and globalization in the twenty-first century.

Two major turning points in modern Chinese history are thus reflected in the visual commemorations examined here: the creation of the CCP state, and the political and economic liberalization of the post-Maoist era. As with other aspects of production, dissemination, distribution, and circulation, we see a major difference between those periods in which the state controlled the production and circulation of May Fourth visual commemorations, and periods when other creators of images produced and circulated them, most often via market mechanisms.

The Revolutionary State and its Antecedents

During the first decade of the People's Republic the new regime consolidated its rule over China and then, began molding it into a socialist state, modeled on the Soviet Union. Representations during this period can be divided into three kinds.

First, figurative representations in comic books (*lianhuanhua*), aimed mainly at school-age children (Fig.1). Such comic books were adopted by the regime as a popular tool of indoctrination after 1949 and circulated widely.[12] In these, May Fourth is presented in line with the vision of Chinese history presented by Mao in "On New Democracy." The artwork is flat and the story line simple and linear. Featured prominently are student protesters as well as established figures like Sun Yat-sen and Mao Zedong.[13] These depictions of May Fourth were therefore employed to buttress the regime's legitimacy by laying claim to its historical roots in struggling against warlords and imperialism.

Figure 1: *Wusi yundong: xinxing lianhuan tuhua*

---

[12] Chang-tai Hung, *Mao's New World*, pp. 157-158.

[13] Mao Zedong, "Speech at the Meeting in Yan'an in Commemoration of the Twentieth Anniversary of the May Fourth Movement (May 4, 1939)," pp. 69-79; Mao Zedong, "On New Democracy," pp. 330-369. The comic book presented here (Fig.1) is "Wusi yundong: xinxing lianhuan tuhua." Viewed at Http://www.kongfz.cn/item_pic_8063458/(2015/03/04).

Second, figurative representations with a commemorative purpose.
Zhou Lingzhao's oil painting（Fig.2）（1951）was later exhibited at the
Chinese Revolutionary Museum（after it opened in 1961）and appeared in
a commemorative booklet in 1959.[14] Zhou's painting portrays an actual
historical event, albeit in somewhat idealized form, not a disembodiment
or an ideological extract of it. This image lacks the slogans that appear in
later posters and is not explicitly didactic.[15]

Figure 2: Zhou Lingzhao, *Wusi yundong*

[14] Beijing daxue "wusi yundong" huace bianji xiaozu, *Wusi yundong*（Beijing:
Wenwu chubanshe, 1959）, no page numbers given.
[15] Zhou was an artist and designer who taught at the Chinese Academy of Fine
Arts in the early 1950s and received many state commissions during his career.
Andrews, *Painters and Politics in the People's Republic of China, 1949-1979,*

Nonetheless, the banners held by the marchers protest Japan's twenty-one demands of 1915, and identify the protesters as students of Beijing University, conveying the image of the movement as one led by students. The image is cluttered, almost messy, due to the abundance of detail, which conveys a feeling of masses united in patriotic protest. The scene is basically realistic, recreating the event as it might have taken place. The portrayal of Tiananmen in the background is not accidental. While the events of the day did begin with a protest there, the protesters then proceeded to march through Beijing's streets, eventually reaching the house of minister Cao Rulin. Subsequent protests occurred elsewhere, yet, as Fabio Lanza points out, the representation of Tiananmen reinforces its position as the epicenter of the nation and endows whatever is in the square at the foot of the gate with intrinsic political meaning.[16]

Third, symbolic representations that appear in propaganda posters, such as prototypical figures of workers, peasants, and/or intellectuals symbolizing the revolutionary alliance of these social sectors, as Mao had argued for in "On New Democracy." Viewed together, their graphical style is similar: they are relatively simple in design with few details, and a mid-ground perspective of the subject of the work. They thus seem to express concepts of the movement as futuristic, or as embodying an ideal relevant

p. 426 note 82; Laikwan Pang, "The Dialectics of Mao's Images," in Christian Henriot and Wen-hsin Yeh eds.,*Visualising China, 1845-1965: Moving and Still images in Historical Narratives* (Ledien: Brill, 2013), p. 423.

[16] Fabio Lanza, *Behind the Gate*, pp. 3-4 and passim. For the square's symbolic importance see for example Wu Hung, *Remaking Beijing: Tiananmen Square and the Creation of a Political Space* (Chicago: University of Chicago Press, 2005).

to the time of the reflection. In these images the May Fourth Movement does not represent a heroic past, but rather visions of present-day society and of the future that China aspires to. The historical connection is verbal, not visual. These messages are shaped by the slogans which appear in the posters, such as "Develop the revolutionary spirit of May Fourth: be a cultured worker with socialist awareness!" (Fig.3).[17]

Figure 3: Ha Qiongwen, Qian Daxin, *Fayang 'wu si' de geming jingshen, zuo yige you shehui zhuyi juewu you wenhua de laodong zhe!*, From the International Institute of Social History Stefan R. Landsberger Collection, available at http://chineseposters.net

---

[17] See Qiongwen Ha and Daxin Qian, "Develop the Revolutionary Spirit of the May Fourth Movement, Be a Civilized Worker with Socialist Awareness," accessed December 12, 2014, http://chineseposters.net/posters/e39-689.php.

This style of commemoration was used in postage stamps issued in 1959 to mark the tenth anniversary of the republic and the fortieth anniversary of May Fourth. These stamps commemorated the movement with symbolic scenes, which alluded to the historical events but foregrounded present efforts at reconstruction.

Figure 4: May Fourth Movement commemorative postage stamp, 1959

For example, one of these stamps（Fig.4）is dominated by the red flags bearing the portraits of Marx and Lenin, and beneath it a row of revolutionary figures in the foreground—the cross-class alliance of workers, peasants, and students or intellectuals, all of whom seem contemporary. The intellectual figure（perhaps a student or scientist）on the left seems to be holding a rocket of scientific and technological might. Fading into the background is the historical demonstration identified with the movement, echoing the depictions of a mass demonstration taking place in front of Tiananmen, as depicted by Zhou Lingzhao in 1951 and

later by sculptor Hua Tianyou (see below).[18] Against the monochrome
background the red flags stand out. The predominant messages conveyed
here, then, are class-alliance, as articulated by Mao in "On New
Democracy" and the ideology of Marxism-Leninism; the historical May
Fourth movement and a more abstract ideology are linked by the simple
act of presenting them together within a single frame. Marx and Lenin are
the only two identifiable individuals here, all others are symbols;
ironically, these two individuals are shown in the picture as icons on a flag
rather than flesh and blood human beings. Although the historical event is
represented, it forms merely the background to the present-day figures, and
thus the picture represents the state of the present and hopes for the future.

　　The most important representation of this period, and arguably the
most influential representation of the movement to date, is a stone relief of
the May Fourth Movement that is featured on the Monument to the
People's Heroes in Tiananmen Square. The monument was unveiled in
May 1958, preparing for the celebrations of the first decade of CCP rule in
October 1959, which would also mark the fortieth anniversary of May
Fourth. The monument presents several historical moments, one of which
is the May Fourth movement. In retrospect, it seems that the image
portrayed on the monument came to be a defining one. It is perhaps due to
the PRC's unique subsequent history that this particular image gets
reproduced so often in later representations.

---

18 Also, see the stamp's reproduction and description in *Postage Stamps of the
　 People's Republic of China, 1958*-1962 [Supplement to *China Reconstructs*]
　 (Peking: China Reconstructs, 1963).

The importance that was ascribed to the monument is evinced by the long process of design, planning, and finally construction, which in total took roughly ten years, and involved the top echelons of the nascent People's Republic. Conceived in the weeks before the formal founding of the PRC in October 1949, the monument was finally unveiled in 1958. Involved in the various stages of its design and planning were political leaders and cultural figures including premier Zhou Enlai, the mayor of Beijing Peng Zhen, and historian Zheng Zhenduo (active in cultural circles since the early 1920s). After two years of debate about which scenes the monument should show, finally eight scenes were decided upon: the Opium War (1839-1842), the Taiping uprising (1848-1864), the 1911 Revolution, the May Fourth Movement (1919), the May Thirtieth Movement (1925), the Nanchang Uprising (1927), the War of Resistance (1937-1945), and the Yangzi Crossing by the Red Army during the Civil War (1945-1949). May Fourth in this scheme has a pivotal role, for, in accord with Mao's view, it is seen as a transitional point between pre-Communist (therefore, pre-Enlightened, old) China and the struggle for Communist victory (1925 and after). In the subsequent conflicts depicted on the monument (May Thirtieth, the Nanchang uprising, the War of Resistance, the civil war) the CCP is a key protagonist.

The long planning and the involvement of the top echelons were due to the importance attributed to the monument and its location in Tiananmen Square. The square itself was enlarged by the Communist government in order to form a public gathering place for the revolutionary masses. Indeed, the location of the monument was decided upon precisely

because it was seen as the site (or at least a close approximation) of the
foundational events of May Fourth 1919, seen as crucial to the founding of
the new China. Thus, of all the scenes on the monument, the movement
depicted in this case actually took place at the site of its commemoration,
as opposed to the other commemorated events.

It is significant that for many of the participants in the May Fourth
Movement these events were indeed the first time they became involved
actively in political movement. Most of the activists identified with the
movement were born in the 1890's or early 1900s. The May Fourth
Movement, and the rise of the CCP and the revamped GMD shortly
thereafter thus coincided with their own coming of age; their personal
histories as adults and as political subjects intertwined with the movement.
Stringing these events together on the monument to the people's heroes
literally put this generation of revolutionaries on a pedestal for the public
to admire, thus creating a narrative of the PRC's birth; a narrative which
suggests that the Communist Party and the state it rules are the culmination
of China's modern history.

As Hung Chang-tai observes, the eight scenes on the monument all
convey a rather simple depiction of just vs. unjust, good vs. evil, Chinese
against foreigners, "the people" vs. oppressors.[19] Only the final scene
depicts a conflict of Chinese against Chinese. In fact, in all cases the actual
struggle against enemies, and the enemies themselves, are not depicted.

---

[19] Chang-tai Hung, "Revolutionary History in Stone: The Making of a Chinese
National Monument," *The China Quarterly*, 166 (June 2001), pp. 465-468.

They remain suggested but absent, leaving the images clean, pure, relieved of any need to actually engage, in the tableaus, in acts of violence—in the use of force to overthrow oppression (a stark contrast to Mao's embrace of revolutionary violence).[20] Indeed, this approach characterized much revolutionary art—the absence of the enemy in general, which also means absence of pain inflicted in the name of justice; suffering is felt only by the victims of one party in a conflict.

Figure 5: detail from *Monument to the People's Heroes*

---

[20] "… a revolution is not like inviting people to dinner or writing an essay or, or painting a picture, or doing embroidery …A revolution is an uprising, an act of violence whereby one class overthrows the power of another." Mao Zedong, "Report on the Peasant Movement in Hunan," p. 434. Examples abound. See also, "On Protracted War," cited in Chang-tai Hung, *The China Quarterly*, p. 467, n. 46.

The May Fourth scene is placed in chronological order between the scene of the *Revolution of 1911*, and that of *The May Thirtieth Movement*, all three scenes facing south. The reliefs are a height of two meters and a total length of over 40 meters, and thus the sheer scale gives these works a feeling of grandeur. Although the scenes were sculpted by different artists they all look very much the same. Art historian Wu Hung goes so far as to describe the scenes as if they depict "a single idealized archetype" or even "a single actor" who appears "...170 times across ten acts of a lengthy drama."[21]

Let us then look at the scene itself. The relief includes twenty-five figures. Most of the figures in the scene look at the central figure of the young man who stands above the rest, giving, it seems, an emphatic speech, crying out to the rest. The young man looks to the right of the picture, and directly beneath him is the young woman, looking to the left as she hands out a handbill. The raised hand of the speaker, the tilt of his body, the woman's extended hand and pamphlet convey a sense of dynamism. The tilt of the figures at slight angles, the raised hands, the chests thrust forward all convey a fierce and heroic determination. These two central figures seem to be students according to their dress, a gown for the speechifying young man, a blouse and skirt for the young woman. The line of vision of the audience from left and right leads the viewer again toward the young man, and then to the woman beneath him. These then seem to be the undisputed leaders. The most impressive figure of course is the man. A prototype of idealistic intelligentsia engaged in actions which the historiography of the

---

21 Wu Hung, *Remaking Beijing*, p. 32.

movement has indeed come to see as extremely important: public speaking and the printing of handbills and their dissemination.[22] The movement and new China are thus depicted as resulting among other things in the dissemination of ideas remolding consciousness (Note too the sheaves of paper held by the two other figures).

The figures at the left seem to be mainly workers and peasants (note the workers caps, the simple clothes, the broad-brimmed hat of the mustached man in the rear left). The figures on the right seem to be mainly students and workers, and one uniformed figure who seems to be a military man. The crowd depicted in the relief thus signifies an alliance of the classes typical of the 1950s.

Interestingly, the only figure in the relief who reads a text rather than clutching it or handing it out is the worker. Thus, it is the educated intelligentsia that is leading the movement, representing the Leninist idea of a vanguard that by virtue of its learning leads the masses (represented by the alliance of the classes and the large number of figures in total) to political action. And the political action of the movement includes education and dissemination of ideas (the reading worker is something like a student). May Fourth, as the image then shows it, is characterized by speech and dissemination of materials—in other words by

---

[22] For street lecturing see Vera Schwarcz, *The Chinese Enlightenment*, pp. 86-93, 128-138; Fabio Lanza, *Behind the Gate*, pp. 188-199; for handbills see Shakhar Rahav, *The Rise of Political Intellectuals in Modern China: May Fourth Societies and the Roots of Mass-Party Politics* (New York: Oxford University Press, 2015), pp. 78-80.

propagandizing; not by violence or force of arms and other forms of coercion. In the background, the Gate of Heavenly Peace signifies the location and reinforces the very position of the monument and visitors to it as the place of the birth of "New China." The elements gathered there by artist Hua Tianyou are repeated in various ways in subsequent depictions.

Hua's relief, together with Zhou Lingzhao's early painting seem to have inspired another rather well known representation of the movement, Liang Yulong's painting from 1976 (Fig.6). The image is notable for its use of color. The angle from which the scene is depicted mimicks that of the earlier painting by Zhou Lingzhao, as does the general arrangement of the scene. The somewhat sparser detail in Liang's later painting, the slightly blurred figures, and their distance from the foreground, all contribute to a clearer political message: the students, who are most prominent in the painting, lead a march of the forces signaling patriotism and progress, as signified by the banners which read "strike down the shop of Confucius and family" (which may be echoing the recent anti-Confucius and anti-Lin Biao campaign of 1972-1974) and "repudiate the unequal treaties" and by the five color flag of the young republic (ROC), which the painting suggests was the forerunner of the PRC. The workers and peasants converge from the left. Nonetheless, as Fabio Lanza notes, the workers seem somewhat disconnected from the students. Note that while the young man dashing in at the left is a worker, the ones overpowering the conservative soldiers on the right are students. The movement, as depicted by intellectuals, includes the class alliance of peasants, workers, and intellectuals, but is led and shaped by the latter.

Figure 6: Liang Yulong, *The May Fourth Movement*, From the International Institute of Social History Stefan R. Landsberger Collection, available at http://chineseposters.net

The Post-Revolutionary Era

By the end of the 1970s, as Deng Xiaoping's reform policies were being launched, the movement's sixtieth anniversary was commemorated by a set of two stamps. One of the stamps (Fig.7) simply replicated the stone relief of the movement shown on the Monument to the People's Heroes. Following the chaotic decade of the Cultural Revolution (1976-1986) this would be a politically safe image to reproduce, because it is inseparable from the rest of the monument, which was approved by Mao Zedong, who remained the ultimate source of political legitimacy. The monument, and the images which compose it, were therefore too central to displace, deface or replace. This is the reason the monument survived the

Cultural Revolution intact. True, the monument became a problematic
icon to evoke due to the 1976 protests held at its foot. But in that case the
prime attribute of the monument was its shape and location at the center of
Tiananmen square; evoking only the frieze attempted to circumvent these
problems.

Figure 7: May Fourth Movement commemorative stamp 1, 1979

Figure 8: May Fourth Movement commemorative stamp 2, 1979

The second commemorative stamp (Fig.8) bears an entirely different image: a young woman holding a text adorned with the symbol of atomic energy next to a beaker used in chemical experiments, further back, a satellite dish, and two rockets speeding upward into space in the background; an abstract pattern resembling a stalk of wheat lining the stamp's left border. The entire stamp seems to represent the idea of "science" and progress (albeit with a nod toward agriculture in the form of the stalk of wheat). Indeed, one of the famous themes of the May Fourth Movement, as articulated by Chen Duxiu, was the advocacy of Science and Democracy.[23] Science and Technology were also designated one of the Four Modernizations advocated by Deng Xiaoping.[24] May Fourth is thus represented as an idea, or set of ideas, and in this case harnessed to support current policies. The stamp represented the current incarnation of a tenet of the foundational movement; it thus used the symbolic value of May Fourth to reinforce contemporary policies emphasizing science and development, but also pointed to the historical movement as a genesis of current policies, and the current drive to modernization. Electrician Wei Jingsheng dared express the idea of Democracy as a "fifth modernization" and was consequently tried and jailed (the idea, needless to say, has yet to be commemorated on a stamp).[25]

---

[23] See Tse-tsung Chow, *The May Fourth Movement*, p. 59 and passim.

[24] The term was originally coined by Zhou Enlai as early as 1963, but it became a key strategic policy under Deng Xiaoping.

[25] See Jingsheng Wei, *The Courage to Stand Alone: Letters From Prison and Other Writings* (New York: Penguin, 1998), pp. 199-212.

In 1989, as the popular protest movement that culminated in the occupation of Tiananmen Square was gaining momentum, the relief was replicated on another stamp (Fig.9) remarkably similar to the one of a decade earlier, probably much for the same reasons. The politically conservative nature of the illustration made it a relatively safe image – all the more so for having appeared on the stamp commemorating May Fourth's sixtieth anniversary ten years earlier.

Figure 9: May Fourth Movement commemorative stamp, 1989

While the official commemoration was solid, noncommittal, and played it safe by repeating earlier sanctioned images and identifying the movement with current policies, a wholly different image (Fig.10) was created slightly earlier, in 1988, by artist Shen Jiawei.[26]

---

[26] I am grateful to artist Shen Jiawei for sharing with me an electronic reproduction.

Figure 10: Shen Jiawei, *Tolerance*

This painting, we should note, is not the work of a marginalized artist foreign to the artistic establishment of the party-state. Born in 1949 (the year of the PRC's foundation), Shen belonged to the generation that took a central part in the Cultural Revolution. A painting he made in 1974, titled *Standing Guard for the Motherland*, was selected for a national exhibition where it was commended by Mao's wife Jiang Qing as a model of revolutionary work, leading to many poster reproductions.[27]

Shen's commemoration of May Fourth is a group portrait that includes sixteen key figures of the May Fourth Movement. In the mid-1980s Shen began using his art to explore China's history. As is the case in many of these works, the image combines realism and fantasy. The individual figures are portrayed in realistic detail; however, the scene is entirely unrealistic with the figures clustered closely together in a small space, each seemingly occupied with different activities, with no interaction at all between the figures. The figures are illuminated against a dark background reminiscent of Rembrandt. Most striking however is the choice of figures: all are important thinkers and activists concentrated at Beijing University during the tenure as university president of Cai Yuanpei. Indeed, Cai is positioned at the very center of this group portrait, and the painting's title is a traditional phrase Cai used to characterize the policy he chose as a guiding principle of the university: *jianrong bingbao* a traditional phrase (which appears in the *Shiji*) which literally means "containing various ideas at the same time" and is translated as "broad-minded tolerance."[28] Cai's policy together with his insistence on and freedom of thought in

---

27 Michael Sullivan, *Modern Chinese Artists: A Biographical Dictionary* (Berkeley: University of California Press, 2006), 136; Julia Andrews, *Painters and Politics in the People's Republic of China, 1949-1979*, pp. 364-367; Shen Jiawei, "The Fate of a Painting," in Melissa Chiu and Zheng Shengtian, eds., *Art and China's Revolution* (New York: Asia Society 2008), pp. 132-147.

28 Timothy Weston, *The Power of Position: Beijing University, Intellectuals and Chinese Political Culture, 1898-1929* (Berkeley: University of California Press, 2004), p. 123.

general and academic freedom particular led him to hire radical and innovative thinkers for various positions, which eventually made the university into the epicenter of the New Culture Movement. Indeed, simply telling the stories of each figure in this painting and how they related to each other would be a marvelous introduction to May Fourth as a cultural revolution. Among others, the painting shows Chen Duxiu and Li Dazhao, later credited as introducers of Marxism to China and founders of the Communist Party, Zhang Shenfu, a mathematician and philosopher who was also one of the party's earliest members, the canonical author Lu Xun, and his brother Zhou Zuoren, and the provocative conservative Gu Hongming.

As opposed to the earlier depictions of May Fourth, this painting steps away from the views of May Fourth as being first and foremost a patriotic movement and a step on the inevitable ascendance to Communism. The focus on these figures introduced two elements absent hitherto: May Fourth as a movement brought about by particular individuals—with names, faces, individual histories, and a variety of ideas—and May Fourth as a moment of intellectual exploration. Indeed, Shen Jiawei stated that one source of inspiration for the painting was the Renaissance depiction of ancient Greek philosophers "The School of Athens" by Raphael.[29] Focusing on individual May Fourth thinkers was certainly a risky move,

---

[29] Shen Jiawei, "Behind the Canvas no.2" (unpublished ms., Ted Ee, trans). I am grateful to the artist for sharing this manuscript with me. "The School of Athens" can be viewed at https://upload.wikimedia.org/wikipedia/commons/9/94/Sanzio_01.jpg, accessed August 18, 2015.

for not all of the figures in the painting were later praised by the CCP. Thus, although Chen Duxiu (in a white suit handing out leaflets) was a founder of the party and its first secretary general, he was eventually expelled from the party and reviled as a Trotskyist; Cai Yuanpei (in the center of the painting) as president of Beijing University during May Fourth presided over its transformation into the epicenter of Chinese radicalism, yet was active in the Nationalist Party into the late 1920s; Gu Hongming (standing out in a crimson robe and queue) was a provocative conservative who challenged advocates of the New Culture Movement. Additional figures include Zhang Shenfu (bespectacled, the back left side of the painting), who quit the party in 1925 and was much criticized during the Maoist years, and Hu Shi, who sided with the Nationalist Party and eventually even became its ambassador to the U.S. during the war with Japan.[30]

By presenting these figures front and center, the painting steps away from teleological views, which see May Fourth primarily as a harbinger of Chinese independence under Communist Party leadership. Rather, the painting returns to May Fourth as a specific historical moment bound up with particular individuals, who might have been somehow united at this time, but whose individual paths eventually diverged.[31] Here enters the

---

[30] On the various figures see Tse-tsung Chow, *The May Fourth Movement*; Vera Schwarcz, *The Chinese Enlightenment*; Timothy Weston, *The Power of Position*; and Jonathan D. Spence, *The Gate of Heavenly Peace: The Chinese and Their Revolution, 1895-1980* (Harmondsworth: Penguin, 1983).

[31] For a discussion of teleological views of CCP history, see for example Arif

significance of the historical moment of this particular painting's creation. Mao died in 1976, and in late 1978 Deng Xiaoping announced his agenda of reform. The subsequent decade therefore was a period of economic exploration characterized by the increasing adoption of market mechanisms, and the of the party's relinquishing its hold on the centralized economy, thereby liberalizing other aspects of Chinese citizens' lives. In reaction to the chaotic period of the Cultural Revolution the party distanced itself somewhat from the legacy of Mao Zedong. In academic circles the release of new historical materials allowed for a gradual decentering of Mao's role in the history of the party and the nation.[32] Culturally and ideologically this was a period of exploration and experimentation as Chinese began once again exploring the world outside China, dared to express criticism of the Maoist era, and explored ideological alternatives to Mao's view of Marxism. The period was thus reminiscent in many ways of the decade leading to May Fourth: ideological and cultural orthodoxy were abandoned and replaced by eclectic experimentation and even confusion. In retrospect this period is

---

Dirlik, *The Origins of Chinese Communism* (Oxford: Oxford University Press, 1989).

[32] See for example Zhang Yinghui and Kong Xiangzheng, eds., *Wusi yundong zai Wuhan shiliao xuanji* (Wuhan: Hubei ren min chu ban she, 1981); Zhang Yunhou, ed., *Wusi shiqi de shetuan*, 4 vols. (Beijing: Sanlian, 1979); Zhongguo shehui kexue yuan jindai shi yanjiusuo, ed., *Wusi yundong huiyilu*, 3 vols. (Beijing: Zhongguo shehui kexue chubanshe, 1979). Although these materials did not directly challenge reigning narratives they enabled historical interpretations that stepped away from a narrow focus on Mao and the CCP.

viewed by some as the politically most liberal period of post-Maoist China, or of Communist rule.[33]

The import we ascribe to Shen Jiawei's painting is even greater if we take into account the way in which it was sanctioned by the political authorities. In 1991 the Chinese Revolutionary Museum (now the National Museum of China) exhibited the painting and added it to its collection.[34] By exhibiting Shen's painting alongside Zhou Lingzhao's earlier work the museum expanded the space allowed for interpretations of the movement.

To the extent that Shen's work points to particular individuals and the historical reality of the period, by the turn of the twenty-first century these trends were further embraced by the artistic establishment. A 2001 painting by Sun Daben titled "The Enlighteners" (*Qimengzhe*) (Fig.11) portrays several canonized figures of the period—members of the *Xin Qingnian* editorial board—against a background of noted May Fourth periodicals that includes their periodical alongside others. Sun's painting seems almost imitative of Shen's in its conception, as it shows several figures associated with a key institution of the period canonized in the historiography,

---

[33] See for example Jing Wang, *High Culture Fever: Politics, Aesthetics, and Ideology in Deng's China* (Berkeley: University of California Press, 1996); Rana Mitter, *A Bitter Revolution: China's Struggle with the Modern World* (New York: Oxford University Press, 2004).

[34] Jiawei Shen, "Behind the Canvas No.2." Shen's painting and Zhou Lingzhao's earlier work appear side by side in a museum publication Li Rencai et al., eds., *The Album of Paintings Collected By the Museum of Chinese Revolution* (*Zhongguo geming bowuguan canghuaji*), (Beijing: Cultural Relics Publishing House [Wenwu bowuguan chubanshe], 1991), pp. 8-9.

standing together in a fabricated position. Some of the figures appear in both paintings, even dressed in similar garb, perhaps as a result of relying on the same photos as a model. Yet Sun's painting is politically and artistically more conservative. The range of figures is narrower than in Shen's work – the editorial board of the periodical, although not uniform in its ideas, nonetheless adhered to a markedly reformist line that criticized China's Confucian culture and warlord politics while embracing Western culture (note the absence of figures such as Gu Hongming or Hu Shi, who eventually represented the Nationalist regime and was canonized by it). The periodicals composing the fabricated background collage are of the same hue and were already included in the refurbished historiography of May Fourth that appeared in the 1980s.[35] Similarly, the figures that appear here were rehabilitated in the post-Maoist historiography. In the foreground are politically safe figures—Cai Yuanpei, accepted by CCP historiography, and Lu Xun—whose canonized position remained intact even during the Cultural Revolution and who remained popular among intellectuals throughout the twentieth century. Compared with Shen's foregrounding of Gu Hongming, for instance, this image presents an interpretation of May Fourth that had become rather mainstream by the turn of the twenty-first century.

---

[35] These periodicals were all featured in collections released by official research bodies such as Zhang Yunhou, *Wusi shiqi shetuan*; Zhonggong zhongyang Makesi En'gesi Liening Sidalin zhuzuo bianyiju yanjiu shibian, comp., *Wusi shiqi qikan jieshao* (Beijing: Renmin chuban she, 1958).

Figure 11: Sun Daben, *The Enlighteners*

The works by Shen and Sun reflect the persisting image of the intellectuals at the center of the movement. Thus, one thread of continuity between the images of the Maoist era and these reform era ones is the presence of texts – leaflets handed out in earlier representations by nameless individuals become specific titled books and periodicals in Shen's painting. Sun Daben's depiction magnifies the role of the movement's periodicals, while retaining the individuals—now approved by party historiography—who wrote in them.

Echoing this interpretation of May Fourth is a monument erected in the late 1990s not far from the historical museum that commemorates the movement (Fig.12). The monument is shaped like a gigantic newspaper sheet bearing instead of a title the date May 4, 1919 (1919.5.4), and in the place of newspaper items are a replica of the cover of the first issue of *Xin Qingnian* and in prominent places the recognizable silhouettes of Lu Xun, Li Dazhao, Chen Duxiu, and the young Mao Zedong, among other figures. The most visually prominent text in this representation is a piece of calligraphy by Mao Zedong, positioning him as both a central figure of the movement, and associating Mao and the party he led as its primary corollaries.

Figure 12

The interpretations of the movement by Shen and Sun received further recognition later in the 2000s, when both images were reprinted on a set of commemorative postcards sold at the May Fourth museum. Indeed, at the time of this writing Shen's painting is featured on the website of the recently reopened (in 2012) National Museum of China (previously the Revolutionary Museum), thus reaffirming it as an officially sanctioned view of the movement.[36]

Another significant change in commemoration comes in a work from 2009—the ninetieth anniversary of the movement—by graphic artist Zhang Shihao (Fig.13). Its most prominent feature is its cartoonish, pop-art style and reference to contemporary China. Here, four of the most prominent figures of May Fourth are presented in caricature form against a background consisting of a hodgepodge of images associated with the party-state on the one hand, and international market forces on the other in the form of American fast-food outlets Kentucky Fried Chicken and McDonalds. An icon of Che Guevara is represented, but not, I would argue, as a symbol of class struggle or world revolution, but rather of a globalized pop-culture, in which Che's image has itself become a commodity. The masses are present, in the form of the party youth movement Young Pioneers, though not as actors with agency, but as a background and as representatives of the party-state.

---

[36] "Home - National Museum of China," accessed December 18, 2014, http://en.chnmuseum.cn/default.aspx?AspxAutoDetectCookieSupport=1.

Figure 13: Zhang Shihao, Too Fast to Live, Too Young to Die

A few other figures appear, such as the peddler whose fruit baskets have spilled, causing her to cry, while the state police seem to hop with chagrin at her misfortune. The picture is dominated by the image of Hu Shi, Cai Yuanpei, Chen Duxiu, and Lu Xun, obviously mimicking the image of the Beatles crossing the street on the cover of the album *Abbey Road*. The street crossed here seems to be Chang'an jie, in front of Tiananmen, the Gate of Heavenly Peace. The angle of representation is in line with the earlier representations by Zhou 1951 (Fig.2) and Liang 1976 (Fig.6).

No less striking is the venue of the image's publication. The image appears in the Chinese edition of the American magazine *Esquire*

(*Shishang xiansheng*), a glossy publication aimed, as its title suggests, at men who belong, or aspire to belong, to a superior social class. Although the image might be seen as subversive, it does not seem to be directly critical of anything. Rather, it seems to lampoon everyone except the fabulous foursome at its center, and perhaps the woman peddler whose spilled fruit disrupts the order of the dystopia. This lampooning takes place under the aegis of the market, within the space allowed by the party authorities. By circulating in the market, the picture's very circulation strengthens market forces.

While May Fourth was composed of strands of nationalism, egalitarianism, iconoclasm, and a veneration of science and democracy, the current image seems to have jettisoned these and left in their place mere icons. The image then suggests what constitutes China at the ninetieth anniversary of the movement: China follows a road lined with party organizations and global retail chains, that winds from Tiananmen— symbolic heart of the nation—toward an unclear destination. Zhang's work conveys a self-consciously ironical approach to politics and the state, to icons, and to market forces. The work nonetheless takes part in the market arena, which seems to be the only one left. May Fourth seems an opportunity to reflect on the road taken by China, where it has led, and where it leads.

Conclusion

Commemorations evolve with the time, reflecting concerns of the time of production/commemoration. May Fourth remains an event that must be addressed and as such can be used to express the different forces at play in society. The movement, it seems, is increasingly marginalized by the state. Commemorations have changed from focusing on the power of the masses to focusing on individuals. During the 1980s politics was on the one hand liberalized, and on the other hand remained important as an area of activity. In reaction to the crisis of 1989 the party-state further promoted market mechanisms. Subsequently the state has gradually retreated from its role as the commissioner and sponsor of works aimed at mass consumption. The visual commemorations have moved from an arena controlled by the state to a more diverse arena, in which other forces are present. The state does commemorate May Fourth in its publications and websites, but these media now operate within the context of a market and thus do not monopolize commemoration or the manufacturing of historical meaning. Personal enrichment ("to get rich is glorious") has replaced politics as an arena of public discussion. Indeed, as consumer choices grow, political space it seems, is increasingly narrowing.

At the same time, the growing importance of the individual consumer and the historicization of the movement may have also contributed to its sterilization. The movement has been, to use Joseph Levenson's term, "museumified": from being of historical significance it is thus turned into the "merely historical."[37] Representations in the early PRC focused on the

---

[37] See Joseph R. Levenson, *Confucian China And Its Modern Fate: A Trilogy*, 3 vols. (Berkeley: University of California Press, 1968) esp. 3: 92-96, 113-115.

masses in an era of mass mobilization, which was directed by the state. As the Cultural Revolution wound down so did the importance of the masses as a political force. The liberalization of the 1980s gave rise to diversity and thereby returned importance to separate, individual identities, which might even contend with one another. 1989 was a shocking return to the power of the masses when uncontrolled and led by charismatic and idealistic individuals. The commemorations of May Fourth before and after that late twentieth century watershed focused on individuals and marginalized the masses. After 1989 especially the state's interest increasingly focused on improving individual prosperity in order to cultivate the individual as a consumer who is part of a mass-market rather than on the individual as an agent of social solidarity. Zhang Shihao's 2009 image is striking for its invocation of historical figures of cultural and political magnitude superimposed with charismatic iconized idols of Western pop. The focus on individuals remains. Yet this image is the sole one we have seen that posits not only these figures, but conjures once again the nameless masses behind them, who appear in disciplined formation. Might this image be read as symbolizing on the one hand the potential of the masses, and on the other their submission to party discipline? Surrounded by commercial franchises the masses are now individual consumers who together constitute a mass market.

以圖像展示革命：
當代中國對五四運動的視覺紀念

Shakhar Rahav

摘要

　　這篇文章的主旨在探討中華人民共和國時期人們如何以圖像的方式來紀念著名的「五四運動」（1915-1923）。中國大陸史學界一般都是將五四描述為中國共產黨與新中國的先兆，而本文則企圖展示這些紀念性質的圖像如何反映了改變中的中國形象。本文強調中國大陸紀念五四的方式有一轉折，亦即從一個由被理想化的一般活動，以及跟隨集體國家政策之羣眾，轉變到以歷史上個人形象質疑中國發展的路向與擁抱市場經濟的後果。

關鍵詞：五四運動、紀念、視覺展現、繪畫、郵票、紀念碑

Bibliography

Andrews, Julia F. *Painters and Politics in the People's Republic of China, 1949-1979.* Berkeley: University of California Press, 1994.

Beijing daxue "wusi yundong" huace bianji xiaozu. *Wusi Yundong.* 1st ed. Beijing: Wenwu chuban she, 1959.

Beijing xinwenhua yundong jinianguan, ed. *Xin Shidai de Xiansheng: Wusi Xin Wenhua Yundong Zhanlan Tulu.* Beijing: Beijing chubanshe, 2011.

Benjamin, Walter. "Theses on the Philosophy of History." In *Illuminations*, 253–64. New York: Schocken, 1969.

Chiu, Melissa, and Shengtian Zheng, eds. *Art and China's Revolution.* New York: Asia Society in association Yale University Press, 2008.

Chow, Tse-tsung. *The May Fourth Movement: Intellectual Revolution in Modern China.* Stanford: Stanford University Press, 1967.

Cohen, Paul A. *Discovering History in China: American Historical Writing on the Recent Chinese Past.* 2nd ed. New York: Columbia University Press, 1984.

Denton, Kirk A. "Visual Memory and the Construction of a Revolutionary Past:Paintings from the Museum of the Chinese Revolution." *Modern Chinese Literature and Culture* 12, no. 2 (Fall 2000): 203–35.

Dirlik, Arif. *The Origins of Chinese Communism.* Oxford: Oxford University Press, 1989.

Ha, Qiongwen, and Daxin Qian. "Develop the Revolutionary Spirit of the May Fourth Movement, Be a Civilized Worker with Socialist Awareness." Accessed December 12, 2014. http://chineseposters.net/posters/e39-689.php.

Henriot, Christian, and Wen-hsin Yeh, eds. *History in Images: Pictures and Public Space in Modern China.* Berkeley: Institute for East Asian Studies, University of California, Berkeley, 2012.

"Home - National Museum of China." Accessed December 18, 2014. http://en.chnmuseum.cn/default.aspx?AspxAutoDetectCookieSupport=1.

Hung, Chang-tai. *Mao's New World: Political Culture in the Early People's Republic.* Ithaca: Cornell University Press, 2011.

Hung, Tai-chang. "Oil Paintings and Politics: Weaving a Heroic Tale of the Chinese Communist Revolution : 783-814." *Comparative Studies in Society and History* 49.4, no. 4 (October 2007).

————. "Revolutionary History in Stone: The Making of A Chinese National Monument." *The China Quarterly* 166 (June 2001): 457–73.

Lanza, Fabio. *Behind the Gate: Inventing Students in Beijing.* New York: Columbia University Press, 2010.

Levenson, Joseph R. *Confucian China And Its Modern Fate: A Trilogy.* 3 vols. Berkeley: University of California Press, 1968.

Mao, Zedong. "On New Democracy." In *Mao's Road to Power: Revoutionary Writings 1912-1949*, 7:330–69. Armonk: M.E. Sharpe, 2005.

————. "Report on the Peasant Movement in Hunan." In *Mao's Road to Power: Revolutionary Writings 1912-1949*, 2:429–64. Armonk: M.E. Sharpe, 1994.

————. "Speech at the Meeting in Yan'an in Commemoration of the Twentieth Anniversary of the May Fourth Movement (May 4, 1939)." In *Mao's Road to Power: Revoutionary Writings 1912-1949*, 7:69–79. Armonk: M.E. Sharpe, 2005.

Mao, Zedong. "The May Fourth Movement." In *Mao's Road to Power: Revolutionary Writings 1912-1949*, 7:66–68. Armonk: M.E Sharpe, 2005.

Mitter, Rana. *A Bitter Revolution: China's Struggle with the Modern World.* New York: Oxford University Press, 2004.

the Museum of Chinese Revolution, ed. *The Album of Paintings Collected by the Musuem of Chinese Revolution (Zhongguo geming bowuguan canghua ji)*, n.d.

Pang, Laikwan. "The Dialectics of Mao's Images." In *Visualising China, 1845-1965 : Moving and Still Images in Historical Narratives.* Leiden: Brill, 2013.

Postage Stamps of the People's Republic of China, 1958-1962 [Supplement to *China Reconstructs*]. Peking: China Reconstructs, 1963.

Rahav, Shakhar. *The Rise of Political Intellectuals in Modern China: May Fourth Societies and the Roots of Mass-Party Politics.* New York: Oxford University Press, 2015.

Raphael. *The School of Athens*, 1511 1509. https://upload.wikimedia.org/wikipedia/commons/9/94/Sanzio_01.jpg.

Schwarcz, Vera. *The Chinese Enlightenment: Intellectuals and the Legacy of the May Fourth Movement of 1919.* University of California Press, 1986.

————. *Time for Telling Truth Is Running Out: Conversations With Zhang Shenfu.* New Haven: Yale University Press, 1992.

Shen, Jiawei. "Behind the Canvas No2." Translated by Ted Ee, 2011.

————. *Jianrong Bingbao (Embracing Diverse Ideas)*, 1988.

————. "The Fate of a Painting." In *Art and China's Revolution*, edited by Melissa Chiu and Shengtian Zheng, 132–47, n.d.

Spence, Jonathan. *The Search for Modern China*. 2nd ed. Norton, n.d.

Spence, Jonathan D. *The Gate of Heavenly Peace: The Chinese and Therir Revolution, 1895-1980*. Harmondsworth: Penguin, 1983.

Sullivan, Michael. *Modern Chinese Artists: A Biographical Dictionary*. Berkeley: University of California Press, 2006.

————. "Shen Jiawei 沈加蔚." In *Modern Chinese Artists: A Biographical Dictionary*, 136. Berkeley: University of California Press, 2006.

Tang, Xiaobing. *Visual Culture in Contemorary China: Paradigms and Shifts*. Cambridge: Cambridge University Press, 2015.

The Album of Paintings Collected By the Museum of Chinese Revolution (Zhongguo Geming Bowuguan Canghuaji). Beijing: Cultural Relics Publishing House [Wenwu bowuguan chubanshe], 1991.

Wang, Jing. *High Culture Fever: Politics, Aesthetics, and Ideology in Deng's China*. Berkeley: University of California Press, 1996.

Wei, Jingsheng. *The Courage to Stand Alone: Letters From Prison and Other Writings*. New York: Penguin, 1998.

Weston, Timothy. *The Power of Position: Beijing University, Intellectuals and Chinese Political Culture, 1898-1929*. Berkeley: University of California Press, 2004.

Wu, Hung. *Remaking Beijing: Tiananmen Square and the Creation of a Political Space*. Chicago: University of Chicago Press, 2005.

"Wusi Yundong: Xin Xing Lianhuanhua, " 1951. http://www.kongfz.cn/item_pic_8063458/.

Zhang, Yinghui, and Xiangzheng Kong, eds. *Wusi Yundong Zai Wuhan Shiliao Xuanji*. Wuhan, 1981.

Zhang, Yunhou, ed. *Wusi shiqi de shetuan*. 4 vols. Beijing: Sanlian, 1979.

Zhonggong zhongyang Makesi En'gesi Liening Sidalin zhuzuo bianyiju yanjiu shibian. *Wusi Shiqi Qikan Jieshao*. Beijing: Renmin chuban she, 1958.

Zhongguo shehui kexue yuan jindai shi yanjiusuo, ed. *Wusi Yundong Huiyilu*. 3 vols. Beijing, 1979.

【研究討論】

如果把概念想像成一個結構：
晚清以來的「複合性思維」

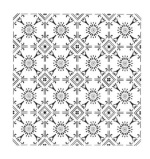

王汎森

美國普林斯頓大學博士。中央研究院歷史語言研究所特聘研究員兼副院長，於2004年當選中央研究院院士。主要研究領域爲明清到中國近代的思想史、學術史。著有《章太炎的思想》、《古史辨運動的興起》、*Fu Ssu-nien: A Life in Chinese History and Politics*、中譯本《傅斯年：中國近代歷史與政治中的個體生命》、《中國近代思想與學術的系譜》、《晚明清初思想十論》、《近代中國的史家與史學》、《權力的毛細管作用》等書。

　　最近，因爲一個特殊的學術機緣，[1]我開始比較認眞地思考王國維
（1877-1927）的一個論點。王國維認爲在近代以前，中國是「道出於
一」，而在西方文化進來之後，是「道出於二」。王國維是這樣說
的：「自三代至於近世，道出於一而已，泰西通商以後，西學西政之
書輸入中國，於是修身齊家治國平天下之道乃出於二。」[2]在王國維之
後，對於「道出於一」，或「道出於二」，乃至「道出於多」陸續有
所討論。[3]基於對這個問題的探討，我也將一個思索多年的議題寫了出
來，在「道出於一」或「道出於二」，甚至是「道出於多」的框架
下，我們是不是應該比較深入地考慮，在近代中國這個思想與社會劇
烈動盪的時代，思維／概念的本身或其構成方式是否發生了變化？是
不是出現了一種激化了的「複合性思維」或「複合性概念」。如果不
把思維或概念只想像成一個點或平面，而是想像成一個結構，有不同
的層次與構件，那麼從晚清以來，一種概念或是一個人的思維的構成
方式、層次、配置、部位，到底呈現什麼樣的狀態？這些思維／概念
的樣態與「道出於一」或「道出於多」的格局，有什麼樣的關係。

　　我在這裡所講的「複合性」，是指把顯然有出入或矛盾的思想疊
合、鑲嵌、焊接，甚至並置（compartmentalized）在一個結構中，但
從思想家本人的角度來看卻是一個邏輯一貫的有機體。它有時是一個

1　2014年參加北京師範大學「思想與方法：近代中國的文化政治與知識建
　　構」國際高端對話暨學術論壇，本文是對羅志田〈天變：近代中國「道」
　　的轉化〉一文的回應。

2　王國維，〈論政學疏稿〉（1924年），《王國維全集》（杭州：浙江教育出
　　版社、廣東教育出版社，2009），卷14，頁21-22。

3　參見羅志田，〈天變：近代中國「道」的轉化〉，收入方維規編，《思想與
　　方法：近代中國的文化政治與知識架構》（北京：北京大學出版社，
　　2015），頁23-45。

多面體，有些面比較與時代相關聯，比較易感，容易受「風寒」。而易感的面便會不斷地嘗試調整，甚至吸收異質的東西，與自己的本體嵌合起來，形成一個史賓格勒（Oswald Arnold Gottfried Spengler, 1880-1936）在《西方的沒落》（*Der Untergang des Abendlandes*）中所說的「僞形」（pseudomorph）。[4]

受風面與背風面長期暴露於大自然之下產生了改變，被引來嵌合的異質性東西，可以是古、今、中、西的任何資源，但它們基本上有兩個特色。一、在思想穩定的時代，複合性的思維基本上並不受歡迎，可是在思想激烈變動的時代，它不但變得容易接受，而且還可能被視爲了不得的創新。二、鑲嵌的諸面，基本上常常軼出此前的傳統脈絡。這些被鑲嵌在一起的思維可能看來是矛盾的，相差十萬八千里的，甚至是相反對的。

當然，某種「複合性思維」是人生而具有的能力，而且每一個概念也都像喜馬拉雅山的積雪，有亙古以來的長期積累、也有近時的層層疊壓，觀念史家Reinhart Koselleck就提醒我們，每一個概念中都有若干時間層次的疊合（layers of time），他用了"iterative structure"一詞來形容任何概念中，有些層是「反覆的」、「承自過去」的，有些層是後來疊壓上去的。[5]每一個概念不但有不同時間層次的疊合，也有空間性的「複合」。

4　Oswald Spengler, *Der Untergang des Abendlandes : umrisse einer Morphologie der Weltgeschichte*（München: Deutscher Taschenbuch Verlag, 1993）. 史賓格勒在本書第三章討論阿拉伯文化時，提到「僞形」（pseudomophoses）的概念。

5　Javier Fernández Sebastián, *Political Concepts and Time: New Approaches to Conceptual History*（Santander: Universidad de Cantabria Press, 2011）, p.423.

　　不過，在「道一風同」而且傳統社會風俗禮教以及儒家思想較具
支配力的時代，即使是「複合性思維」，相對而言仍是在一個比較穩
定的狀態中。此處要討論的是晚清以來，「複合性思維」以愈來愈突
出、集中、激烈的樣態出現的現象。

　　晚清以來「複合性思維」的特色雖然在傾向保守的思想家身上表
現得較爲顯著，但是新派人物亦往往有之。在受到時代的震盪、西方
勢力的覆壓而不能自持之時，人們往往不停地重整、重塑、吸納或排
除各種力量，將中西、多樣，甚至是互相矛盾的思想結合成一個「複
合體」。

　　這種脫離傳統的架構或脈絡，形成複合性概念的情形，有著時代
先後，光譜濃淡之別。在最濃的這一邊，是把天差地別、互相矛盾的
成分縮合成一個在行動者自身看來自成邏輯的框架之中；在光譜最淡
的一邊，則是將傳統思想資源以原先意想不到的方式重組成一個有機
體，以回應時代急遽的挑戰。這方面例子很多，此處僅舉清末易佩紳
（1826-1906）的《仁書》爲例。《仁書》的論證是相當繁複的，但是
從它的字裡行間可以感受到作者對於整個社會的渙散與危機四起，人
與人之間的矛盾與仇恨、動亂感到不安，所以想發明一套新理論，在
新的基礎上塑造新的「共同體」。《仁書》中說：「人，天地合者
也」、「溯父母以上至開闢」、「人與父母無間，即與天地無間」、「其
一念一息皆與天地無間者」、「人與天地無間，人與人自無間矣」。[6]透
過君王祭拜從中國文明開闢以來所有的祖先，即等於從時間的縱深上
來建立並鞏固一個廣大共同體的意識。《仁書》成於 1885 年，時代尚
早。他在當時的世局及社會之下改造舊思想體系形成一種「祭→仁→

6　易佩紳，《仁書》，上篇（光緒 10 年〔1884〕刻本），頁 1b-2a。

政體系」，他所改造的部份，雖然「怪怪奇奇」，但是並未勉強將原先相矛盾的東西鑲嵌在一起。

晚清國粹學派、國學派或國故派，還包括一些帶有「國」字的概念，每每帶有複合或疊壓的思想特色，而其程度便過於易佩紳的《仁書》了。他們往往改變了許多實際成分，但仍然維持其為「國」或國之「粹」的身分，[7]甚至於把近代的思想內容和傳統的軀殼做一個奇怪的套接，形成一個他所宣揚的「國」的東西。在此，我想以羅志田文中提到夏震武（1854-1930）與裘可桴（1857-1943）兩人為例。這兩人的思維模式可歸納為廣義的「國粹派」。

夏震武的《人道大義錄》（1900）中，把黃宗羲（1610-1695）在《明夷待訪錄》裡提到的，以天下為天下人之公產，而非帝王之私產的觀念，進一步發揮。他主張「堯舜以天下為公，立萬世父道之極」、「世襲專制亂世之制」、「一姓的忠臣義士，萬姓之亂臣賊子」，痛斥天子以嫡庶為尊卑是大亂之道。他斥責「公僕」觀念，堅持君權，認為人君如果自認為是人民之父母，則愈能教養人民。同時痛斥女權、痛斥英國女王，認為「男任政治，女任生育，此平等之道」，[8]並以此來維持儒家為至高的思想系統的主體地位。

從裘可桴的文稿中，可以看到他在自己的寫作中，一波又一波地嵌進新名詞，卻又反對新名詞。這裡面的主旋律與許多國粹思想家一樣，認為最能得儒家真意的是漢朝以前三千年的古代以及現代的西

---

7 參見王汎森，〈傳統的非傳統性——章太炎思想中的幾個面相〉，收於《執拗的低音：一些歷史思考方式的反思》（臺北：允晨文化實業公司，2014）。
8 夏震武，《人道大義錄》（民國2年〔1913〕排印本），頁10a、13b、19a、8a、23a、6b。

方。他堅持認爲：白話文、現代西方的科學器械、重鋼鐵，重物質的
精神都與先秦眞正的儒家相合，認爲「夫格致之學，吾古時之國學
也」。[9]他既罵胡適（1891-1962），又到處用胡適的想法，這兩者看起
來矛盾，卻是二而一的。

　　當然在帶有啓蒙傾向的人中，我們也經常見到這種例子。如晚清
的鄭觀應（1842-1922）、王韜（1828-1897）、湯壽潛（1856-1917）、
陳熾（1855-1900），他們一方面提倡民權，一方面反對民主。[10]又如
胡漢民（1879-1936）的思想就結合了民族主義與世界主義
（nationalism-internationalism，這是 Anna Belogurova 的論點）[11]；又如中
共領袖毛澤東（1893-1976），他的思想中共產世界主義與強烈的民族
主義每每合而爲一。[12]此外，我們還常常可以見到用階段論或其他巧
妙手法，把幾種實際上矛盾的思想綰合在一起，形成一個至少在思想
家本人看來並不矛盾的有機體，如宋恕（1862-1910）、康有爲（1858-
1927）與嚴復（1854-1921）。

　　此外，晚清以來流行一系列以「公」爲始的概念：「公理」、「公

9　裘可桴，〈與從姪孫維裕書〉，《可桴文存》（無錫裘氏翼經堂藏版），頁
　　29。
10　詳細討論可參見熊月之，《中國近代民主思想史》（上海：上海社會科學
　　院出版社，2002）。
11　Anna Belogurova 對胡漢民的部分討論，可參見 Anna Belogurva, "The
　　Chinese International of Nationalities: the Chinese Communist Party, the
　　Cominter, and the foundation of Malayan National Communist Party, 1923-
　　1939," The Journal of Global History, 9:3 (October, 2014), pp.450-452.
12　譬如毛澤東在〈中國共產黨在民族戰爭中的地位〉（1938年10月）一文中
　　說：「中國共產黨人必須將愛國主義和國際主義結合起來」，收於中共中
　　央毛澤東選集出版委員會編，《毛澤東選集》第2卷（北京：人民出版
　　社，1991），頁520。

法」、「公例」等等，它是一種纖維叢式的複合型態。譬如宋育仁（1858-1931）的《經術公理學》（1904），該書內容非常浩博，他把東西方有價值的思想／概念在「公理」這一條主線下交織成一束纖維叢。許多被交織進來的東西，都是傳統儒家所深惡痛絕的，但在最關鍵處，他仍宣稱這一切皆合於「公理」，仍然妥妥貼貼地統轄於儒家的經術之下。[13] 我們好像看到一個三面體，從外表看是三面，但對思想家本人而言，它則是一個有機的整體。

上述現象在日本近代的啟蒙思想家身上也常常見到，譬如福澤諭吉（1835-1901）、德富蘇峰（1863-1951）、內村鑑三（1861-1930）等。他們原來都宣揚西方自由民主、宗教自由、思想自由，可是當另一個狂風吹起，另一個綱領性的追求壓倒性地出現時，激進的國家主義與自由民權方面的追求似乎可以複合在一起，既是激進國家主義的，又是自由、民主的，而且看來好像理事無礙。

通常，我們並不容易從日記之類的私密性資料對「複合性思維」的現象做一個比較貼近的了解。然而《錢玄同日記》的出版，提供了一個觀察他從晚清到1916-1917年左右的思想變化，對他的思維構造中一種層層堆疊的積木般的特性，能有比較細緻的理解。在錢玄同（1887-1939）這一時期的日記中可以看到不同的思想線索，像一塊塊積木堆疊在一起，並各自向前發展延伸，而當事人並未意會到各積木之間的發展可能是矛盾的。

仔細分析錢氏從1905-1916、1917年之間的日記，可以看出最嚴肅的國粹思想與最堅決的今文信仰在他的思想世界裡同時發展，前者使他無比堅持許多傳統的價值與事物，而後者認為古代史事出於偽

---

13 宋育仁，《經術公理學》（上海：同文書社，光緒30年〔1904〕）。

造，這一條思路後來造成動搖儒家根本的疑古運動。這兩個層面像兩塊積木水平延伸，我們從結果回看過去，認爲它們完全矛盾，但當事人卻完全沒有一點警覺。

在1907年間，錢玄同以國粹派自居，對於蔑棄傳統、過度吸引西方思想或渲染西方的行爲方式皆痛斥之，甚至主張學校應該祭孔，故孔教會一度邀他入會，錢氏亦曾鄭重考慮。這個時期的錢氏雖然崇敬顏李之說，但對宋儒甚爲欣賞，尤其對宋儒講夷夏大防、禮法、修身濟世方面的工作都推重。（但是不滿其言心言性，陸王之學尤不同意）

也就在同一時期，他的另一個興趣是區分今古文學派。這個時期除了文字聲韻方面的學問仍遵太炎之外，對今古文問題則恪遵今文家崔適之說，且非常崇拜康有爲與廖平（1852-1932），認爲古文經全不可信，今文經爲孔子所造，態度愈來愈激烈。如日記中說：「六經皆孔子所作，其中制度皆孔子所定，故《堯典》制度全同《王制》」。錢玄同欲推尊孔子，故他說：「雖然，廖氏謂孔子以前洪荒野蠻，全無禮教，其說亦有大過。蓋經中所言堯、舜、禹、湯、文、武之聖德，誠多孔子所托，非必皆爲實事，然必有其人，必爲古之賢君，殆無疑義。特文化大備，損益三代，制作垂教，莊子所謂『配神明……無乎不在者』，實爲孔子。」[14]錢氏同意其師崔適認爲《左傳》不只書法不可信，全部事實都不可信，但春秋以前之《詩》、《禮》、《易》等仍爲大書，孔子只是整之編之。

錢氏反對「六經皆史」之說，對經史子體例宜分的說法不以爲然，相信諸子出於孔子之說，此說似亦爲崔適所倡導。「案廖氏最精

---

14 楊天石主編，《錢玄同日記》（北京：北京大學出版社，2014），頁284。

者爲諸子皆出孔經，儒亦不能代表孔子，其說最精，與《莊子·天子〈下〉篇》相合，余所謂洞見道本者此也。」[15]

　　1916年六月前後，是錢氏的重大轉變時期，這個轉變主要是受到袁世凱稱帝的刺激（袁氏1915年12月稱帝，1916年3月撤銷帝制）。自此他棄國粹，傾向歐化，[16]無政府主義，搜讀以前看不起的《旅歐雜誌》、《新世紀》，且以胡適、陳獨秀（1879-1942）爲「當代哲人」，尤其傾心於胡適，並責備青年諸公「亦以保存國粹者自標」。[17]。

　　由前面的討論可以看出，假若我們以「後見之明」來看，錢氏同一時期的尊國粹與尊今文，兩者的思想影響是完全相反的，但當時的錢玄同卻認爲兩者並行不悖，甚至不曾警覺到順著今文走下去會動搖國故。這個案例提醒我們，有許多「複合性思維」的案例是從「後見之明」看去才是「複合性的」，在當事人看來則完全是「一」不是「二」。

　　因此，思想的複合性或疊壓性的機轉爲何？它發揮的現實功能爲何？它是不是有分進合擊，互相支援的作用？或是存在著各種成份相互競爭、相互抵消的情況？或者複合性狀態只是一種順利過渡到新狀態的「方便善巧」的策略？受眾們是否也理解這些概念的複合性及其運作狀況？

　　我的觀察是這樣的，在一個伸手不見五指的倉庫中，注意力、宗

15　馬裕藻（1878-1945）受其影響，改從今文家言：「幼漁近來於經史異途及堯、舜、禹、湯、文、武之事，尚書所載不必是實錄，實是孔子所托之說，頗信之矣」。楊天石主編，《錢玄同日記》，頁284-285。

16　楊天石主編，《錢玄同日記》，頁300。

17　楊天石主編，《錢玄同日記》，頁303。

旨、意向性、目的性等，像一道強光照亮黑暗。它照射所及之處，纖毫畢現，可是一旦光炬離開，又進入黑暗。上述那些有強烈意向性、目的性的力量，常常會成爲一個綱領，將各式各樣的資源整合在這個綱領之下，從當事人的角度看可能是一個合理而沒有矛盾的構造。有時候當事人可能也自覺矛盾，像傅斯年稱呼自己的思想是「一團矛盾」。[18]無論如何，這個構造中的成分可能互相出入、互相矛盾，甚至互相反對，也可能隨時調整改變，或拋、或取，或轉化，或變形，卻在最高的目標、宗旨、綱領之下縮合在一起，隨著所遇挑戰之不同，其中的成分迭爲賓主，輪番出面應付時代的不同的挑戰。

最後，我要引用柏格森（Henri Bergson, 1859-1941）的一個論點，來思考所謂「道出於一」或「道出於二」的問題。柏格森說複合體的存在是有一個原因的，這個原因究竟是什麼？他說：「混合狀態不僅匯集性質不同的成分，而是在一定條件下匯集這些成份。在這種條件之下，人們無法理解這種成分的『性質』差異。」[19]柏格森似乎是在批評人們誤將「性質」不同的東西，當成是「程度」不同而匯集在一起。也就是說在有「性質」差異的地方，人們卻只願看到「程度」上的差異。

從柏格森的論點推展到本文所關心的問題：「複合性思維」中雖然可能包括南轅北轍的成份。但是人們仍然認爲它道出於「一」，其中有一個重要的原因：即人們主觀認爲或是刻意將這些「性質」不同

---

18 Wang Fan-sen, *Fu Ssu-nien: A Life in Chinese History and Politics*（Cambridge: Cambridge University Press, 2000）, pp. 48-54.

19 吉爾・德勒茲著，張宇凌、關群德譯，《康德與柏格森解讀》（*Le Bergsonisme Le Philosophie critique de Kant*）（北京：社會科學文獻出版社，2002），頁 121。

的東西當作「程度」不同的東西而匯合在一起。我們應當追問的是何以人們會把「性質」不同的看成是「程度」不同，或刻意把「性質」不同的看成「程度」不同？宣稱道出於「一」或道出於「二」，顯然是因爲在他們的思想體系中，對「性質」與「程度」有一些更深層的理解。當「性質」截然不同時，便不在同一個「道」之下，所以這個深層的理解決定了在什麼情況下，道出於「一」，在什麼情況下道出於「二」、或道出於「多」。

【書評】

走向威權之路：
張朋園《從民權到威權》書後

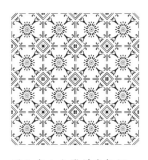

汪榮祖

國立中央大學講座教授

張朋園，《從民權到威權：孫中山的訓政思想與轉折，兼論
黨人繼志述事》，臺北：中央研究院近代史研究所，2015。
184頁。

　　張朋園教授早年的成名之作《梁啓超與清季革命》[1]、《立憲派與辛
亥革命》[2]受到國際學界的重視，國內革命正統派則爲之側目，主要因
爲：這兩本著作對辛亥革命的本質與參與者具有開創性的論述。張教
授於退休十八年後，完成這本以國民黨核心人物孫中山（1866-1925）
及其繼志者爲主題的專著，同樣展現了不同於時流的新穎論點。時至
今日，孫中山仍然是一政治偶像，遺像高懸兩岸，此岸尊爲國父，彼
岸尊爲革命先行者，評論之際多少有所顧忌與隱晦。張教授卻能直言
無忌，直書其事，認爲孫中山主張民權，卻走向威權，而其黨人更繼
志行事，最後淪爲一黨專政，個人獨裁，而至於敗亡，足令嚮往民主
政治如張教授者扼腕。

　　誠如張教授所說，孫中山對政治思想「不是科班出身，專業所知
有限」（頁8），但他喜歡閱讀，閱讀英文的能力很強，奔走革命之
餘，不時注意歐美流行的政治學說或社會理論，如影響他深遠的亨利
佐治（Henry George, 1839-1897）所著的《進步與貧困》（*Progress
and Poverty*）[3]就是當年美國的暢銷書。我們從張教授的論述可知，孫
中山對於各種學說或理論吸收雖多，但原無定見，隨其個人的感受或
需要而改變。民初國民黨在國會有優勢，不惜「肯定議會功能」、
「主張政黨政治」，不顧其原有的「建立軍政、訓政、憲政三時期革
命理論」之原則，也使我們想起，他任臨時大總統時主張總統制，當
必須讓位給袁世凱時，又力主內閣制。國民黨在國會失勢，他南下任

1　張朋園，《梁啓超與清季革命》（臺北：中央研究院近代史研究所，1964）。
2　張朋園，《立憲派與辛亥革命》（臺北：中央研究院近代史研究所，1969）。
3　Henry George, *Progress and Poverty: An Inquiry into the Cause of Industrial
　　Depressions and of Increase of Want with Increase of Wealth: The Remedy*
　　(Garden City, NY: Doubleday, Page & Co., 1920).

護法大元帥，「當護法國會又改選他為七總裁之一，地位由升而降，中山憤然離去」（頁13）。之後他又批判、甚至詆毀代議政治，在沒有準備好的情況下就主張直接民權，為直接民權鋪路的地方自治尚未完成，又傾向寡頭政治，嚮往蘇聯革命。張教授評論說：「中山的言論不僅是嚮往，還有奉承阿諛之詞」（頁38）。終使國民黨成為「準列寧主義的政黨」（頁35），採取總理獨裁制，不僅反對當時的聯省自治運動，連原有的訓政觀念都變了質，用張教授的話說：「這與中山早年的訓政觀念有了天壤之別」（頁50）。既然已經變質，再要推行所謂訓政，其不果，豈待言哉！就此而言，康有為堅持「君權—君主立憲—民主政治」三階段不能躐等的原則，即使民國雖已建立，仍不改初衷，與孫中山的政治思想迥然異趣。

孫中山在民國成立之前，長年流亡海外，在倫敦、紐約、舊金山行走，猶如當地人一樣的自在。他對歐美政情的觀察，理當精確細微，但令人驚訝的是，他居然認為美國民主選舉「一無是處」，並貶抑美國留學生王正廷（1882-1961）、顧維鈞（1888-1985），「不可學他們的樣」（頁12）。於今視之，王、顧乃民國史上不可多得的人才，能學到他們樣的人，似乎並不很多。也令人有點驚訝的是，孫中山說「中國人已有充分的自由，自由得像一片散沙」（頁24）。他居然將沒有紀律當作「充分自由」，顯然對西方自由主義之義諦，茫然未解。

鮑羅廷（Михаи́л Ма́ркович Бороди́н, 1884-1951）對國民黨改組為「準列寧式政黨」所扮演的關鍵角色，論者已多，但張教授將鮑羅廷如何使國民黨人傾倒，成為言聽計從的顧問，尊為國師，寫得詳盡而生動（頁60-77），正好落實孫中山親筆題寫的話：「今後之革命，非以俄為師，斷無成就」。於是他又從早年不惜犧牲中國利權，換取

英美日等帝國主義國家支持之立場，轉變爲高喊打倒帝國主義矣。

張教授以胡漢民（1879-1936）、汪精衛（1883-1944）、蔣介石（1887-1975）爲孫中山的三大弟子，也就是孫的繼志者。胡、汪都不贊成聯俄容共，雖不情願繼以俄爲師之志，但均秉承以黨治國之志，威權之路仍然延續。胡漢民右傾威權尤其顯著，身爲立法院長，自廢議院功能，將立法院變成法制局，使國家完全黨化（頁102、103）。以張教授之見，汪精衛的「民主觀念相當成熟而有見地」（頁111），汪雖於中山逝世後繼承大位，不久便因中山艦事件負氣出走，從此「大權可望而不可及」（頁110），也就沒有執行其理念之實權。不過，汪精衛曾聯合反蔣勢力，召開擴大會議，制定太原約法，引發中原大戰。反蔣軍事行動雖然失敗，但張教授敏銳指出，民國20年南京國民會議「所制定的約法，亦即是後來所謂的五五憲草，可以說脫胎於太原約法」，而《五五憲草》就是當今「中華民國憲法的雛形」（頁118-19）。軍事失敗卻贏得約法，此張教授神來之筆，足可讚賞。

誠如張教授所說，胡、汪都沒有實際政治權力，所謂繼志，未免徒託空言。其實眞正的繼志者，唯有蔣介石。蔣與孫的關係雖遠不如胡、汪之親密，但槍桿子奪取政權，北伐清黨後更以軍事強人掌握實權，不再堅持訓政，實際退回到軍政時期，以傳統的保甲制度取代地方自治，殊不知保甲制度乃中華帝國集權之基礎，「完全放棄了孫中山的遺願」、連「對民主集中制（也）棄之如敝屣」、蔣卒以總裁名義「集大權於一身」，更於1930年代擁抱「法西斯主義」（Fascism），並自認爲是「法西斯主義者」（頁138、142-43、147）。然而二戰後法西斯國家敗亡，避法西斯唯恐不及。所謂還政於民，召開國民大會，頒布憲法，選舉總統，誠如張教授直言：「形同一個騙局，實際由國民黨一手把持。民國38年（1949）敗走台灣，連任總統五屆26年之

久，至死不改威權統治」（頁148）。雖然一筆帶過，卻擲地有聲。據此，蔣介石雖以孫中山的繼承人自居，實則所謂繼志，云乎哉？

張教授在結論中與孫爲善，認爲孫中山於逝世前決定北上，「或許是他始終難以忘懷於自由民主的理想。正所謂烈士暮年，壯心未已」（頁154），也許更促使他抱病北上，感到時不我與的是北方許諾他當總統吧。張教授有言：「威權主義是一條不歸路」（頁153），已經走得那麼遠，如何回得了頭？按「時事」之所以有別於「歷史」在於不知今後的發展，而回顧歷史則前因後果一目了然，如張教授所論述的走向威權之路。然而當時沒有結果的「時事」，又會產生怎樣的結果呢？如果清末立憲成功，如果北洋政府繼續存在，其結果又如何？成爲另一個歷史大哉問：“what if”？不過，按照自由主義派史觀，歷史發展絕非必然；若然，則中國未必一定走向威權之路也。

張教授此書出版適逢其九十華誕，足可以此書自壽。其退而不休，數十年如一日，在研究室讀寫不輟，更足可爲學者典範，而此典範可直追近代史學之父蘭克（Leopold von Ranke, 1795-1886），年愈九旬仍不廢著書立說。此書列爲郭廷以講座第一種，也極具意義，郭乃張教授的業師，乃師若地下有知，必欣然有此佳弟子也。我與朋園兄相識半世紀，時相請益，深知其學有根底，卓然有成。今承黃克武教授（張教授之弟子）之囑，撰寫此文，不敢藏拙，若有誤讀之處，諒老友不以爲忤也。

2016年3月6日星期日於大未來居

《思想史》稿約

1. 舉凡歷史上有關思想、概念、價值、理念、文化創造及其反思、甚至對制度設計、音樂、藝術作品、工藝器具等之歷史理解與詮釋，都在歡迎之列。

2. 發表園地全面公開，竭誠歡迎海內外學者賜稿。

3. 本學報為半年刊，每年三月及九月出版，歡迎隨時賜稿。來稿將由本學報編輯委員會初審後，再送交至少二位專家學者評審。評審人寫出審稿意見書後，再由編委會逐一討論是否採用。審查採雙匿名方式，作者與評審人之姓名互不透露。

4. 本學報兼收中（繁或簡體）英文稿，來稿請務必按照本刊〈撰稿格式〉寫作。中文論文以二萬至四萬字為原則，英文論文以十五頁至四十頁打字稿為原則，格式請參考 *Modern Intellectual History*。其他各類文稿，中文請勿超過一萬字，英文請勿超過十五頁。特約稿件則不在此限。

5. 請勿一稿兩投。來稿以未曾發表者為限，會議論文請查明該會議無出版論文集計畫。本學報當儘速通知作者審查結果，然恕不退還來稿。

6. 論文中牽涉版權部分（如圖片及較長之引文），請事先取得原作者或出版者書面同意，本學報不負版權責任。

7. 來稿刊出之後，不付稿酬，一律贈送作者抽印本30本、當期學報2本。

8. 來稿請務必包含中英文篇名、投稿者之中英文姓名。論著稿請附中、英文提要各約五百字、中英文關鍵詞至多五個;中文書評請加附該書作者及書名之英譯。

9. 來稿請用眞實姓名,並附工作單位、職稱、通訊地址、電話、電子郵件信箱地址與傳眞號碼。

10. 投稿及聯絡電子郵件帳號:intellectual.history2013@gmail.com。

《思想史》撰稿格式

（2013/08修訂）

1. 橫式（由左至右）寫作。
2. 請用新式標點符號。「 」用於平常引號，『 』用於引號內之引號；《 》用於書名，〈 〉用於論文及篇名；英文書名用 Italic；論文篇名用 " "；古籍之書名與篇名連用時，可省略篇名符號，如《史記 · 刺客列傳》。
3. 獨立引文每行低三格（楷書）；不必加引號。
4. 年代、計數，請使用阿拉伯數字。
5. 圖表照片請注明資料來源，並以阿拉伯數字編號，引用時請注明編號，勿使用 "如前圖"、"見右表" 等表示方法。
6. 請勿使用："同上"、"同前引書"、"同前書"、"同前揭書"、"同注幾引書"，"ibid.," "Op. cit.," "loc. cit.," "idem" 等。
7. 引用專書或論文，請依序注明作者、書名（或篇名）、出版項。
   A. 中日文專書：作者，《書名》（出版地：出版者，年份），頁碼。
      如：余英時，《中國文化史通釋》（香港：牛津大學出版社，2010），頁1-12。
      如：林毓生，〈史華慈思想史學的意義〉，收入許紀霖等編，《史華慈論中國》（北京：新星出版社，2006），頁237-246。
   B. 引用原版或影印版古籍，請注明版本與卷頁。

如：王鳴盛，《十七史商榷》（臺北：樂天出版社，1972），卷12，頁1。

如：王道，《王文定公遺書》（明萬曆己酉朱延禧南京刊本，臺北國家圖書館藏），卷1，頁2a。

C. 引用叢書古籍：作者，《書名》，收入《叢書名》冊數（出版地：出版者，年份），卷數，〈篇名〉，頁碼。

如：袁甫，《蒙齋集》，收入《景印文淵閣四庫全書》第1175冊（臺北：臺灣商務印書館，1983），卷5，〈論史宅之奏〉，頁11a。

D. 中日韓文論文：作者，〈篇名〉，《期刊名稱》，卷：期（出版地，年份），頁碼。

如：王德權，〈「核心集團與核心區」理論的檢討〉，《政治大學歷史學報》，25（臺北，2006），頁147-176，引自頁147-151。

如：桑兵，〈民國學界的老輩〉，《歷史研究》，2005：6（北京，2005），頁3-24，引自頁3-4。

E. 西文專書：作者—書名—出版地點—出版公司—出版年分。

如：Samuel P. Huntington, *Political Order in Changing Societies* (New Haven: Yale University Press, 1968), pp. 102-103.

F. 西文論文：作者—篇名—期刊卷期—年月—頁碼。

如：Hoyt Tillman, "A New Direction in Confucian Scholarship: Approaches to Examining the Differences between Neo-Confucianism and Tao-hsüeh," *Philosophy East and West*, 42:3（July 1992）, pp. 455-474.

G. 報紙：〈標題〉—《報紙名稱》（出版地）—年月日—版頁。

〈要聞：副總統嚴禁祕密結社之條件〉，《時報》（上海），2922號，1912年8月4日，3版。

"Auditorium to Present Special Holiday Program," *The China Press* (Shanghai), 4 Jul. 1930, p. 7.

H. 網路資源：作者—《網頁標題》—《網站發行機構／網站名》—發行日期／最後更新日期—網址（查詢日期）。

倪孟安等，〈學人專訪：司徒琳教授訪談錄〉，《明清研究通迅》第5期，發行日期2010/03/15，http://mingching.sinica.edu.tw/newsletter/005/interview-lynn.htm（2013/07/30）。

8. 本刊之漢字拼音方式，以尊重作者所使用者爲原則。

9. 本刊爲雙匿名審稿制，故來稿不可有「拙作」一類可使審查者得知作者身分的敘述。

《思想史》購買與訂閱辦法

（2014/3/31 修訂）

一、零售價格：每冊新臺幣480元。主要經銷處：聯經出版公司官網、門市與全省各大實體書店、網路書店。

二、國內訂閱（全年二冊／3、9月出版）：
機關訂戶，新臺幣960元；個人訂戶，新臺幣760元；學生訂戶，新臺幣720元。郵政劃撥帳戶「聯經出版公司」，帳號01005593。

三、海外訂閱（全年二冊／3、9月出版）：
港澳／大陸地區——航空每年訂費NT$2200元（US$78），
海運每年訂費1972元（US$70）
亞洲／大洋洲地區—航空每年訂費NT$2342元（US$82），
海運每年訂費2086元（US$74）
歐美／非洲地區——航空每年訂費NT$2542元（US$90），
海運每年訂費2086元（US$74）
若需掛號，全年另加US$5

請將費用以美金即期支票寄至：
臺北市大安區新生南路三段94號1樓　聯經出版公司
1F., No.94, Sec. 3, Xinsheng S. Rd., Da'an Dist., Taipei City 106, Taiwan（R.O.C.）
TEL：886-2-23620308

Subscription

A. List price: (surface postage included)

Hong Kong, Macao, China US$70 per issue; Asia, Oceania, America, Europe, Australia and Other Areas US$74. (Add US$5 for registered mail)

B. List price: (air mail)

Hong Kong, Macao, China: US$78 per issue; Asia and Oceania Areas US$82 per issue;

America, Europe, Australia and Other Areas: US$90. (Add US$5 for registered mail)

C. Subscription Rate: (2 issues per year)

Please pay by money order made payable to:

Thoughts History, 1F., No.94, Sec. 3, Xinsheng S. Rd., Taipei City 106, Taiwan (R.O.C.)

E-mail：lkstore2@udngroup.com

TEL：886-2-23620308

FAX：886-2-23620137

聯 經 出 版 事 業 公 司

《思想史》期刊　信用卡訂閱單

訂 購 人 姓 名：＿＿＿＿＿＿＿＿＿＿＿

訂 購 日 期：＿＿＿年＿＿＿月＿＿＿日

信 用 卡 別：□VISA CARD　□MASTER CARD

信 用 卡 號：＿＿＿＿＿＿＿＿＿（卡片背面簽名欄後三碼）＿＿＿必填

信用卡有效期限：＿＿＿月＿＿＿年

信 用 卡 簽 名：＿＿＿＿＿＿＿＿＿＿（與信用卡上簽名同）

聯 絡 電 話：日(O)：＿＿＿＿＿＿＿＿夜(H)：＿＿＿＿＿＿＿＿

傳 真 號 碼：＿＿＿＿＿＿＿＿＿＿＿

聯 絡 地 址：＿＿＿＿＿＿＿＿＿＿＿＿＿＿＿

訂 購 金 額：NT$＿＿＿＿＿＿＿＿＿＿元整

發　　　　票：□二聯式　□三聯式

統 一 編 號：＿＿＿＿＿＿＿＿＿＿＿

發 票 抬 頭：＿＿＿＿＿＿＿＿＿＿＿

◎若收件人或收件地不同時，請另加填！

收 件 人 姓 名：□同上＿＿＿＿＿＿＿＿＿＿＿□先生　□小姐

收 件 人 地 址：□同上＿＿＿＿＿＿＿＿＿＿＿

收 件 人 電 話：□同上 日(O)：＿＿＿＿＿＿　夜(H)：＿＿＿＿＿＿

※ 茲訂購下列書籍，帳款由本人信用卡帳戶支付

訂閱書名	年／期數	寄送	掛號	金額
《思想史》	訂閱＿＿＿年	□ 航空 □ 海運	□ 是 □ 否	NT$

訂閱單填妥後

1. 直接傳真 FAX：886-2-23620137

2. 寄臺北市大安區新生南路三段94號1樓　聯經出版公司 收

　 TEL：886-2-23620308

思想史

思想史 6　專號：五四新文化運動

2016年6月初版　　　　　　　　　　　　　　　　定價：新臺幣480元
有著作權・翻印必究
Printed in Taiwan.

編　　　著	思想史編委會		
總 編 輯	胡　金　倫		
總 經 理	羅　國　俊		
發 行 人	林　載　爵		

出　版　者	聯經出版事業股份有限公司	叢書主編　陳　逸　達
地　　　址	台北市基隆路一段180號4樓	封面設計　沈　佳　德
編輯部地址	台北市基隆路一段180號4樓	
叢書主編電話	(02)87876242轉225	
台北聯經書房	台北市新生南路三段94號	
電　　　話	(02)23620308	
台中分公司	台中市北區崇德路一段198號	
暨門市電話	(04)22312023	
台中電子信箱	e-mail：linking2@ms42.hinet.net	
郵政劃撥帳戶	第0100559-3號	
郵撥電話	(02)23620308	
印　刷　者	世和印製企業有限公司	
總　經　銷	聯合發行股份有限公司	
發　行　所	新北市新店區寶橋路235巷6弄6號2樓	
電　　　話	(02)29178022	

行政院新聞局出版事業登記證局版臺業字第0130號

本書如有缺頁，破損，倒裝請寄回台北聯經書房更換。　　ISBN　978-957-08-4746-8 (平裝)
聯經網址：www.linkingbooks.com.tw
電子信箱：linking@udngroup.com

國家圖書館出版品預行編目資料

思想史 6/思想史編委會編著 . 初版 . 臺北市 .
聯經 . 2016年6月（民105年）. 268面 . 14.8×
21公分（思想史：6）
ISBN　978-957-08-4746-8（平裝）

1.思想史　2.文集

110.7　　　　　　　　　　　　　　　105008115